JN447359

사회복지실천기술론

양종승 · 이승연 · 조 윤 · 차한솔 · 탁순자 · 현영렬

KNOWLEDGE COMMUNITY 공동체

머리말

사회복지실천기술론은 사회복지교육의 중심적 교과목으로, 이론과 실천을 연결하며 사회복지사가 현장에서 필요한 실천기술과 사례관리 능력을 효과적으로 배양하도록 하는 데 목적을 두고 있다. 본 교재는 클라이언트와 협력적 관계를 구축하고, 다양한 사회적 자원을 연계 및 통합하여 문제를 해결할 수 있는 실천적 역량을 키우는 데 중점을 두었다. 이를 통해 학습자는 사회복지의 가치와 지식을 바탕으로 과학적 사고와 인간적 감수성을 조화롭게 발휘하며, 클라이언트 중심의 실천을 수행할 수 있게 된다.

본 교재는 총 3개의 주요 파트로 구성되어 있으며, 각 파트는 사회복지실천기술의 이론적 기반과 실질적 적용 방안을 체계적으로 다루고 있다. 제1부에서는 사회복지실천기술의 기본 개념과 원리를 중심으로 사회복지사가 갖추어야 할 기초적인 실천기술과 이론적 배경을 제공한다. 이를 통해 학습자가 실천기술을 효과적으로 활용할 수 있는 토대를 마련하였다.

제2부에서는 심리사회모델, 과업중심모델, 인지행동모델, 해결중심모델, 동기강화모델, 위기개입모델 등 실천현장에서 활용되는 주요 개입모델을 다룬다. 이 파트에서는 각각의 모델이 가지는 이론적 배경과 실천적 적용 방안을 심도 있게 설명하며, 학습자가 현장에서 직접 활용할 수 있는 실천적 방법론을 익힐 수 있도록 구성하였다.

제3부에서는 개인, 가족, 집단, 지역을 대상으로 하는 실천기술을 다루었다. 개인대상 실천기술에서는 다양한 요구를 가진 클라이언트와의 실천방법을 심화하여 제시하였고, 가족대상 실천기술에서는 가족체계의 이해를 바탕으로 다양한 가족 유형에 적합한 실천 전략을 제시하였으며, 집단대상 실천기술에서는 집단의 발달 단계와 집단 운영 방법 등을 체계적으로 정리하였다. 또한 지역대상 실천기술에서는 클라이언트 환경으로서의 지역사회에 대한 이해와 아울러 지역사회의 자원을 효율적으로 동원하고 활

용하기 위한 접근, 지역사회 자체를 변화의 대상으로 하는 문제해결 접근법 등에 대하여 체계적으로 정리하였다. 마지막으로 사회복지실천 현장에서 사회복지사의 주요 업무인 평가와 기록의 기술을 정리하였다.

본 교재는 단순한 이론적 학습에서 나아가 실질적이고 체계적인 실천 연습을 통해 현장에 적합한 사회복지사를 양성하는 데 초점을 두고 다양한 사례와 실습을 통해 학습자가 이론과 기술을 실제 상황에 적용할 수 있도록 하였다.

끝으로 본 교재가 사회복지학을 공부하는 학생들과 현장에서 활동하는 사회복지사들에게 실질적이고 유용한 지침서가 되기를 기대하며, 독자들의 실천적 전문성을 향상시키는 데 기여하기를 바란다.

2024년 12월

저자 일동

차 례

CONTENTS

차 례

CHAPTER 13 집단대상 사회복지실천기술

CHAPTER 14 지역대상 사회복지실천기술

CHAPTER 15 사회복지실천 평가 및 기록

PART 01

사회복지실천기술의 개관

CHAPTER

01 사회복지실천기술의 이해

오늘날의 사회복지실천 영역은 공공기관을 비롯하여 사회복지관, 사회복지시설, 병원, 상담기관, 정신건강복지센터, 가족센터(구 건강가정지원센터 · 다문화가정지원센터), 학교, 군, 교정기관 등 다양하게 확장되어 가고 있다. 사회복지실천의 영역이 확장되어 간다는 말은 사회복지사가 활동할 수 있는 실천현장이 점차 확장되어 간다는 의미인 동시에 사회복지사는 고유한 사회복지실천과 관련된 대상과 영역에서 새로운 사회적 논쟁과 문제해결을 위한 전문적인 지식과 기술 그리고 전문가로서의 역량 등을 요구받고 있다는 뜻이다. 이에 현대사회의 다양한 문제들을 해결하고 예방하기 위해서는 사회복지실천의 전문성에 대한 충분한 이해와 전문성을 뒷받침하는 주요 이론 및 모델과 개입기술들을 습득해야 한다. 나아가 사회복지실천의 대상이 되는 개인, 가족, 집단, 지역사회의 특성을 이해하고, 이에 대한 개입기술을 습득하며, 개입 과정을 기록하고 평가하는 방법에 대해서도 준비되어 있어야 한다(사회복지학 교과목 지침서, 2002).

이에 본 장에서는 사회복지실천기술의 개념과 특성, 사회복지사의 정체성과 전문적 지식 및 기술, 사회복지사의 역할과 정체성 등에 대해 살펴보고자 한다.

1. 사회복지실천기술의 개념 및 특성

1) 사회복지실천기술의 개념

사회복지실천기술은 사회복지사가 실천 과정에서 클라이언트의 문제를 효과적으로 해결하기 위해 필수적으로 요구되는 방법과 능력을 의미한다. 이는 단순히 지식과 가치를 보유하는 것에서 그치지 않고, 이를 클라이언트의 특정 상황에 맞게 실천 활동으로 전환할 수 있는 능력이다. 기술(skill)의 사전적 정의에 따르면, 기술은 과학 이론을 실제로 적용하여 인간 생활에 유용하게 만드는 수단 또는 능력을 의미한다. 이러한 관점에서 사회복지실천기술은 사회복지실천 이론을 실제 현장에서 적용하여 클라이언트의 삶에 긍정적인 변화를 가져오는 수단이라고 할 수 있다.

학자들은 사회복지실천기술을 다양하게 정의하고 있다. 콤튼과 갤러웨이(Compton & Galaway, 1994)는 사회복지실천기술이란 사회복지사가 자신의 지식을 능동적인 사고 과정을 통해 클라이언트의 욕구에 적합한 서비스로 전환하는 능력으로 보았다. 존슨(Johnson, 1995)은 사회복지실천기술을 지식과 가치를 클라이언트의 욕구와 관심에 맞게 행동으로 전환하는 능력으로 정의하며, 2001년에는 이에 대하여 지식을 효과적으로 이용하고 적용할 수 있는 방법으로 설명하고 있다. 김융일 등(2000)은 클라이언트와의 특별한 관계 속에서 가치와 지식에 기반한 심리사회적 개입을 할 수 있는 능력으로 설명했으며, 전재일 등(2004)도 비슷한 맥락에서 클라이언트와의 관계를 기반으로 특별한 상황의 변화를 위한 심리사회적 개입능력을 사회복지실천기술로 정의했다.

이상의 논의를 종합하면, 사회복지실천기술은 사회복지사가 실천 활동을 수행하면서 사회복지실천의 가치와 지식을 근거로 하여 클라이언트의 특별한 상황 변화를 위해 효과적으로 활용하고 적용하는 방법과 능력이라고 할 수 있다. 이러한 기술은 사회복지실천의 목적을 달성하는 데 핵심적인 역할을 하며, 클라이언트의 문제 해결 과정에서 중요한 도구로 작용한다.

2) 사회복지실천기술의 특성

앞서 정의한 내용을 바탕으로 사회복지실천기술의 특성을 다음과 같이 정리할 수 있다(이영실 외, 2015; 황인옥, 2023).

- 사회복지실천기술은 사회복지실천의 가치와 지식에 근거를 두어야 하고, 사회복지의 궁극적인 목적과 가치, 윤리를 반영한다.
- 사회복지실천기술은 상황에 따라 클라이언트의 특성을 반영하고 그들의 특별한 상황에 맞는 실천기술을 선택하여 적용하는 능력이 요구된다.
- 사회복지실천에 활용하는 기술은 특정 이론에만 근거하지 않고 사회복지의 다양한 관점과 이론, 모형 등과 방법적 요소들을 클라이언트의 특정 상황이나 문제에 따라 적절한 기법을 선택해서 사용하여야 한다.
- 사회복지실천기술은 지식을 기반으로 하기 때문에 개발될 수 있고 학습이 가능하다. 따라서 사회복지실천기술 개발과 학습을 위한 사회복지사의 끊임없는 노력이 필요하다.

2. 사회복지사의 전문적 지식과 기술 그리고 정체성

1) 사회복지사의 전문적 지식과 기술의 관계

사회복지는 모든 사람들이 행복하고 만족스럽게 살 수 있도록 개인, 집단, 가족 그리고 지역사회가 잠재능력과 사회적 기능을 향상하여 겪고 있는 심리적, 사회적, 정신적, 신체적, 경제적인 문제들과 욕구 등을 해결하도록 도와주는 제도화된 사회적 서비스를 의미한다(Friedlander, 1985).

제도로서의 사회복지는 사회보험, 공적부조, 사회문제를 해결하기 위한 정부나 민간의 다양한 서비스와 프로그램을 포함한다(이준우, 2004). 이때 사회복지사가 전문직으로서 활용하게 되는 사회복지실천기술은 앞서 말한 사회복지라는 큰 제도의 한 부분으로 사회복지실천의 최종과정에 해당한다. 사회복지는 인간의 욕구 중 어느 부분을 도와주고 어느 부분은 도와주지 않을 것인가라는 문제와, 무엇을 도와줄 것이며, 누구를 얼마나 도와주어야 하는지의 문제, 제한된 자원을 어떻게 마련하고, 어떤 경로를 통해서 전달할 것인지의 문제 등이 전체 내용을 구성하고 있다. 사회복지실천기술은 이러한 모든 과정을 통해서 최종적으로 결정된 서비스를 최일선에서 일하는 사회복지사가 최종적으로 전달하는 일과 관련된 활동이다(최선화, 2007). 이러한 사회복지실천 과정 속에서 사회복지사들은 실천기술의 활용능력에 따라서 전문가로 인정받게 된다.

슐만(Shulman, 1984)은 사회복지사가 가지고 있는 실천기술들이 종합적으로 잘 활용될 때 긍정적인 원조관계가 형성되고, 긍정적인 원조관계는 사회복지실천의 결과에 영향을 준다고 하였으며, 쉐퍼 등(Sheafor, et al., 1997)도 사회복지사가 가지고 있는 기술은 클라이언트와 사회복지사 간의 관계에 영향을 주며 협력적 작업관계가 실천의 성과에 긍정적인 영향을 준다고 보았다. 즉, 사회복지사의 실천기술 자체가 실천의 과정에 직접 영향을 주기보다는 이러한 기술들이 사회복지사와 클라이언트 간에 협력적 작업관계 또는 원조관계 형성에 긍정적인 영향을 주고 이것이 다시 실천 성과물에 영향을 준다는 것이다(엄명용 외, 2016).

포튠(Fortune, 1994)은 사회복지실천에 필요한 능력들을 나타내는 포괄적인 지식내용과 기술모델들을 ❙그림 1-1❙과 같이 제시하였다. 물론 일부 학자들은 이러한 포괄적인 핵심내용을 넘어서 지식 및 기술의 습득을 요구하는 실천영역이 존재할 수 있다는 의견을 제시하고 있다(조휘일, 2000).

사회복지 실천을 위한 지식 및 기술		
	전문적 발달을 위한 지식, 기술	• 자아인식 • 전문적 성장에 대한 책임감 • 효과성
	행정적 측면의 지식, 기술	• 기관의 사명과 철학에 대한 이해 • 기관의 공식적 · 비공식적 구조 파악 • 관료제도 내에서 기능하는 능력 • 기록 유지와 기록 능력
	정책적 측면의 지식, 기술	• 기관운영에 영향을 주는 국가, 지방 단위의 복지정책에 대한 이해 • 지역사회에 대한 이해 • 지역사회 복지서비스 전달체계에 관한 지식 및 활용 기술
	기본적 대인관계 기술	• 대인관계에 필요한 의사소통 기술 • 동료와의 관계형성 기술
	클라이언트체계 개입을 위한 지식, 기술	• 인간행동의 다양성에 대한 지식 및 기술 적용 • 면접기술, 사정기술, 개입기술, 평가기술, 종결기술 • 집단사회사업 실천기술 • 의뢰 및 사례관리기술 • 옹호활동

| 그림 1-1 | 포튠(Fortune)의 사회복지실천에 필요한 지식과 기술 모델

출처 : Fortune(1994). Field Education. In Feamer(Ed.), The Foundation of Social Work Knowledge. NY : Columbia Univ. Press.

또한 사회복지사의 전문지식에 관하여 미국 사회사업가협회(1981)에서는 사회복지실천에 필요한 구체적인 이론과 기술을 포괄적으로 다음과 같이 제시하고 있다(김혜란 외, 2006).

① 인간행동발달에 관한 이론, 가족과 상호작용 등에 관한 이론적 지식
② 클라이언트에게 영향을 미치는 사회적 · 환경적 요인에 관한 지식
③ 인종, 민족, 기타 사회의 문화집단에 관한 지식
④ 기본적인 사회경제, 정치이론에 관한 지식

⑤ 윤리적 원칙과 설문에 관한 지식
⑥ 사회심리 사정과 개입에 관한 이론과 기술에 관한 지식
⑦ 개별지도와 집단지도의 이론과 기술에 관한 지식
⑧ 소집단이론과 행동에 관한 지식
⑨ 집단 상호작용과 치료적 개입에 관한 지식
⑩ 위기개입이론과 기법에 관한 지식
⑪ 지역사회조직이론과 전략에 관한 지식
⑫ 조직과 사회체계에 관한 이론과 행동, 변화 등에 관련된 지식
⑬ 옹호이론과 기법에 관한 지식
⑭ 지역사회조직이론과 보건 및 복지서비스 개발에 관한 지식
⑮ 사회계획의 개념과 기술에 관한 지식
⑯ 지역사회 자원과 서비스에 관한 지식
⑰ 공적 사회서비스에 관한 지식
⑱ 사회 및 보건서비스와 관련한 복지 법규와 규정에 관한 지식
⑲ 사회복지발달과 정책에 관한 지식
⑳ 사회복지행정이론과 개념에 관한 지식
㉑ 사회·심리통계와 기타 조사방법과 기술에 관한 지식
㉒ 실무와 관련된 전문적이며 과학적인 연구에 관한 지식
㉓ 교육 및 훈련에 관한 이론과 기법에 관한 지식
㉔ 전문적 슈퍼비전의 개념과 이론을 포함하는 지식

사회복지사 윤리강령에 의하면, 전문성 개발에 대한 노력에 있어서 사회복지사는 클라이언트에게 최상의 서비스를 제공하기 위해 지식과 기술을 개발하는 데 최선을 다하며 이를 활용하고 전파할 책임이 있다고 기술되어 있다. 이에 사회복지사는 전문인력으로서 실천기술 및 자질 함양을 위해 노력을 아끼지 말아야 할 것이다.

2) 사회복지사의 역할

사회복지사업법 시행령 제6조의 사회복지사의 채용 및 사회복지사업법 제13조(사회복지사의 채용 및 교육 등)의 규정에 의하여 사회복지법인 또는 사회복지시설을 설치·운영하는 자는 당해 법인 또는 시설에서 다음에 해당하는 업무에 종사하는 자를 사회복지사로 채용하여야 한다고 규정하고 있다.

① 사회복지 프로그램의 개발 및 운영업무
② 시설거주자의 생활지도업무
③ 사회복지를 필요로 하는 사람에 대한 상담업무

사회복지사 채용 규정에서도 알 수 있듯이 사회복지사는 클라이언트의 변화를 이끌어 내기 위해 다양한 지식과 기술을 창의적이고 선택적으로 활용할 수 있는 능력을 갖추어야 한다. 또한 사회복지사의 목표는 클라이언트가 스스로 문제를 해결하고 이를 예방할 수 있는 역량을 갖추어 자립할 수 있도록 지원하는 데 있다. 이를 위해 사회복지사는 다각적인 지식과 기술, 전략, 체계를 효과적으로 활용할 수 있어야 한다.

사회복지사가 갖추어야 할 기술은 매우 다양하다. 의사소통 기술, 문제 사정 기술, 클라이언트와의 관계 형성 기술, 욕구와 자원을 연결하는 기술, 자원을 개발하는 기술, 그리고 사회구조를 변화시키는 기술 등이 이에 포함된다. 이러한 기술은 클라이언트의 욕구와 문제의 유형, 클라이언트의 수와 문제의 크기, 서비스의 목적, 그리고 기관 및 지역사회의 환경에 따라 유연하게 적용된다. 따라서 사회복지사는 클라이언트의 복합적인 문제를 해결하기 위해 상황에 맞는 다양한 역할을 수행할 수 있어야 하며, 이를 통해 클라이언트가 자립과 문제해결 능력을 갖출 수 있도록 돕는 핵심적인 역할을 해야 한다.

미국사회복지사협회(NASW)는 사회복지사가 사용하는 기술로서 다음의 12가지를 제안하고 있다(NASW, 1981 : 17-18).

① 이해와 목적을 지향하면서 타인의 말을 경청하는 기술
② 개인력과 사정, 보고서를 준비하기 위해 관련 정보를 찾아내고 수집하는 기술
③ 전문적 관계를 형성하고 유지하는 기술
④ 말과 비언어적 행위를 관찰하고 해석하며, 성격발달이론과 진단 방법에 대한 지식을 활용하는 기술
⑤ 클라이언트가 스스로 문제를 해결하도록 자신감과 신뢰관계를 형성하는 기술
⑥ 민감하고 감정적인 문제들에 대해 자유스럽게 지지받는 분위기로 대화하는 기술
⑦ 클라이언트의 욕구에 대한 만족스러운 해결책을 마련하는 기술
⑧ (치료적 관계의) 종결 기술
⑨ 조사 기술 및 연구물이나 전문적 문헌을 해석하는 기술
⑩ 갈등 당사자를 중개하고 협상하는 기술
⑪ 조직 간 또는 기관 간의 연계 서비스를 제공하는 기술
⑫ 사회복지모금이나 일반 국민, 입법자의 사회적 욕구들을 해석하고 의사소통하는 기술

사회복지사는 이러한 다양한 기술을 바탕으로 광범위하면서도 깊이 있는 문제들을 전문적으로 다룰 것을 요구받아 왔다. 여기서 말하는 전문적 요구란 사회복지사의 전문적 역할의 기대를 의미하는데, 사회복지사는 지역사회로부터 특성화된 역할, 즉 상담자, 교육자, 중개자, 사례관리자, 동원자, 중재자, 촉진자, 옹호자 등의 역할수행을 요구받아 왔으며 이러한 역할을 정리하면 다음과 같다(Kirst-Ashman, 1999, 조휘일 외, 2005 재인용).

① **상담자**(counselor) : 클라이언트에게 지침(안내)을 제공하고, 계획된 변화나 문제해결 과정을 원조하는 역할

② 교육자(educator) : 정보를 제공해 주고, 기술을 가르치는 역할
③ 중개자(broker) : 클라이언트가 필요로 하는 자원과 연결하는 역할
④ 사례관리자(case manager) : 특정한 클라이언트 편에 서서 그를 대신하여 다수의 기관 조직, 시설로부터 필요한 서비스를 조정하여 제공하는 역할
⑤ 동원자(mobilizer) : 지역사회 내에 내재되어 있는 다양한 문제와 지역주민들의 욕구를 확인하고, 지역사회를 조직하고, 동원하는 역할
⑥ 중재자(mediator) : 미시적, 중간적, 거시적 체계 속에서 분쟁이나 갈등을 중재하는 역할
⑦ 촉진자(facilitator) : 집단의 경험을 안내하는 역할
⑧ 옹호자(advocate) : 클라이언트에게 공정하고 적합한 치료를 제공하고, 필요한 자원을 제공하기 위해 한발 앞서 클라이언트의 편에서 이끄는 역할

3) 사회복지 전문직의 정체성

사회복지사(social worker)라는 직업명은 현대 이미지 중심의 시대에서 다소 뒤처져 보일 수 있으나 그 역사와 전문적 의미를 이해하는 것은 중요하다. 제프리 브래킷(Jeffrey Brackett)은 사회복지 용어와 명칭의 발전에 중요한 영향을 미쳤다. 그는 'social'이라는 단어가 인간의 삶과 상호작용의 중요한 요소들을 포함한다는 점에서 전문직 명칭에 적합하다고 주장했으며, 'work'라는 단어를 추가하여 자선적 활동과 전문적 실천을 구분하고 책임과 훈련을 강조했다. 사회복지는 인간의 잠재능력을 발휘하도록 돕고 심리적, 사회적, 경제적 문제를 해결하며, 개인, 가족, 집단, 지역사회의 욕구를 충족시키는 제도화된 사회적 서비스를 의미한다. 제도로서의 사회복지는 사회보험, 공적부조, 그리고 다양한 정부 및 민간 서비스와 프로그램을 포함한다. 사회복지 실천기술은 이러한 제도의 중요한 부분으로, 사회복지사가 클라이언트에게 서비스를 제공하는 실천의 최종 과정과 관련된다. 이는 클라이언트의 욕구를 충족하고 문제를 해결

하기 위해 자원을 어떻게 마련하고 전달할지 결정하는 활동을 포함한다.

사회복지사의 전문성은 실천기술의 숙련도에 따라 평가되며, 미국사회복지사협회(NASW)는 이를 위해 다음과 같은 지침을 제시한다. 첫째, 사회복지사는 자신의 능력과 계획에 기반해 업무를 수락해야 한다. 둘째, 전문적 기술을 유지하고 향상시키기 위해 노력하며 새로운 지식을 비판적으로 검토하고 이를 실천에 반영해야 한다. 셋째, 경험적 지식을 포함한 사회복지 업무와 윤리에 대한 이해를 바탕으로 업무를 수행해야 한다.

결국 사회복지는 자원을 단순히 분배하는 활동이 아니라 전문적 지식과 기술을 활용해 인간의 삶을 개선하는 데 초점을 두는 활동이다. 이를 위해 사회복지사는 지속적인 역량 개발과 변화하는 환경에 대한 적응을 통해 최상의 서비스를 제공해야 한다.

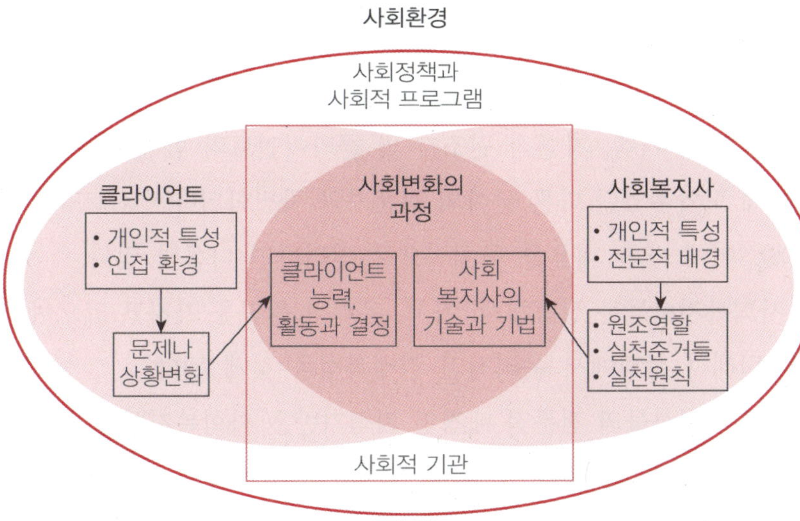

| 그림 1-2 | 사회복지실천에 대한 통합적 관점

출처 : 서울대사회복지실천연구회(1998). 사회복지실천기법과 지침.

| 그림 1-2 | 는 사회복지실천에 대한 통합적 관점에 있어서 사회복지실천에 영향을 미치는 주요 요소들을 나타내고 있다. 여기에는 사회적 기관(정책과 프로

그램 포함), 사회환경, 이의 영향을 받는 클라이언트 또는 클라이언트 체계, 사회복지사들이 포함된다. 특히 ▌그림 1-2▐ 에서 사회복지사 부분은 사회복지사가 독특한 개인적 특성과 전문적 배경을 가지고 변화과정에 개입하는 것을 보여준다. 사회복지사가 기법과 기술을 적용하는 등 실제적으로 클라이언트와 함께하는 것을 통하여 클라이언트는 사회복지사의 독특한 개인적 특성, 전문적 배경을 경험한다. 사회복지사는 자신이 가정하는 개념적 준거틀을 선택하여 독특한 전문적 역할과 실천 속에서 수행한다. 사회복지사의 개인적 특성은 생활경험과 서비스를 제공하는 한 사람의 독특한 예술적 재능이나 선천적 능력과 관련된다. 인간상황에 관한 사회복지사의 독특한 관점뿐만 아니라 특정 가치는 변화과정에 필연적으로 도입된다. 사회복지사의 생활과 인간문제에 대한 관점은 자신의 인종, 문화적 배경, 사회경제적 지위, 성(gender), 나이, 성적 지향(sexual orientation) 등에 의해 형성된다. 이 모든 것은 사회복지사와 클라이언트의 관계에 영향을 미친다. 동시에 사회복지사들은 사회복지의 전문적 배경을 형성하는 데 특별한 기여를 한다. 전문적 배경 때문에 사회복지사는 클라이언트의 친구, 가족, 자연적 원조자 및 클라이언트와 함께 활동한 적이 있거나 과거에 도와주었던 다른 분야의 전문가와 차별화된다(서울대사회복지실천연구회, 2008). 이에 대한 내용을 구체적으로 정리하면 다음과 같다.

첫째, 사회복지사들은 신념체계, 가치, 윤리적 원칙을 가지고 있으며 다양한 윤리적인 딜레마 상황에서 윤리적인 결정과정을 갖게 된다.

둘째, 사회복지사들의 전문적 배경인 지식기반은 사회복지실천의 중요한 요소이며 이는 실천관점, 이론, 모델 등 실천과 변화과정의 지향점을 제공하는 다양한 실천 준거틀을 구성한다.

셋째, 사회복지의 주체로서 개인, 집단, 가족, 그리고 지역사회는 일차적으로는 사회복지사의 클라이언트가 된다.

(1) 사회복지실천 윤리

제인 아담스(Jane Addams, 1860~1935)는 이미 오래전에 전문가 윤리의 중요성을 역설하였다. 그러나 대부분의 사회복지사들은 아직도 그 중요성을 크게 인식하지 못하고 있다. 사회복지실천에서 윤리적인 문제를 피하기란 불가능하다. 그러나 실천가의 전문적 권한을 우선시하는 강한 전통으로 인해 도덕, 가치, 윤리의 문제들은 소홀히 다루어져 왔다(서미경 외, 2005). 1920년대에 전문적 윤리강령의 초안을 마련하고자 했던 몇몇의 노력에도 불구하고 공식적인 사회복지사 윤리강령이 채택된 것은 1951년에 미국사회복지사협회에 의해 이루어졌다. 전문직 윤리강령이 지연된 이유 중 하나는 1920년대 최초로 윤리강령을 만들고자 노력했던 의도가 주로 완벽한 전문가의 지위를 획득하기 위한 폭넓은 맥락에서 주도되었기 때문이다. 결과적으로 주된 관심은 가치보다는 일반 전문지식과 기술을 밝히는 데 집중되었고 이러한 흐름은 이후 몇십 년 동안 계속되었다(이팔환 외, 2000).

사회복지실천의 윤리가 본격적으로 논의되기 시작한 것은 겨우 1970년대에 들어서였다. 그 이전에는 가치가 윤리의 자리를 대신하였으며, 실천윤리를 논하여야 할 만큼 실천의 대상, 과정, 결과 등이 복잡하지 않았다. 이는 사회복지사뿐 아니라 의학, 법, 간호, 언론 등의 분야에서처럼 사람을 대하는 전문직에서도 동일하게 적용되어 사람에 대한 존엄성의 가치가 행동에서 지켜질 수 있는 어떤 원칙과 기준이 있어야 함을 절실히 느끼기 시작하게 하였다(양옥경 외, 2018). 특히 전문직으로서의 사회복지사가 실천윤리를 발전시키게 되는 계기로는 먼저 과학기술의 발전에 따른 윤리적인 결정이 필요한 다양한 상황에 노출되기 시작하였으며, 그러한 결정에 따른 사회적 책임으로부터 자신을 보호하기 위한 근거자료가 필요하게 되었다. 다음으로 사회복지가 사회통제(social control)의 수준에 있었으나 1960년대에 들어서면서 미국 사회에서 시작된 흑인·여성 등의 인권운동에 있어서 사회적 약자에 대한 권리 옹호에 대한 입장 표명의 측면이다.

❙그림 1-3❙에서 보듯이 사회복지실천에 있어서 토대 또는 기반이 되는 것은 지식기반, 가치기반, 그리고 개입기술기반이다. 이들 중 가치기반이란 사회복지실천의 사상, 가치, 윤리 등의 인간이 가지고 있는 철학에서부터 시작한다. 사회복지실천에 종사하는 사회복지사는 과학적이고 전문적인 지식과 실천과정상의 적절한 개입기술만을 갖추는 것으로는 부족하고 사회복지실천의 가치와 윤리에 대해 이해하는 것이 필요하다.

왜냐하면 사회복지실천의 가치와 윤리, 사회복지사 개인의 가치와 윤리, 클라이언트의 가치와 윤리들이 서로 얽히면서 나타날 수 있기 때문이다. 결국 이들 간의 문제는 사회복지사와 클라이언트와의 관계 그리고 서비스의 전달과정과 효과성에 중요한 영향을 준다(권구영 외, 2008). 전반적인 사회복지실천을 검토해 보면 사회복지실천의 원칙에는 윤리적 원칙을 포함하고 있거나 또는 그것에 기반하고 있음을 알게 될 것이다.

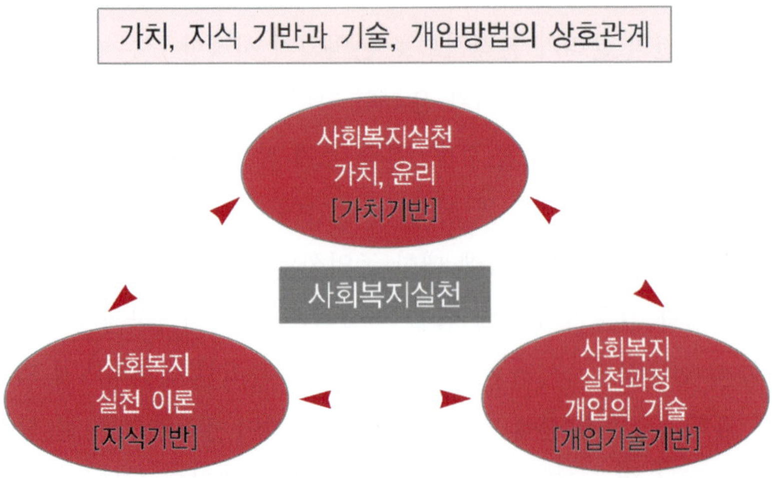

❙그림 1-3❙ 사회복지실천의 기반

출처 : 김혜란 외(2006). 사회복지실천기술론.

사회복지실천에서 윤리적 문제는 주로 현대사회의 특징인 가치의 중복성과 모순성에서 기인한다. 윤리적 문제를 거론하면 할수록 사회복지실천상의 윤리적 딜레마 혹은 윤리적 측면을 보다 정확하게 인식할 수 있을 것이다. 과거에는 윤리적 이슈들이 단지 사회복지사와 클라이언트의 양자관계에서 비롯되거나 혹은 그 관계에 국한하는 것으로 생각하였다. 최근의 윤리적 관심은 사회복지사와 클라이언트의 양자관계를 기반으로 하지만 그 이외의 다른 관계들을 포함하는 발전된 실천 모형도 중요하게 다루고 있다. 사회복지실천상의 윤리적인 문제를 도식화하면 〈표 1-1〉과 같다(서미경 외, 2005).

〈표 1-1〉 사회복지실천상의 윤리적인 문제

윤리적 문제 발생 상황(A)	대상(B)	서로 다른 가정(C)
문제정의	클라이언트	인간본성
목표설정	가족	가치
기관에 대한 우선순위	실천가	이슈
수단에 대한 결정	기관	체계수준
전략에 대한 결정	지역사회	
바람직한 결과	전문직	

출처 : 서미경 외(2004). 사회복지실천 윤리.

(2) 사회복지실천 윤리적 딜레마

사회복지실천에서 윤리적인 문제는 사회복지사가 클라이언트에게 추구하는 가치를 일관되게 실천하도록 이끄는 윤리강령을 통해 해결된다. 이는 사회복지사의 행동과 결정을 지도하는 중요한 지침으로 작용한다. 한국사회복지사협회는 1992년에 사회복지사 윤리강령을 제정했으며, 2023년 이를 대폭 개정했다. 초기 윤리강령은 서문과 10개의 조항으로 구성되었으나 개정된 윤리강령은 기본적 윤리기준, 클라이언트에 대한 윤리기준, 동료에 대한 윤리기준, 기관에 대한 윤리기준, 사회에 대한 윤리기준으로 세분화되어 있다. 윤리강령은 윤리적 의무와 법적 책임 간의 갈등이 없는 경우 실천의 명확한 지침을 제공한다. 그러나 실천현장에서는 윤리적 딜레마가 빈번히 발생하며, 윤리강령 내에서도 상충되는 가치가 있어 그대로 적용하기 어려운 한계가 있다. 이를 보완하기 위해 매티슨(Mattison, 1997)은 윤리적 딜레마 해결을 위한 단계별 과정을 제시하는 준거틀을 개발했다. 이 준거틀은 의사결정 과정에서 상호의존성을 고려하고 문제를 분석할 수 있는 도구를 제공하여 사회복지사가 체계적이고 합리적인 결정을 내릴 수 있도록 돕는다. 이는 윤리강령이 사회복지실천에서 중요한 지침이지만 복잡한 윤리적 딜레마를 해결하기 위해서는 체계적 의사결정 도구와 분석과정의 활용이 필요하다는 것을 알 수 있다.

〈표 1-2〉 매티슨(Mattison)의 윤리적 딜레마 점검의 준거틀

1단계	사례 이면의 사실과 사례의 세부 사항에 대한 수집 및 평가 단계
2단계	실천에 대한 고려와 윤리적 요소를 구분하는 단계
3단계	가치 갈등에 대하여 확인하는 단계
4단계	사례에 영향을 미치는 윤리강령 원칙들을 확인하는 단계
5단계	가능한 행동 양식을 결정하는 단계
6단계	어떤 의무가 우선적인지 평가하고 행동의 선택을 정당화하는 단계
7단계	해결과 반영의 단계

매티슨의 윤리적 딜레마 점검의 준거틀 7단계에서 어떤 의무가 우선하는지를 명확히 하는 것은 사회복지실천의 정당성을 확보하는 데 매우 중요하다. 의무의 우선순위를 결정하는 데 참고할 수 있는 준거틀로는 로웬버그와 돌고프(Loewenberg & Dolgoff, 1996)의 준거틀에 양옥경(1993)이 몇 가지를 첨부한 윤리적 결정지침이 있다.

〈표 1-3〉 윤리적 결정지침

원 칙	내 용
윤리원칙 1	생명보호의 원칙
윤리원칙 2	자기결정의 원칙
윤리원칙 3	비밀보장의 원칙
윤리원칙 4	진실성의 원칙
윤리원칙 5	균등의 원칙
윤리원칙 6	객관성의 원칙
윤리원칙 7	최소손실의 원칙
윤리원칙 8	효과성의 원칙

또한 셰퍼와 호레이시(Sheafor & Horejsi, 2005)는 윤리적 이슈를 명확히 하고 사회복지실천의 윤리원칙 및 전문적 가치와 일치하는 실천을 선택하기 위해 실천대안의 윤리적 차원을 비교하는 도구(tool)로 〈표 1-4〉와 〈표 1-5〉와 같은 윤리강령 워크시트를 제시하고 있다. 이 윤리강령 워크시트를 사용하기 위해 사회복지사는 먼저, 선택 가능한 각각의 실천(각각의 가능한 행동 혹은 결정)을 나열해야 한다. 둘째, 사회복지사는 각각의 선택에서 발생할 수 있는 이슈나 관심사를 윤리강령 워크시트에 직접 기록해야 한다. 이 워크시트는 미국사회복지사협회 강령의 6가지 윤리적 고려영역에 기반하여 마련된 것이다. 이 6가지 영역은 사회복지사의 윤리적 책임 중에서 ① 클라이언트 ② 동료 ③ 실천세팅 ④ 전문가 ⑤ 사회복지 전문직 ⑥ 더 넓은 사회에 대한 윤리적 책임을 의미한다. 셋째, 일단 잠재적 이슈가 규명되면 사회복지사는 명확화와 더 이상의 관련된 이슈가 없도록 각 윤리강령의 구체적 문구를 면밀히 검토해야 한다. 마지막으로 각 실천의 선택에서 사회복지사는 그 선택이 선정되었을 때 타협하게 되는 윤리강령 항목의 요약을 준비해야 한다.

〈표 1-4〉 윤리강령 워크시트

실천개입으로 어떤 선택, 행동, 혹은 결정을 고려하는가? 고려하는 실천개입에 대해 간략히 기술하라. 실천개입(A) 또는 잠재적 이슈나 문제점(B)의 선택이 미국사회복지사협회 윤리강령에서 명시한 다음의 윤리영역을 위반하는가? 그렇다면 잠재적 위반사항을 간략히 기록하라.

번호	윤리영역	고려사항	실천지침 A	잠재적 이슈나 문제점 B
1	클라이언트에 대한 윤리적 책임	클라이언트 우선 책임성, 자기결정 존중, 고지된 동의, 필요한 서비스 제공, 비밀보장, 부적절한 성적 접촉 금지, 취약 클라이언트 고려, 서비스 지속 및 종결에서의 주의		
2	동료에 대한 윤리적 책임	비밀보장 유지, 협력 및 팀워크, 의견 불일치 처리, 적절한 자문 관계, 동료에게의 적절한 의뢰, 슈퍼바이저 · 학생과의 성적 접촉 금지, 비윤리적 · 무능력 동료와의 책임 있는 행동		
3	실천세팅에 대한 윤리적 책임	슈퍼비전과 교육에서의 유능성, 성과평가, 클라이언트 기록 유지, 의뢰 전 욕구 사정, 적절한 업무환경 유지, 지속적인 교육훈련, 기관 피고용자에 대한 헌신, 노동조건 논란 속 책임 있는 행동		
4	전문가로서의 윤리적 책임	차별 금지, 책임성을 충족하지 못하는 사적 행동, 부정직한 행위 방지		
5	사회복지 전문직에 대한 윤리적 책임	사회정책 · 프로그램 평가와 점검, 사회복지실천의 높은 기준 촉진, 성장과 발달을 위한 노력		
6	사회 일반에 대한 윤리적 책임	사회정의 실현, 사회복지 증진, 공공 논쟁 참여, 위급 상황에서의 서비스 제공, 사회적 행동 참여		

〈표 1-5〉 윤리적 이슈의 우선순위 체크리스트

사회복지사는 어떤 선택, 행동, 혹은 결정을 고려하는가? 다음 질문에 답하라.
(주 : 가능하지만 일어날 것 같지 않은 행동의 광범위한 함의에 대해 너무 많은 가정을 피한다)

번호	문 항	예	아니요	결정할 수 없음
1	이 선택/행동이 생명, 신체적 안녕 혹은 생존 기회를 위협하는가?			
2	이 선택이 누군가를 기본적으로 부정의, 불공정, 불공평한 방식으로 다루거나 기본적인 인권을 위반하는가?			
3	이 선택이 주요하게 그리고 비합리적으로 누군가의 자기결정권, 자율성을 제한하는가?			
4	이 선택이 누군가의 중대한 개인적 고통 혹은 경제적 곤란을 야기하는가?			
5	이 선택이 이웃, 지역사회 혹은 전체 사회 사람의 삶의 질을 감소시키는가?			
6	이 선택이 누군가의 사생활과 비밀보장 권리를 잃게 하는가?			
7	이 선택이 개인 혹은 지역사회의 진실을 왜곡하거나 철회하는 것을 포함하는가?			

이상에서 정리한 윤리적 결정 과정을 명확히 하기 위한 매티슨의 7단계와 2가지 체크리스트를 완성하면 적어도 윤리적 이슈에 관한 한 사회복지사는 실행할 선택과 관련하여 결정할 준비를 갖추게 된 것이다. 윤리강령을 위반하는 행동을 취해야 한다면 사회복지사는 그런 행동을 선택한 이유를 적어야 하고 이 기록을 클라이언트 파일에 포함하여야 한다. 이 기록과 문서화는 만약 사회복지사가 이러한 결정의 결과로서 강령위반에 따르는 처벌을 받게 될 경우에도 유용할 수 있다.

사회복지실천에서의 결정이 이론적이고 기술적인 지식에 근거할지라도 과학적으로 숙련된 기술 이상의 사고가 요구된다는 인식이 늘고 있다. 미국사회복지사협회 윤리강령(1996)에 기술되어 있듯이 하나의 강령이 모든 윤리적 문제와 논쟁을 해결할 수는 없는 것이고 도덕적인 사회 내에서 책임 있는 선택을 하려는 노력에 내포된 훌륭함과 복잡성을 모두 파악할 수 없다. 결국 모든 윤리적 딜레마의 궁극적인 해결은 의사결정자가 내린 선택에 크게 의존하게 된다. 따라서 사회복지사는 윤리적 결정 과정을 위한 자신의 개인적 기준을 명백히 해야 하며, 자신의 개인선호도가 윤리적 의사결정 방정식에 인수되는 방법을 인식해야 한다(이팔환 외, 2000).

CHAPTER

02 관계기술

'관계'는 두 사람이 상호작용을 통해 형성된 결과물로, 사회복지실천에서 사회복지사와 클라이언트 간의 관계를 발전시키는 데 필수적인 요소이다. 이 관계는 문제를 해결하고자 하는 클라이언트에게 에너지원이 되어 동기를 지지하고 강화하며, 문제 해결이 자유롭게 이루어지도록 돕는 촉매제 역할을 한다(Perlman, 1978).

사회복지실천은 상담 영역과 밀접하게 연관되어 있다. 이는 상담이 사회복지사에게 중요한 개입 도구임을 의미하며, 상담기술은 사회복지사가 반드시 갖추어야 할 핵심적인 지식 중 하나로 간주된다(Kadushin, 1990). 상담기술과 사회복지실천은 모두 관계를 핵심으로 삼는다. 두 영역은 인간에 대한 존중과 윤리를 중요시하며, 낙인을 배제한 과정 속에서 양질의 대인관계 기술을 통해 이를 실천한다는 공통점을 가진다(Seden, 1993).

1. 사회복지실천에서 관계의 개념

두 사람 간 상호작용의 산물인 '관계'는 사회복지실천에 있어 역사적으로 중요하게 인식되어 온 용어로서 사회복지실천의 필수적인 요소이며 실천노력의 핵심이라고 말할 수 있다. 사회복지실천에서도 인간 상호작용의 중요성을 인식하고 관계의 개념을 의식적이고도 의도적으로 사용하려고 시도해 온 것이 사실이다.

사회복지실천에 있어서 '관계'의 개념에 대하여 언급한 학자들의 견해를 살펴보면 다음과 같다. 20세기 초반 개별사회사업 분야를 대표하는 인물인 메리 리치몬드(Mary Richmond)는 사회복지 관계에 대해 "사회적 관계의 적용 및 집중적인 연구"를 의미한다고 했다. 비에스텍(Biestek, 1957)은 사회복지실천에서의 관계를 "클라이언트와 사회복지사 간에 혹은 사회자원들과의 교류를 가능하게 하는 연결통로로 클라이언트와 그를 둘러싸고 있는 환경 간의 보다 나은 적응을 가져오도록 개인의 능력과 지역사회자원을 적절히 동원하고 활용할 수 있도록 돕는 관계"라고 설명하고 있다(양정남 · 최선령, 2003).

펄만(Perlman, 1978)은 관계란 하나의 촉매제로서, 문제해결과 도움을 향한 인간의 에너지와 동기를 지지하고 양성하며 자유롭게 하는 원동력이며, 정서적인 유대 및 인간적인 도움을 위한 수단으로 간주하였다. 그리고 '좋은 관계'란 자극과 영양이 되고, 타인의 개성을 존중하고 키워주며, 안전한 느낌과 일치성을 제공하는 것이라고 주장하고 있다(Johnson, 1995).

해밀턴(Hamilton)은 일종의 유대로서의 사회복지실천 관계를 논의한 최초의 학자이다. 그녀에 의하면, 모든 인간관계는 유대를 함축하고 있지만 특히 전문적 원조관계에서는 강력한 감정적 유대가 존재하며, 상호 신뢰가 확립된 상태에서만이 치료가 이루어질 수 있다고 하였다. 이는 사회복지사에게 클라이언트 자신이 수용받으면서, 클라이언트 자신 역시 사회복지사에 대한 관심을 가질 때, 즉 두 사람 간 유대관계가 이루어짐으로써 개입 혹은 치료가 효과적일 수 있다는 의미일 것이다. 이러한 해밀턴(Hamilton)의 주장과 맥을 같이하여 비스만(Bisman, 1994)은 사회복지실천관계를 신뢰와 유대감 형성(belief bonding)이라고 설명하고 있다. 이는 사회복지사와 클라이언트가 서로에 대해 특정한 믿음을 가질 필요가 있음을 강조한다. 다시 말해, 사회복지사는 클라이언트에게 적합한 지식과 자원을 갖춘 능력 있는 전문가로서 신뢰를 받아야 하며, 클라이언트는 자신의 현재 상황을 변화시킬 수 있는 잠재력을 지닌 존중받을 가치가 있는 사람이라는 믿음을 가져야 한다는 것이다. 이 관계에서 클라이언트가 사회복지사를 개인적으로 좋아하는지 그렇지 않은지는 본질적인 문제가 아니며, 유대 형성이 처음 이루어지는 시점에만 약간의 영향을 미칠 뿐이다. 중요한 것은 이러한 신뢰와 유대감 형성을 통하여 실질적인 관계가 구축되고, 문제해결 과정에서 긍정적인 결과를 얻을 수 있다는 점이다.

이러한 학자들의 관점을 종합해 보면, 사회복지 분야에서의 관계에 대한 개념은 초창기부터 여러 학자들에 의해 강조되고 발전되어 왔지만 하나의 공통된 개념으로 의견이 일치하지는 못하였다(Compton & Galaway, 1994). 그러나 분명한 것은 사회복지실천에서 사회복지사와 클라이언트의 관계는 실천 결과에 영향을 미치는 하나의 중요한 요소로 여겨져 왔다는 점이다. 더욱이, 사회복지실천의 관계는 단순한 상호작용을 넘어 클라이언트의 문제 해결과 변화를 위한 강력한 원동력이며 실천 과정 전반에 중요한 영향을 미친다. 따라서 사회복지사는 관계를 통해 클라이언트와 유대 및 신뢰를 형성하고 이를 통해 클라이언트가 자신의 문제를 해결할 수 있는 잠재력을 스스로 발견하고 발휘하도록 지원해야 한다.

2. 전문적 관계

사회복지사와 클라이언트는 의도적이고 목표 지향적인 관계로, 클라이언트는 도움을 요청하고 사회복지사는 전문적 도움을 제공하는 전문적 대인관계라 할 수 있다. 따라서 전문적 관계는 언제나 클라이언트의 입장에서 출발하여야 하며, 사회복지사는 전문적 지식과 기술, 윤리적 책임을 바탕으로 클라이언트의 문제 해결과 적응을 지원하는 과정에서 중요한 역할을 한다.

1) 전문적 관계의 특성

존슨(Johnson, 1995)은 전문적 관계의 특성을 다음과 같이 정의하였다.

(1) 의식적 목적의 합의

전문적 관계는 서로 명확히 합의된 의식적 목적을 기반으로 형성된다. 이 목적은 클라이언트의 문제 해결과 보다 나은 적응을 돕는 데 초점이 맞춰져 있다. 사회복지사는 이러한 목적을 달성하기 위해 체계적이고 계획적인 개입을 수행한다.

(2) 한정된 기간

전문적 관계는 구체적이고 한정된 기간 동안 유지된다. 관계의 형성 및 유지 기간은 명확하게 설정되며, 목적이 달성되었거나 더 이상 목적 달성이 가능하지 않다고 판단될 때 관계는 종결된다. 전문적 관계가 목표 지향적이고 시간적으로 제한된 특성을 가진다는 점에서 비공식적(비전문적) 관계와는 차별화된다.

(3) 클라이언트 중심의 헌신

전문가로서의 사회복지사는 자신의 이익보다 클라이언트의 이익을 우선으로 하며, 클라이언트의 욕구를 충족시키기 위해 객관성과 자아인식을 기반으로 한 관계를 형성한다. 이러한 헌신은 사회복지사의 윤리적 책무를 실현하는 과정에서 필수적인 요소이다.

(4) 전문성 기반의 권위

전문적 관계는 사회복지사가 특화된 지식과 기술, 그리고 전문직 윤리강령에서 비롯된 권위를 기반으로 한다. 이는 사회복지사가 자신의 전문성을 활용하여 클라이언트를 돕고, 그 과정에서 클라이언트가 신뢰를 가지고 개입에 참여할 수 있도록 돕는 역할을 한다.

(5) 통제된 관계

전문적 관계는 사회복지사가 자신의 감정, 반응, 충동을 자각하고 책임지는 객관성을 유지하는 통제된 관계를 의미한다. 이러한 통제된 관계를 통하여 사회복지사는 감정적으로 휘말리지 않고 클라이언트의 문제 해결에 효과적으로 개입할 수 있다.

2) 전문적 관계의 기본 요소

전문적 관계는 일반적인 인간관계와는 달리 클라이언트의 요청과 사회복지사의 전문성을 기반으로 한다. 이를 효과적으로 수행하기 위해 다음과 같은 기본 요소가 요구된다(Compton & Galaway, 1994).

(1) 타인에 대한 관심

타인에 대한 진실된 관심은 전문적 관계의 출발점이라고 할 수 있다. 이는 클라이언트의 삶과 욕구에 대해 조건 없는 긍정적 수용을 바탕으로 클라이언트의 감정에 민감하게 반응하고 신뢰를 구축하는 것을 의미한다. 사회복지사는 클라이언트와 정서적 유대관계를 가지는 한편 객관성을 유지하여 지나친 간섭은 피해야 하며, 자신의 감정과 반응을 자각하여 무의식적인 거부감이나 편견이 개입되지 않도록 주의해야 한다.

누구든지 다른 사람을 도우려고 할 때에는 그 사람과 깊은 관계를 맺어야 하는 것이 사실이다. 하지만 정서적으로 친밀한 관계일수록 해결해야 할 문제에 대해 과도하게 관여하게 될 위험이 있다. 이 말은 사회복지사가 정서적으로 클라이언트의 문제를 자신의 문제로 착각하게 될 경우에는 클라이언트가 원하고 필요로 하는 것보다는 사회복지사가 원하는 방향으로 지나치게 간섭할 우려가 있음을 의미한다. 따라서 사회복지사는 항상 목적의식을 가지고 관계를 형성 · 유지해 나가야 한다. 전문적 관계에서 타인에 대한 진정한 관심은 사회복지사가 자신의 지식과 기술 그리고 자기 자신을 이용하여 목표를 달성하는 방향으로 나아가는 것을 의미한다(양옥경 외, 2004).

(2) 헌신과 의무

헌신과 의무는 원조과정에서 책임감을 의미하는 것으로 일관성을 포함하는 개념이다. 사회복지사와 클라이언트가 함께 관계의 목적과 조건을 위해 그리고 상호의존적인 교류관계를 위해 헌신을 다할 때 클라이언트는 안전하다는 느낌을 갖게 된다. 전문적 관계에서 관계의 목적을 달성하기 위해서는 사회복지사뿐 아니라 클라이언트도 관계에 대한 헌신과 의무를 가져야 한다.

먼저 사회복지사의 헌신과 의무는 사회복지사와 클라이언트 간의 관계를 맺을 때 필수적인 절차상의 조건들에 해당하는 것이다. 예를 들면, 시간약속, 클라이언트의 문제에 대해 초점을 유지하는 것, 클라이언트의 성장과 변화를 가져오기 위한 관계 유지 등을 지키는 것을 말한다.

다음은 클라이언트의 헌신과 의무는 클라이언트 자신의 문제에 대해서 정직하고 개방적으로 제시하고 전문적 관계에서 요구되는 시간약속, 규칙 등을 지키는 것을 의미한다.

(3) 권위와 권한

권위(authority)는 클라이언트와 기관에 의해 사회복지사에게 위임된 권한으로 사회복지사는 전문적 지식과 경험을 보유하고, 일정한 지위에 있을 때 영향력을 미칠 수 있는 권한을 가진다. 전문적 관계에서의 권위는 두 가지 측면에서 살펴볼 수 있다.

첫째, 제도적 측면의 권위로서 사회복지기관 내에서 사회복지사의 위치와 기능으로부터 권위가 나온다고 할 수 있다. 둘째, 심리적 측면의 권위로서 전문가인 사회복지사에게 정보와 조언을 구함으로써 클라이언트가 사회복지사에게 부여하는 권위가 있다. 도움을 구하는 사람은 지식과 기술 면에서 권위를 가진 사람을 찾게 된다. 클라이언트가 사회복지사를 그러한 권위를 가진 사람으로 받아들일 때 클라이언트는 자신이 보호받고 있다는 안전감을 느끼게 된다. 반면 권위와 권한이 잘못 사용될 경우 클라이언트는 사회복지사에 대한 반감과 불신을 나타낼 수 있고, 이로 인해 관계 자체에 저항을 표출하게 되고 관계형성이 어려워진다. 따라서 사회복지사는 그들이 갖는 권위와 권한의 내용, 권위와 권한의 범위 및 사용방법 등을 클라이언트에게 설명해야 한다.

(4) 진실성과 일치성

진실성과 일치성이란 사회복지사가 클라이언트와 관계형성 시 일관성 있고 정직한 개방성을 유지하며, 대화의 내용과 행동이 항상 일치하면서도 전문가로서의 자아와 가치체계에 부합하여야 함을 의미한다.

전문적 관계에서 진실성과 일치성을 가진 사회복지사는 자기 자신이 어떤 사람인지 알고 있으며, 자신의 내면에서 발견되는 모습에 대해 두려워하지 않는다. 따라서 자신을 보호하거나 입증할 필요 없이 전문적 관계에 돌입할 수 있으며 클라이언트의 감정에 대해서도 두려움을 갖지 않게 된다.

(5) 그 밖에 요구되는 전문가의 자질

그 밖에도 전문적 관계를 형성하기 위해 전문가에게 필요한 자질로서 성숙함, 창조성, 자기를 관찰·통찰하는 능력, 도우려는 열망, 용기, 민감성, 인간적 자질 등이 있는데, 이에 대하여 콤튼과 겔러웨이(Compton & Galaway, 1994)는 다음과 같이 제시하고 있다.

- **성숙함** : 변화와 성장을 두려움 없이 수용하며 스스로 발전한다.
- **창조성** : 문제 해결에 있어 개방적이고 유연한 태도를 유지한다.
- **자기를 관찰·통찰하는 능력** : 자신을 객관적으로 성찰하며, 복잡한 개입 활동의 일환으로 이해한다.
- **도우려는 열망** : 클라이언트의 자율성과 통제력을 향상시키기 위한 헌신적 자세를 유지한다.
- **용기** : 실패나 어려운 상황을 받아들이고 감정적 위협에도 대응할 수 있는 능력을 가진다.
- **민감성** : 클라이언트의 내면세계를 감지하고, 변화와 새로운 상황에 민첩하게 대응한다.
- **인간적 자질** : 클라이언트의 고통을 존중하며, 포용력과 끈기를 바탕으로 관계를 유지한다.

3) 전문적 관계의 기본 원칙

비에스텍(Biestek, 1957)은 사회복지실천에서 사회복지사와 클라이언트 간의 관계가 매우 중요하다는 인식을 가지고 있었으며, 사회복지사와 클라이언트 간의 관계가 사회복지실천의 성공 여부에 지대한 영향을 미치는 것으로 보았다. 그에 의하면 사회복지사의 도움을 요청하는 클라이언트는 7가지 기본적인 욕구를 가지고 있으며, 그 욕구들은 사회복지사에 의해 충족될 수 있다는 것이다. 비에스텍(Biestek, 1957)이 제시한 전문적 관계의 7대 기본 원칙은 다음과 같다.

(1) 원칙 1 : 개별화의 원칙

개별화(individualization)의 원칙이 의미하는 바는 모든 인간이 개별적으로 취급되기를 원하는 기본적인 욕구를 바탕으로 하고 있으며, 모든 클라이언트는 각각 독특한 개인으로 인정받을 권리가 있다는 것이다. 클라이언트는 특정한 개인으로서 인정받고 있다고 느끼며, 자신의 문제가 이해되고 있다고 느낄 때에만 원조관계에 들어갈 수 있다. 이를 위해 사회복지사에게 요구되는 자질은 다음과 같다.

첫째, 특정 인간에 대한 편견이나 선입관에서 탈피해야 한다. 편견과 선입관으로 인해 사회복지사는 클라이언트의 문제, 경험, 사고, 행동들에 대해 속단하게 되고 그들의 존엄성을 존중하지 않게 되며 자칫 객관적인 시각을 잃게 된다. 다시 말해, 성별, 연령, 출신지역, 교육 정도, 경제적 지위 등에 따른 편견이 있을 수 있다. 둘째, 인간행동에 대한 지식을 가지고 활용할 수 있어야 한다. 이는 인간행동 및 인간발달, 사회환경에 대한 전문지식 등을 말한다. 이 밖에도 경청하고 관찰하는 능력, 클라이언트의 보조에 맞추어서 함께하는 능력, 사람들의 감정을 헤아릴 수 있는 능력, 개개의 관련성을 인식한 다음에 사물을 전체적으로 파악하는 능력 등이 개별화를 위해 필요하다고 볼 수 있다.

따라서 사회복지사는 이러한 편견에 대한 자기인식을 파악하고 있어야 한다. 만약 이러한 자기인식을 통해서도 극복하기 어렵고 클라이언트와의 관계에 영향을 미치는 경우에는 슈퍼바이저와 논의하여 문제를 해결해 나가거나 다른 전문가에게 의뢰하는 것이 바람직하다(양옥경 외, 2004).

(2) 원칙 2 : 의도적 감정표현

의도적 감정표현(purposive expression of feeling)은 클라이언트가 자신의 감정, 특히 부정적인 감정을 자유롭게 표현하고자 하는 욕구에 기반을 둔 것으로, 사회복지사는 클라이언트가 표현하는 감정에 귀 기울이고, 비난하거나 실망시키지 않아야 한다. 필요한 경우에는 클라이언트가 감정을 자유롭게 표현할 수 있도록 자극하고 격려해 주어야 한다.

클라이언트가 자신의 감정을 잘 표현하도록 분위기를 조성해 주는 것이 중요하다. 이를 위해 사회복지사는 다음과 같은 역할 수행에 주의해야 한다(김기태 외, 2003).

- 사회복지사는 클라이언트가 편안함을 느끼도록 자신이 먼저 긴장을 풀어야 한다.
- 훌륭한 사회복지실천은 각 면접에서 어느 정도의 준비가 요구되지만 사회복지사의 마음이 작은 일들로 인해서 혼란스러워서는 안 된다.
- 허용적 태도를 조성함에 있어 가장 중요한 요소는 주의 깊게 의도적으로 경청할 수 있는 사회복지사의 능력이다.
- 사회복지사는 클라이언트가 자신의 감정을 표현하도록 격려할 필요가 있다.
- 각 면접에 있어서 사회복지실천 목표를 향하여 움직이는 클라이언트의 속도에 대한 민감한 인식이 필요하다.
- 재보증을 하거나 너무 빠른 해석 및 많은 양의 해석은 클라이언트의 감정표현을 방해할 수 있다.

(3) 원칙 3 : 통제된 정서적 관여

통제된 정서적 관여(controlled emotional response)는 문제에 대한 공감적 반응을 얻고 싶은 인간의 욕구에 기반을 둔다. 사회복지사가 클라이언트의 감정에 대해 의도적이고 적절한 반응을 보임으로써 정서적으로 관여하게 된다.

사회복지사의 통제된 정서적 관여의 구성요소로는 민감성, 이해, 반응 등 세 가지가 있다(김기태 외, 2003). 민감성은 클라이언트의 말이나 행동, 감정에 사회복지사가 적절하면서도 기민하게 대처하는 것을 말한다. 특히 많은 경우 클라이언트들은 자신의 감정을 표현하지도 못하지만 표현하지 않으려는 측면도 있다. 하지만 사회복지사는 그러한 부분까지도 느끼고 엿볼 수 있어야 한다. 말의 속도라든지 어조나 용어의 선택은 물론이고 말하는 자세나 안색과 몸의 움직임, 나아가서는 클라이언트의 복장까지도 주목의 대상이 될 수 있다.

이해는 클라이언트가 겉으로 드러내 보이는 언행의 의미를 탐색하는 과정을 말한다. 특히 클라이언트 감정의 의미를 이해한다는 것은 대단히 중요하다. 왜냐하면 감정적인 부분이 문제의 본질이거나 문제를 해결해 가는 중요한 단서가 될 수 있기 때문이다. 민감성이나 이해의 수준에서 더 나아가 반응은 클라이언트의 행동과 표현에 대하여 사회복지사가 적절하게 자신을 드러내 보이는 것을 말한다. 그래서 이 반응은 사회복지실천에 있어서 대단히 중요하고 어려운 부분이다. 사회복지사의 반응은 반드시 구체적인 말이나 행동으로 표현되는 것은 아니다. 때로는 묵시적인 동의가 반응으로 이해되기도 하며 표정이나 미소까지도 유의미한 반응으로 받아들여지게 된다. 특히 클라이언트의 감정적 표현에 대한 적절한 반응은 매우 중요하다.

사회복지사는 클라이언트가 언어적·비언어적으로 전달하는 감정에 대해 민감성을 가지고 관찰해야 하며, 문제와 관련하여 클라이언트가 가지고 있는 감정에 대해 부분적인 이해가 아닌 완전한 이해를 갖고자 노력해야 한다. 그러나 이때 사회복지사의 반응은 목적의식과 자기인식에 의해 반드시 통제되고 조절되어야 한다. 왜냐하면 클라이언트도 역시 자신의 감정이 그대로 공유되기보다는 자신과는 다른 입장에서 다른 반응을 보이는 사회복지사를 필요로 할 수도 있기 때문이다. 사회복지사는 자기훈련을 통해 자신의 욕구와 감정을 자각하고 이를 관리함으로써 클라이언트의 감정을 왜곡되게 이해하지 않도록 주의해야 한다(양옥경 외, 2004).

(4) 원칙 4 : 수용

수용(accept)은 가치 있는 인간으로 인정받고 싶은 인간의 욕구에 기반을 두고 있다. 클라이언트의 장점과 약점, 바람직한 성격과 그렇지 못한 성격, 긍정적인 감정과 부정적인 감정, 파괴적 태도와 행동 등을 다 포함하여 있는 그대로 인정하고 존중해 주는 것이다. 수용은 한 인간으로서 클라이언트의 가치, 그의 현실, 감정을 있는 그대로 받아들이는 것이지만 클라이언트의 일탈적인 태도나 행동까지 허용함을 의미하지는 않는다. 사회복지사는 윤리와 법, 전문적 가치에 의거하여 바람직한 것과 수용할 수 있는 것에 대한 기준을 가지고 있어야 한다. 따라서 클라이언트에 대해 관심을 갖고 중립성을 유지하려는 의지가 무엇보다 중요하다고 할 수 있다.

다음은 사회복지실천에서 수용이 어떠한 역할을 하고 있는지를 보여준다.

- 클라이언트는 수용받는 경험을 통하여 있는 그대로의 자신을 표현하고 안정감을 느낀다.
- 클라이언트 자신에 대한 수용과 자신의 문제를 현실적이고 객관적으로 대처할 수 있게 된다.
- 클라이언트로 하여금 바람직하지 못한 방어로부터 자유롭게 될 수 있도록 도와준다.

또한 수용을 하는 데 장애가 되는 몇 가지 요소로는 인간의 행동양식에 관한 불충분한 지식, 사회복지사 자신에 대한 불충분한 이해, 사회복지사 자신의 감정을 클라이언트에게 투사시키는 것, 편견과 선입관을 가지는 것, 보증되지 않는 재보증을 하는 것, 클라이언트에 대한 존경심의 상실, 과잉동일시 등이 있다.

(5) 원칙 5 : 비심판적 태도

비심판적 태도(nonjudgemental attitude)는 심판받지 않으려는 인간의 욕구에 기반을 두고 있다. 이 원칙은 사회복지실천에서 클라이언트의 태도, 가치기준 또는 행동에 관한 평가적인 판단을 한다는 확신에 기초를 두고 사회복지기능이 욕구 및 문제의 원인에 대한 클라이언트의 책임 정도나 죄의 유무를 따져서는 안 된다는 것을 의미한다.

도움을 요청하는 클라이언트는 대부분 자기 자신에 대하여 부정적 감정을 지니고 있거나 사회적 낙인에 대한 두려움, 비난이나 거부당하는 것에 대한 두려움을 가지고 있는 경우가 많다. 따라서 처음 사회복지사에게 원조를 요청하러 온 클라이언트는 이러한 불안과 두려움, 그에 따른 긴장으로 인해 자신의 문제를 개방하고 변화하는 것에 방어적 태도를 보이기 쉽다. 그러나 사회복지사로부터 언어적 · 비언어적으로 비심판적인 태도를 전달받게 되면 클라이언트는 방어적이던 태도를 풀고 자신의 문제해결에 협조적인 태도를 취하게 된다(양정남 · 최선령, 2003).

여기서 주의할 점은 다음과 같다. 첫째, 비심판적 태도가 클라이언트의 태도, 기준 또는 행동에 대해 사회복지사가 평가적 판단을 내려서는 안 된다는 것을 의미하는 것은 아니다. 둘째, 반사회적이고 비윤리적이며 불법적인 태도에 대해 사회복지사는 올바른 기준을 가지고 있어야 한다. 셋째, 객관적 평가와 판단은 클라이언트의 사회적응을 돕기 위한 것임을 인식해야 한다.

비심판적 태도는 사회복지실천에서 치료적 관계의 성립을 도와주는 중요한 역할을 담당하고 있다. 이러한 태도를 바탕으로 클라이언트는 방어 없이 편안하게 자신의 문제와 욕구에 대해 논의할 수 있게 되며 문제해결도 원활해지게 된다.

(6) 원칙 6 : 클라이언트의 자기결정

클라이언트의 자기결정(client self-determination)은 자신의 삶에 대해 스스로 선택과 결정을 내리고자 하는 인간의 권리와 욕구에 기반을 두고 있다. 이는 모든 인간은 자기 삶에 대한 결정을 스스로 내릴 수 있다는 인간의 능력과 자유에 대한 믿음과 존중심에서 기인한다. 따라서 사회복지사는 클라이언트가 지역사회와 그 자신의 성격에서 유용하고 적절한 자원을 발견하고 활용하도록 도와줌으로써 자기지향을 위한 권리를 존중하고 욕구를 인지하며 잠재력을 발휘하도록 자극하고 도와줄 의무를 가진다.

자기결정권을 최대화하기 위해서는 인간의 잠재능력에 대한 믿음에 근거한 클라이언트의 강점과 능력이 강조된다. 또한 클라이언트의 자기결정 원칙은 사회복지사가 클라이언트를 위해 무엇을 해주는 것이 아니라 클라이언트와 함께 해결해 나가는 것을 의미하므로 전문적 관계의 파트너십을 강조하게 된다

(양옥경 외, 2004). 하지만 자기결정에 대한 클라이언트의 권리는 ① 클라이언트의 능력에 의한 제한 ② 법률에 의한 제한 ③ 도덕에 의한 제한 ④ 기관의 기능에 의한 제한 등의 한계 내에서 수행되어야 한다.

재스트로(Zastrow, 1989)는 클라이언트의 자기결정 원리를 실천하기 위해서 다음과 같은 네 가지 측면을 고려해야 함을 강조하고 있다.

첫째, 클라이언트가 자기결정을 하기 위해서는 직면한 문제를 해결하기 위한 다양한 대안들을 알고 있어야 한다. 따라서 사회복지사는 클라이언트와 함께 가능한 대안들을 탐색해야 하며 클라이언트가 선택권을 가지고 다른 사람에게 의존하지 않고 스스로 결정할 수 있게 도와야 한다.

둘째, 자기결정 원리는 주요 문제 해결자가 사회복지사가 아니라 클라이언트임을 강조한다. 따라서 사회복지사는 문제를 가진 사람이 클라이언트이므로 문제해결의 일차적 책임 역시 클라이언트에게 있음을 인식할 필요가 있다.

셋째, 자기결정의 원리가 사회복지사로 하여금 어떠한 의견이나 제안도 할 수 없다는 것을 의미하지는 않는다. 사회복지사는 클라이언트의 문제해결에 대한 다양한 의견을 제시할 수 있다. 예를 들어, 10대 미혼모에게 "당신이 선택할 수 있는 최선의 방법은 입양밖에 없습니다"라고 하는 것은 자기결정권을 침해하는 것이지만 "혹시 입양에 대해서는 어떻게 생각하십니까?" 하고 제안하는 것은 필요하다.

넷째, 자기결정의 원리는 법적으로 강제성이 부여되는 사회복지사의 기능에서도 존중되어야 한다. 예를 들면, 교정이나 보호관찰과 같은 업무를 수행할 때 클라이언트의 자기결정은 법적인 한도 내에서만 존중되어야 한다.

(7) 원칙 7 : 비밀보장

비밀보장(confidentiality)은 클라이언트가 전문적 관계에서 노출한 비밀스러운 정보를 사회복지사가 전문적 치료 목적 외에 타인에게 알려서는 안 된다는 원리이다. 사회복지실천의 가장 기본 원칙이며 사회복지사의 윤리적 의무라고 할 수 있다. 사회복지실천과정에서 알게 되는 클라이언트의 비밀은 엄청난 사실들이 아니다. 일반적으로 흔히 있을 수 있는 작은 생활 사건들이 대부분인 경우가 많다. 그럼에도 불구하고 클라이언트와 관련한 작은 생활사건 하나도 사회복지실천의 관계에서는 소중히 다루어야 할 비밀정보들인 것이다.

비밀정보(confidential information)라고 하는 것은 일반적으로 다른 사람의 눈으로부터 감추어진 인간의 사생활에 관한 어떤 사실이나 조건 그리고 이러한 것에 대한 지식이라고 정의할 수 있다(엄명용 외, 2004). 하지만 비밀보장에도 한계가 있으며, 그 한계를 극복하기 위한 방안을 살펴보면 다음과 같다(양옥경 외, 2004).

첫째, 보다 나은 서비스를 제공하기 위해 같은 기관에서 근무하는 다른 전문가들과 사례를 공유하는 경우 비밀보장이 어려울 수 있다. 이런 경우 클라이언트에게 문제해결과 보다 나은 서비스를 제공하기 위한 과정임을 사전에 알리고 동의를 받을 필요가 있다.

둘째, 학생이나 초보자의 경우 지도감독을 위해 슈퍼바이저에게 사례 보고를 하는 경우인데, 이때에도 클라이언트에게 문제해결을 위한 과정임을 사전에 알리고 동의를 받을 필요가 있다.

셋째, 타인이나 클라이언트 자신의 생명을 위협하는 경우, 즉 살인, 자살 이외에 범죄행위와 관련된 비밀은 보장하기 어려우므로 면담 초기에 비밀보장의 한계를 분명히 해두어야 한다.

3. 관계 및 변화를 방해하는 요소

사회복지실천에서 관계는 단순히 형성하는 것을 넘어 지속적으로 유지하는 데에 기술적 역량이 요구된다. 헵워스와 라슨(Hepworth & Larsen, 1993)은 사회복지사와 클라이언트 간의 관계를 유지하는 과정에서 발생할 수 있는 위협 요인들을 설명하며, 이를 효과적으로 관리하기 위한 실천적 접근을 제시하였다. 이 과정에서 다루어야 할 주요 요소로 현재의 정서적 반응, 전이, 역전이, 저항 등이 있다. 이러한 요인들은 관계를 약화시키거나 방해할 수 있으므로 사회복지사는 이를 민감하게 인식하고 관리할 필요가 있다.

1) 현재의 정서적 반응

현재의 정서적 반응(here and now reactions)은 사회복지사와 클라이언트 간의 관계에서 일시적인 불화를 야기할 수 있는 클라이언트의 부정적 감정을 의미한다. 이러한 부정적 감정은 사회복지사의 행동에서 비롯되거나 클라이언트의 오해로 발생할 수 있다. 예를 들어, 클라이언트의 중요한 감정을 간과하거나 비판적으로 보이는 태도를 취하는 경우, 클라이언트가 성취한 성장을 인정하지 않는 경우, 약속 시간에 늦거나 클라이언트의 의견을 무시하는 것과 같은 행동 등이 클라이언트의 감정적 반응을 촉발시킬 수 있다. 이러한 정서적 반응이 발생했을 때 클라이언트는 종종 자신의 부정적 감정을 명시적으로 표현하지 않는다. 따라서 사회복지사는 클라이언트의 비언어적 표현에 민감해야 하며, 설령 클라이언트의 감정이 현실적이지 않다고 느껴지더라도 이를 진지하게 받아들이고 대화로 풀어야 한다. 부정적 감정을 해결하지 않을 경우 관계는 점차 악화될 수 있으므로 이를 초기 단계에서 관리하는 것이 중요하다.

2) 전 이

전이(transference)는 클라이언트가 과거에 중요한 인물에게 느꼈던 감정을 사회복지사에게 투사하는 현상이다. 예를 들어, 어린 시절 부모에게 거부당한 경험이 있는 클라이언트가 사회복지사를 신뢰하지 못하거나 반대로 과도하게 의존하는 경우가 이에 해당한다.

전이는 왜곡된 인식을 통해 관계를 복잡하게 만들며 변화를 방해하는 저항으로 나타나기도 한다. 이러한 전이 감정을 다룰 때 사회복지사는 이를 비현실적인 반응으로 단정하지 말고 자신의 행동이 이러한 반응을 촉진했을 가능성을 고려해야 한다. 또한 클라이언트가 자신 감정의 근원을 탐색하도록 돕고 왜곡된 인식을 수정할 기회를 제공해야 한다. 클라이언트가 전이된 감정을 인식하고 과거의 상처를 이해하게 될 때 관계를 재정립하고 신뢰를 회복하는 계기가 될 수 있다.

다음은 전이 반응을 다룸에 있어 필요한 지침들이다(김기태 외, 2003).

- 클라이언트의 반응이 전혀 비현실적인 것이 아니라 사회복지사 자신의 행동에 의해서도 양산될 수 있다는 가능성을 배제하지 않는다.
- 사회복지사가 과거에 중요한 타인이 했던 식의 반 치료적 방식으로 응해주기를 클라이언트가 기대할 때 다른 방식으로 대응함으로써 그러한 기대감이 부적절함을 보여주는 것이 중요하다.
- 클라이언트가 그러한 감정들이 언제 어떠한 방식으로 나타나는지를 탐색함으로써 왜곡된 인식의 원천을 즉시 규정하도록 돕는다.
- 클라이언트가 감정의 비현실성 및 왜곡을 인식한 후 사회복지사의 실질적 감정들을 공유하는 것이 도움이 된다. 이러한 것은 과거에 상처받고 거부당했다고 느낀 클라이언트들에게 재보증의 한 근원적 요인이 되기 때문이다.
- 사회복지사는 문제의 소지가 있는 감정들을 검토한 뒤 클라이언트가 다른 관계에서도 이와 유사한 반응들을 경험한 적이 있는지를 알아보도록 돕는다. 이는 클라이언트가 다른 관계들에서도 어려움을 야기했던 왜곡의 양상을 식별하도록 하는 것이다.

3) 역전이

역전이(counter-transference)는 사회복지사가 클라이언트를 자신의 과거 경험 속 특정 인물로 동일시하거나 무의식적으로 과도한 감정을 투사하는 현상이다. 예를 들어, 클라이언트가 과거의 가족 구성원을 떠올리게 할 경우 사회복지사는 객관성을 잃고 감정적으로 반응할 위험이 있다. 이는 관계를 왜곡하고 클라이언트의 문제 해결을 방해할 수 있다.

역전이를 관리하기 위해 사회복지사는 자기성찰을 통해 자신의 감정과 행동을 분석해야 한다. 예를 들어, "왜 이 클라이언트와의 관계가 불편한가?", "나의 행동이 클라이언트의 이익을 위한 것인가?"와 같은 질문을 통해 자신의 반응을 점검한다. 만약 자기성찰만으로 문제를 해결할 수 없다면 동료나 슈퍼바이저와의 논의를 통해 새로운 관점을 얻는 것이 필요하다. 역전이를 효과적으로 다룰 때 사회복지사는 클라이언트와의 관계를 보다 현실적이고 균형 있게 유지할 수 있게 된다.

4) 저 항

저항(resistance)은 클라이언트가 변화에 대한 두려움이나 불안을 느껴 사회복지사의 개입을 방해하거나 관계를 거부하는 행동이다. 저항은 침묵, 주제 회피, 무력감 표현, 문제 축소, 면담 중 안절부절못하거나 약속 시간을 지키지 않는 행동 등 다양한 형태로 나타날 수 있다. 예를 들어, 클라이언트가 중요한 주제를 회피하거나 변화에 대한 노력을 거부하는 경우가 저항의 전형적인 모습이다.

저항은 클라이언트의 방어기제로도 작용한다. 그러므로 사회복지사는 이를 문제로만 간주하지 말고 클라이언트가 느끼는 두려움과 불안을 이해하는 계기로 삼아야 한다. 저항을 다룰 때는 클라이언트와 열린 대화를 통해 저항의 근원을 탐색하고 변화에 대한 두려움을 함께 논의해야 한다. 예를 들어, 클라이언트가 침묵할 경우, 이를 단순히 소극적인 태도로 치부하지 않고 클라이언트가 침묵하는 이유를 이해하려고 노력해야 한다.

사회복지실천에서 관계는 단순히 형성의 과정에 그치지 않고 지속적으로 유지하며 발전시켜야 한다. 관계 유지 과정에서 발생하는 위협 요인은 관계를 약화시키거나 단절로 이어질 수 있으므로 사회복지사는 이러한 요인들을 민감하게 인식하고 관리해야 한다. 현재의 정서적 반응, 전이, 역전이, 저항과 같은 요소들은 관계에 갈등을 일으킬 수 있지만 이를 적절히 다룬다면 오히려 관계를 강화하고 클라이언트의 긍정적 변화를 촉진하는 계기가 될 수 있다. 따라서 사회복지사는 클라이언트의 감정과 행동에 민감하게 반응하며, 자기성찰과 개방적 태도를 통해 관계의 안정성을 유지해야 한다.

CHAPTER

03 면접기술

1. 면접의 이해

사회복지실천에서 면접은 사회복지사가 클라이언트와의 구조화된 대화를 통해 정보를 교환하고, 문제를 탐색하며, 실천 목표를 설정하는 상호작용 과정이다. 면접은 단순히 정보를 얻기 위한 도구를 넘어 클라이언트가 자신의 문제를 이해하고 해결 방안을 찾을 수 있도록 지원하는 전문적 실천 과정이다.

1) 사회복지실천에서 면접의 개념

여러 학자들은 면접의 본질과 목적에 대해 다양한 정의를 제시하며 사회복지실천에서 면접의 중요성을 강조하였다. 그 내용을 살펴보면 다음과 같다.

비에스텍(Biestek, 1957)은 면접을 "사회복지사가 클라이언트와 신뢰를 바탕으로 상호작용을 통해 클라이언트의 문제를 이해하고, 이를 해결하기 위한 협력 과정을 도모하는 체계적 대화"라고 정의하였다. 그는 면접을 클라이언트와의 관계를 형성하고 문제를 해결하기 위한 실천의 본질적인 도구로 간주하였다.

헵워스와 라슨(Hepworth & Larsen, 1993)은 면접을 "클라이언트와의 의도적이고 목표 지향적인 상호작용을 통해 정보를 수집하고 문제를 탐색하며 실천 목표를 달성하기 위한 과정"으로 정의하였다. 이들은 면접이 단순한 대화가 아니라 클라이언트의 문제 해결과 변화를 촉진하기 위한 전문적 개입의 핵심임을 강조하였다.

콤튼과 갤러웨이(Compton & Galaway, 1994)는 면접을 "사회복지사가 클라이언트의 욕구와 문제를 이해하고, 이를 해결하기 위해 정보를 교환하며 목표를 설정하는 상호작용적이고 구조화된 과정"으로 정의하였다. 이들은 면접이 사회복지실천에서 클라이언트의 자원을 활용하고 역량을 강화하는 데 중요한 역할을 한다고 보았다.

카두신(Kadushin, 1997)은 면접을 "사회복지사가 클라이언트와의 관계를 통해 문제를 탐색하고 대화와 의사소통을 통해 개입 방안을 모색하는 실천적 도구"로 정의하였다. 그는 면접의 목적이 단순히 문제를 진단하는 데 그치지 않고, 클라이언트가 자신을 이해하고 성장하도록 돕는 데 있다고 강조하였다.

재스트로(Zastrow, 2001)는 면접을 "사회복지사가 클라이언트와 함께 정보를 탐색하고 문제 해결을 위한 개입목표를 설정하며 실천 계획을 수립하는 체계적인 대화 과정"으로 정의하였다. 그는 면접이 클라이언트의 문제를 해결하기 위한 협력적이고 적극적인 과정임을 강조하였다.

이와 같은 학자들의 정의를 종합하면, 면접은 사회복지사가 클라이언트와의 신뢰관계를 바탕으로 정보를 교환하고 문제를 탐색하며, 이를 해결하기 위한 실천 목표를 설정하는 구조화된 상호작용 과정으로 정의할 수 있다.

결론적으로, 사회복지실천의 면접은 전문적 관계에 바탕을 두고 정보수집, 과업수행, 클라이언트의 문제나 욕구해결 등과 같은 목적을 수행하는 시간 제한적 대화이다. 사회복지사와 클라이언트 간의 관계 형성은 이러한 면접과정을 통해 구체화될 수 있다. 사회복지사에게 있어 면접은 사회복지실천의 기본적 수단이자 기법으로, 두 사람 이상이 특정한 목표를 가지고 대화를 한다거나 정보를 교환한다거나 의지나 감정을 전달하거나 문제를 해결하는 과정이다.

다시 말해, 사회복지실천에서의 면접이란 사회복지사와 클라이언트가 서비스를 제공하는 과정에서 특정 목적을 가지고 계약에 의해 행하는 의사소통이다.

2) 사회복지실천 면접의 목적

사회복지실천 면접의 목적에 대하여 학자들이 제시한 내용을 살펴보면, 이효선과 정푸름(2012)은 사회복지실천 면접의 궁극적인 목적은 클라이언트의 상황과 문제를 정확히 이해하고 이를 기반으로 적절한 서비스를 제공하는 것이라고 하였다.

또한 브라운(Brown, 1992)은 사회복지실천 면접의 목적에 대하여 다른 학자들보다 구체적으로 제시하고 있다. 그 내용을 정리하면 다음과 같다.

(1) 자료 수집

사회복지실천 면접의 가장 기본적인 목적은 클라이언트와 관련된 자료를 수집하는 것이다. 클라이언트의 문제와 환경적 요인을 이해하고, 문제의 원인과 맥락을 분석하기 위하여 클라이언트의 욕구, 자원, 강점, 약점, 문제의 긴급성 등을 파악하며, 이를 기반으로 개입목표와 계획을 수립한다. 자료는 객관적이고 포괄적으로 수집되어야 하며 클라이언트와의 신뢰를 바탕으로 이루어져야 한다.

(2) 치료관계 확립 및 유지

치료관계는 사회복지실천의 기초로, 면접을 통하여 형성되고 유지되어 오는 신뢰관계에서부터 시작된다고 해도 과언이 아니다. 이는 클라이언트가 자신의 문제를 자유롭게 표현하고 사회복지사와 협력하여 해결 방안을 탐색할 수 있도록 돕기 위하여 면접이 필요하다는 의미이기도 하다.

(3) 정보 제공

면접은 클라이언트가 자신의 문제를 이해하고 이를 해결하는 데 필요한 정보와 자원을 제공하는 과정이다. 즉, 사회복지사는 면접을 통해 클라이언트가 이용할 수 있는 지역사회 자원, 법적 권리, 서비스 프로그램 등의 정보를 제공하며 이를 활용하는 방법을 안내한다. 이 과정을 통하여 클라이언트의 역량을 강화하고 문제해결을 위한 실질적 도구를 제공하는 것이다.

(4) 장애요인 규명 및 해결

면접은 원조 과정에서 나타나는 장애요소를 규명하고 이를 해결하기 위한 기회를 제공한다. 클라이언트의 문제를 해결하는 데 방해가 되는 장애요인은 심리적·환경적·사회적 요인 등이 포함될 수 있다. 면접 과정에서 사회복지사는 이러한 장애 요인을 탐색하고, 이를 제거하거나 최소화하기 위한 개입 방안을 모색한다.

(5) 목표성취 지향

사회복지실천 면접의 또 다른 목적은 문제해결과 목표성취를 지향하는 활동을 규명하고 실행하는 것이다. 이를 위해 면접 과정에서 클라이언트와 함께 실현 가능한 목표를 설정하고, 이를 달성하기 위한 구체적인 계획을 수립한다. 목표성취를 위한 과정은 클라이언트의 상황과 역량을 고려하여 현실적이고 단계적으로 이루어져야 한다.

(6) 원조과정 촉진

면접은 클라이언트가 원조과정에 적극적으로 참여하도록 촉진하는 역할을 한다. 면접자는 클라이언트가 문제해결 과정에서 주도적인 역할을 하도록 격려하며 클라이언트의 자율성과 책임을 강화한다. 이를 통해 클라이언트는 자신의 문제를 해결할 수 있는 능력을 개발하고 스스로 변화를 이끌어 낼 수 있는 동기를 가지게 된다.

(7) 사회적 문제해결에의 기여

사회복지실천 면접은 단순히 개인적 문제해결에 그치지 않고 사회적 문제를 다루는 데 특별한 관심을 둔다. 심리사회적 문제를 겪고 있는 클라이언트를 돕는 과정에서 면접은 클라이언트의 개인적 문제와 이를 둘러싼 환경적·사회구조적 요인을 통합적으로 이해하고 사회적 차원의 해결 방안을 모색한다. 이를 통해 개인의 문제해결과 더불어 사회적 문제해결에도 기여하게 된다.

(8) 초기 면접의 기본 목적

특히 면접의 초기 단계에서는 문제 상황에 직면한 클라이언트를 이해하는 것이 가장 기본적인 목적이다. 이를 위해 사회복지사는 클라이언트의 욕구와 문제를 탐색하고 클라이언트의 관점에서 상황을 분석하며, 클라이언트가 직면한 문제를 명확히 정의해야 한다. 또한 초기 면접은 이후의 실천 과정을 설계하는 기초를 제공하며, 효과적인 개입을 위한 기반을 마련한다.

결론적으로, 사회복지실천 면접은 클라이언트와의 의사소통을 통해 문제를 이해하고 해결 방안을 모색하며 클라이언트가 스스로 문제를 해결할 수 있도록 지원하는 전문적인 과정으로, 클라이언트와의 신뢰관계 형성, 자료 수집, 정보 제공, 장애 요인 해결, 목표 성취, 원조 과정 촉진 등 다각적인 목적을 가진다. 이러한 목적은 클라이언트의 문제 해결과 역량 강화를 돕고, 궁극적으로 개인과 사회의 변화를 촉진하는 데 기여하게 된다.

3) 사회복지실천 면접의 특징

사회복지실천에서의 면접은 사회복지사와 클라이언트가 특정 상황에서 특별한 목적을 가지고 계약에 의해서 행하여지는 의사소통으로 사회복지실천 과정에서 주요한 개입기술로 사용되며, 클라이언트의 문제파악 및 실행, 평가 등 전반적인 실천 과정에서 다양하게 사용된다. 면접은 실천을 위한 정보수집 도구이기도 하며, 그 자체로도 치료의 효과를 가져 오기도 한다.

사회복지실천 면접의 특징은 다음과 같다.

(1) 사회복지실천 면접은 맥락이나 세팅(setting)이 있다

사회복지실천의 면접에서는 클라이언트에게 서비스를 제공하는 특정한 기관이 있고 면접의 내용은 특정 상황에 한정되어 있어 그 상황과 관련이 없는 내용은 면접에서 다루지 않는다.

(2) 사회복지실천 면접은 목적과 방향이 있다

사회복지실천의 면접은 우연히 만나 정보를 교환하는 것이 아니라 클라이언트를 이해하고 돕는 과정으로, 구체적 목표를 달성하기 위해 의도적으로 이루어지고 수행되는 목적 지향적인 활동이다.

(3) 면접은 계약에 의해 수행된다

사회복지실천의 면접은 클라이언트와 사회복지사가 목적달성을 위한 일련의 과정에 대하여 상호 합의한 상태에서 계약에 의해 진행된다.

(4) 면접은 특정한 역할 관계가 있다

사회복지실천 면접에서 사회복지사와 클라이언트는 각각의 역할을 가지며 이 역할에 입각하여 상호작용한다.

(5) 면접의 목적은 단계에 따라 달라질 수 있다

사회복지실천 면접의 궁극적인 목적은 클라이언트를 이해하고 돕는 것이다. 그러나 실천의 각 단계마다 세부 목적이 달라진다. 예를 들면, 초기 단계에서 면접은 신뢰관계를 형성하는 것, 자료수집 단계에서는 유용한 정보를 수집하는 것, 사정 단계에서는 목표설정 및 개입계획 수립에 필요한 판단을 하는 것, 개입 단계에서는 클라이언트의 변화를 유도하는 것을 목적으로 한다.

4) 사회복지실천 면접의 주요 요소

(1) 바람직한 의사소통

사회복지사는 바람직한 의사소통에 필요한 지식과 경험을 쌓아야 하며 기본적으로 클라이언트의 눈높이에 맞는 언어를 사용할 수 있어야 한다. 사회복지사의 태도는 면접에 직접적인 영향을 미치게 되므로 기관의 전통과 클라이언트의 기대를 고려하여 진심 어린 관심을 보여야 한다. 또한 전문적 관계를 형성하는 단계에서 클라이언트를 존중하는 호칭을 사용하고 적절한 태도를 통해 개별화된 접근을 해야 한다.

(2) 바람직한 장소

사회복지실천 면접에 있어 바람직한 장소는 클라이언트의 선호와 사례의 특성에 따라 달라질 수 있다. 기동력이 없거나 거동이 불편한 클라이언트는 그의 집이나 집 근처에서, 긴박한 상황에서는 공공장소에서 진행되기도 하지만 일반적으로 적당한 밝기, 가구, 공간과 외부로부터 방해를 받지 않는 조용하고 편안한 장소가 효과적인 면접을 가능하게 한다(물리적 조건).

(3) 분명한 목표

사회복지실천 면접은 클라이언트와 사회복지사가 목적달성을 위한 일련의 과정을 수행하기로 상호 협의가 이루어진 상태로 진행하는 것이다. 그러므로 실시하고자 하는 면접의 목표를 분명히 결정하고, 그 목표를 클라이언트도 알고 있어야 한다. 만약 클라이언트가 면접의 목표를 인식하지 못한다면 면접의 목표를 정확하게 주지할 수 있도록 배려해야 한다.

(4) 합당한 과정

사회복지실천 면접의 과정은 클라이언트와 사회복지사 간의 계약에 의해 정해진 일정에 따라 이루어져야 한다(면접일, 면접시간, 면접내용 등). 계약이라는 것은 클라이언트와 사회복지사가 목적을 달성하기 위해 일련의 과정을 면접하기로 상호 합의한 상태에서 진행하는 과정을 말한다.

5) 사회복지실천 면접의 종류

사회복지실천에서 면접은 그 목적과 과정에 따라 다양한 형태로 분류된다. 면접의 종류는 클라이언트의 문제를 이해하고 적절한 서비스를 제공하며 클라이언트의 변화를 지원하기 위한 실천 과정에서 각각 다른 역할을 수행한다. 다음은 사회복지실천에서 주로 사용되는 면접의 종류와 그 세부 내용이다.

(1) 정보수집 면접(사회조사, social study)

정보수집 면접은 사회복지사가 클라이언트의 개인적·사회적 문제와 관련된 인구사회학적 배경과 개인성장 발달사에 관한 정보를 수집하기 위한 면접을 말한다. 정보수집의 이유는 클라이언트의 배경을 파악함으로써 문제를 잘 이해하고 어떤 서비스를 받아야 하는지 정확히 결정하기 위해서이다.

기초적인 정보수집은 인구사회학적 요인(나이, 성별, 학력, 결혼상태, 주소 등), 현재 문제, 가족력, 개인력, 사회적·직업적 기능 정도 등이 포함된다.

(2) 사정 면접

사정(assessment) 면접은 문제가 무엇인지, 어떠한 원인 때문인지, 그 문제를 해결하기 위해 무엇이 변화되어야 하는지에 답하는 사회복지실천과정의 핵심이다. 사정 면접은 구체적인 서비스에 대한 의사결정을 하기 위한 것으로 정보수집을 위한 면접보다 훨씬 더 목적 지향적이다. 클라이언트의 현재 문제 상황, 그 문제해결의 목표, 그리고 목표달성을 위한 개입방법의 결정 등이 사정 면접을 통해 이루어진다.

(3) 치료적 면접

치료를 위한 면접은 클라이언트의 변화를 돕기 위한 것으로, 그 자신을 변하게 하거나 또는 클라이언트의 기능을 향상시키기 위해 사회적 환경을 변화시키는 것을 목적으로 한다. 이러한 목적을 성취하기 위해 클라이언트의 자신감과 자기효율성 강화, 필요한 기술훈련, 문제해결 능력 향상 등의 프로그램을 시행하기도 하며, 필요할 경우에는 클라이언트의 사회적응을 위해, 클라이언트를 둘러싼 환경을 변화시키기 위해, 또는 클라이언트의 권리와 이익을 옹호하거나 대변하기 위해 클라이언트와 관련된 중요한 사람들, 사회복지기관, 지역사회, 관련 전문가 및 공무원들과 이루어지기도 한다.

2. 면접의 구체적 기술

1) 준비 단계

(1) 물리적 환경

면접을 준비하기 위해서는 면접할 내용의 파악은 물론이거니와 사회복지사와 클라이언트 간 상호 이해에 대한 노력들이 우선되어야 한다. 이러한 준비는 클라이언트와 대면하기 전에 이루어져야 하며, 면담의 물리적 환경은 모든 잠재 가능성을 결정하는 중요한 요소로서 어느 정도의 비밀성과 안락하고 이완된 분위기를 갖는 것이 중요하다. 면접실을 조성하는 데 고려해야 할 사항들은 다음과 같다.

- 책상 등 사무집기의 배치는 위화감을 조성하지 않아야 한다.
- 면접실 내부의 분위기는 산만하지 않도록 하며, 전화벨 소리 등의 소음으로 면접이 방해되지 않도록 한다.
- 복장은 클라이언트가 사회복지사에 대해 좋은 인상을 가질 수 있도록 상황에 가장 적절한 것을 선택한다.
- 가정방문 면접 시에는 클라이언트의 상황을 고려하여 시간배정을 하고, 면담진행의 분위기를 클라이언트가 주도할 수 있다는 것을 고려하여 사전에 대비한다.

(2) 면접내용 준비

- 클라이언트에게 제공할 서비스의 목표와 목적을 상기시키고 현재 면담의 목적을 설명한다.
- 클라이언트의 특성에 맞춰 면접의 구조와 질문의 내용을 사전에 준비한다.
- 진행 시 클라이언트의 강점과 욕구를 배려한다.
- 사회복지사 자신의 감정을 관찰하여 효율적인 의사소통이 이루어지도록 한다.
- 메모나 녹음 등은 사전에 클라이언트의 동의를 받아 준비한다.
- 면접시간은 너무 길지 않게 1시간 내외로 한다.

(3) 면접 목적을 위한 준비

사회복지사는 면접을 시작하기 전에 면접의 목적이 무엇이며, 주어진 시간 안에 얻고자 하는 것이 무엇인지에 대해 충분히 고려하고 있어야 한다. 면접은 진행계획과 준비가 중요하며 특정한 욕구나 기대를 포함한 포괄적인 상황에서 과정이 진행되어야 한다.

면접 업무를 준비함에 있어 일반적으로 두 가지 방법을 사용하게 되는데, 이들은 같은 목적을 가지고는 있지만 진행방법은 각기 다르다.

① 반영적 접근

반영적 접근은 정보를 수집함에 있어 체계적인 부분은 부족하지만 감정적이고 직관적으로 접근하는 방법이다. 이는 면접에 참여하는 사람의 생각과 감정, 즉 클라이언트의 두려움, 기대, 환상, 그리고 일상생활과 경제적인 여건 등을 고려하여 공감적인 기술을 사용한다.

② 점검목록 접근

점검목록 접근은 정보를 모으는 데 있어 고려해야 할 이슈나 과제를 기록한 목록표를 사용하는 방법이다. 사회복지사는 전문가로서 일반적이고 특수한 관점에서 클라이언트의 관심과 염려 및 불안 등을 이해할 수 있는 능력을 가지고 있어야 한다. 또한 사회복지사는 분명한 역할경계와 시간 그리고 영역 등을 고려하여 사전에 점검하고 대비해야 한다. 이때 도움을 청하는 클라이언트와 라포를 형성하고 관계를 확립하기 위하여 가능한 한 자연스럽고 편안하며 개방된 자세로 면접에 임하는 것이 중요하다. 뿐만 아니라 사회복지사가 면접을 계획하고 준비하는 데 있어 모든 클라이언트는 각기 독특하고 상호작용이 다르다는 사실을 항상 인식해야 한다.

면접에 대한 클라이언트의 기대와 기관의 정책으로 제공할 수 있는 서비스의 간극은 사회복지실천에서 계속되고 있는 문제이다. 이 문제를 해결하기 위해 사회복지사는 세심한 계획과 준비를 철저히 하는 한편, 면접계획과 준비에 있어서 자신에게 일차적인 초점을 두고, 더 광범위한 자원들에 대한 정보를 파악하는 것과 보다 나은 서비스를 효율적으로 제공하기 위해서 정부방침과 법적 제도에 대한 지식을 활용할 필요가 있다. 이러한 면접 준비 과정을 통해서 클라이언트의 기대와 서비스 제공의 차이에 대한 간극을 조금이나마 줄여갈 수 있을 것이다.

(4) 전문적 관계 수립

전문적 관계는 사회복지사와 클라이언트 간의 라포형성을 기본으로 하여 구체적으로 전개되며, 그 라포의 정도가 면접활동에서 중요한 의미를 가진다. 관계는 사람들 간의 '의사소통의 다리'이며(Kadushin, 1990), 사회복지사와 클라이언트 간의 상호작용, 신뢰와 이해의 질에 따라 유지될 것이다. 라포를 형성하는 것은 면접을 받는 사람이 사회복지사의 개인적이고 전문적인 통합성을 신뢰할 수 있는 분위기에서 가능하다(Trevithick, 2000). 이러한 분위기가 조성될 때 클라이언트는 기관과의 첫 경험에서 자신이 이해와 도움을 받고 있다는 것을 느끼게 된다.

사회복지사가 객관성과 치료적 의향이 담겨있는 수용과 반영으로 일관성 있는 행동을 나타내는 것은 클라이언트가 가지는 두려움에 대한 보호의 장벽을 낮추고 신뢰적인 관계를 형성하는 데 도움이 된다.

2) 면접의 기본 기법

사회복지실천의 면접 과정에서 사회복지사가 활용하는 다양한 기법은 클라이언트의 감정과 행동을 이해하고 문제 해결을 돕는 데 중요한 역할을 한다. 관찰, 경청, 반영, 명료화, 직면, 해석은 면접에서 사용되는 기본 기법으로, 각각의 기법은 클라이언트의 상황과 문제에 따라 적절히 조합되어 사용된다.

(1) 관찰

관찰은 면접 과정에서 사회복지사가 클라이언트의 언어적・비언어적 표현을 세심하게 살피는 활동을 의미한다. 클라이언트가 말로 표현하는 내용뿐 아니라 표정, 몸짓, 신체적 반응(예 긴장, 얼굴 붉힘, 낙담 등)과 같은 비언어적 신호는 클라이언트의 감정과 상태를 이해하는 중요한 단서가 된다.

따라서 사회복지사는 클라이언트가 자신의 감정을 자유롭게 표현할 수 있도록 허용하고 수용하는 태도를 보여야 한다. 이는 클라이언트가 경계심을 풀고 자신을 방어하지 않은 채 문제를 표현하게 돕는다. 다만, 클라이언트의 표현을 허용하고 수용하는 것이 이를 무조건 긍정하거나 동의하는 것을 의미하지는 않는다. 사회복지사는 클라이언트의 입장과 처지를 이해하되 객관적인 태도를 유지하며 문제 해결의 방향성을 모색해야 한다.

(2) 경청

경청은 면접 과정에서 클라이언트가 표현하는 모든 메시지에 주의를 기울이고 수용하는 활동이다. 이는 단순히 듣는 것을 넘어 클라이언트가 자신의 문제를 충분히 이야기할 수 있는 환경을 조성하고, 이를 통해 클라이언트의 내적 상태와 문제의 본질을 이해하는 과정이다.

사회복지사는 클라이언트가 표현한 내용 중에서 문제 해결에 필요한 핵심적인 부분을 선택적으로 주목하며 클라이언트가 자기방어 없이 문제를 드러낼 수 있도록 허용해야 한다. 또한 경청은 클라이언트의 언어적 메시지뿐 아니라 행동, 태도, 비언어적 신호를 함께 살피는 포괄적인 활동으로 이루어진다. 이러한 경청을 통해 클라이언트는 자신의 문제를 충분히 표현하고 이를 바탕으로 적절한 도움을 받을 수 있다.

(3) 반영

반영은 사회복지사가 클라이언트의 말과 행동에서 표현된 기본적인 감정, 생각, 태도를 다시 표현해 주는 기법이다. 이는 클라이언트가 자신의 감정과 생각을 더 깊이 이해하고 수용할 수 있도록 돕는다. 예를 들어, 클라이언트가 "내가 이 일을 잘 해낼 수 있을지 모르겠어요"라고 말했을 때, 사회복지사가 "이 일을 잘 해낼 수 있을지 확신이 서지 않는 것 같군요"라고 답함으로써 클라이언트는 자신의 감정을 더 명확히 인식하게 된다. 이처럼 반영은 클라이언트의 표현을 다른 참신한 표현으로 되돌려줌으로써 클라이언트가 자신의 상태를 명확히 이해하고 더 나아가 문제를 탐색할 수 있도록 돕는 기법이다.

(4) 명료화

명료화는 클라이언트가 표현한 내용 중에서 불분명하거나 모호한 부분을 명확히 이해하도록 돕는 기법이다. 사회복지사는 클라이언트의 말 속에 내포된 의미를 클라이언트가 쉽게 이해할 수 있는 친밀한 용어로 바꾸어 표현함으로써 클라이언트가 자신의 문제를 더 잘 인식할 수 있도록 돕는다. 예를 들어, 클라이언트가 "저는 뭘 해야 할지 모르겠어요. 그냥 다 답답하고 아무것도 하기 싫어요"라고 말했을 때, 사회복지사가 "답답하고 아무것도 하기 싫다니 무기력한 상태인 것 같네요. 이 마음에 대해 좀 더 자세히 이야기해 줄 수 있나요?"라고 질문함으로써 클라이언트는 자신의 상태를 보다 구체적으로 이해할 수 있다. 이와 같이 명료화는 클라이언트가 자신의 문제를 명확히 인식하고 대안을 모색할 수 있는 기반을 제공하는 기법이다.

(5) 직면

직면은 클라이언트가 인식하지 못하거나 인정하기를 거부하는 생각, 감정, 행동에 주목하도록 돕는 기법으로, 클라이언트가 자신의 문제를 보다 명확히 인식하고 불일치한 점을 스스로 깨닫도록 유도하는 데 목적이 있다. 예를 들어, 클라이언트가 "저는 항상 다른 사람들이 저를 어떻게 생각할지 걱정돼요. 그래서 제 의견을 제대로 말하지 못해요"라고 말했을 때, 사회복지사가 "그런데 지난번에는 친구들과 의견 충돌이 있었을 때 자신의 의견을 솔직히 말했다고 하셨잖아요. 그때는 왜 다른 사람들의 눈치를 보지 않았나요?"라고 지적함으로써 클라이언트는 자신의 행동과 감정의 불일치를 인식하게 된다. 이처럼 직면은 클라이언트가 자기 이해를 깊게 하고 변화를 위한 동기를 가지도록 돕는 기법이다.

(6) 해석

해석은 사회복지사가 클라이언트의 문제를 새로운 관점에서 이해하도록 돕기 위해 클라이언트의 경험과 행동의 의미를 설명하는 기법이다. 이는 클라이언트가 인식하지 못했던 문제의 의미와 관련성을 지적하여 문제 해결의 방향성을 제시한다. 예를 들어, 클라이언트가 "저는 혼자 있는 게 편하고 누군가에게 다가가는 게 두려워요. 어렸을 때 친구들에게 따돌림을 당했던 적이 있어서요"라고 말했을 때, 사회복지사가 "어린 시절의 경험이 현재의 대인관계에 영향을 미치는 것 같네요. 그때의 상처가 사람들과의 거리를 두게 만든 것 같아요"라고 설명함으로써 클라이언트는 자신의 행동과 감정의 근원을 이해하고 이를 극복하기 위한 새로운 시각을 얻을 수 있다. 이와 같이 해석은 클라이언트가 자신의 문제를 보다 깊이 이해하도록 돕고 문제 해결을 위한 새로운 접근 방식을 탐색할 수 있게 한다.

이상과 같은 기법들은 클라이언트와의 효과적인 의사소통을 통해 문제를 탐색하고 해결 방안을 모색하는 데 필수적인 도구이다. 관찰, 경청, 반영, 명료화, 직면, 해석은 각각의 목적과 기능을 통해 클라이언트가 자신의 문제를 명확히 이해하고 변화를 위한 동기를 가지며 실질적인 해결책을 찾도록 돕는다. 따라서 사회복지사는 이러한 기법들을 상황과 클라이언트의 특성에 맞게 적절히 활용하여 면접의 효과를 극대화해야 한다.

3) 면접의 질문 기법

질문은 사회복지사가 클라이언트의 문제를 이해하고 필요한 정보를 얻기 위해 사용하는 중요한 기법이다. 단순히 정보를 얻는 것을 넘어 클라이언트가 자신의 생각과 감정을 표현하도록 돕고 이를 통해 문제를 탐색하며 해결 방안을 모색하는 과정에서 활용된다. 효과적인 질문은 클라이언트와의 관계를 깊게 하고 문제 해결을 위한 실마리를 제공하지만 부적절한 질문은 오히려 대화를 제한하거나 클라이언트를 방어적으로 만들 수 있다. 따라서 질문은 신중하고

도 세심하게 사용되어야 한다.

카두신(Kadushin, 1972)은 질문과 대답의 단순 반복이 클라이언트와의 협력적인 관계를 방해할 수 있다고 경고하며, 질문을 최소화하고 클라이언트가 자유롭게 의사소통할 수 있도록 유도하는 것이 중요하다고 강조하였다. 특히 질문을 사용할 때는 클라이언트가 스스로 문제를 탐색하고 표현할 수 있는 여지를 제공하는 것이 중요하다.

이처럼 면접의 효과를 좌우할 수 있는 질문기법의 유형을 살펴보면 다음과 같다.

(1) 개방적 질문

개방적 질문은 클라이언트가 자신의 생각과 감정을 자유롭게 표현할 수 있도록 유도하는 방식으로, 클라이언트가 원하는 대로 응답할 수 있는 여지를 준다. 이러한 질문은 클라이언트의 자율성을 강조하며 그들이 자신의 문제를 보다 자세히 설명하도록 돕는다. 예를 들어, "지금 어떤 기분이 드시나요?" 또는 "이 상황에서 당신에게 가장 중요한 것은 무엇인가요?"와 같은 질문은 클라이언트가 자신의 감정과 경험을 깊이 탐색하고 표현할 수 있는 기회를 제공한다. 이처럼 개방적 질문은 대화를 풍부하게 만들고 클라이언트가 자신의 문제를 주도적으로 이야기할 수 있게 하며, 사회복지사가 클라이언트를 보다 깊이 이해할 수 있도록 돕는다. 이러한 질문은 클라이언트의 자발적인 표현을 유도하고 대화의 폭을 넓혀 면접의 효과를 극대화한다.

(2) 폐쇄적 질문

폐쇄적 질문은 클라이언트의 응답 범위를 제한하며, 구체적인 정보를 얻기 위해 사용된다. "오늘 약을 드셨나요?" 또는 "그 문제를 처음 겪은 건 언제인가요?"와 같은 질문은 클라이언트가 "예" 또는 "아니요"로 답하거나 간단한 정보를 제공할 수 있도록 한다. 이러한 질문은 특정 정보가 필요할 때 매우 유용하며, 클라이언트가 당황하거나 혼란스러워할 때 대화를 구조화하거나 초점을 맞추는 데 효과적이다. 그러나 과도하게 사용하면 클라이언트가 자신의 생각과 감정을 충분히 표현하지 못하고 좌절감을 느낄 수 있다. 따라서 폐쇄적 질문은 필요할 때 신중하게 사용해야 하며 클라이언트의 자율적 표현을 억제하지 않도록 주의해야 한다.

(3) '무엇' 질문

'무엇'이라는 질문은 클라이언트가 자신의 관심사나 문제를 스스로 정의하고 탐색할 수 있도록 돕는다. 이 질문은 가족치료나 단기치료에서 특히 유용하며 현재 상황에 초점을 맞추도록 돕는다. 예를 들어, "지금 이 상황에서 가장 중요한 것은 무엇인가요?" 또는 "무엇이 이 문제를 해결하는 데 방해가 되고 있나요?"와 같은 질문은 클라이언트가 자신의 상황과 문제를 스스로 이해하고 표현할 수 있게 한다. 또한 이 질문은 클라이언트가 현재의 경험을 강조하며 필요에 따라 과거와 관련된 부가적인 질문으로 확장할 수 있다. 이는 클라이언트가 문제의 요인과 관련된 이슈를 스스로 탐색하도록 돕고 대화를 더 깊이 진행할 수 있게 한다.

(4) '왜' 질문

'왜'라는 질문은 클라이언트가 자신의 행동과 감정을 분석하도록 요구하는 질문으로, 부적절하게 사용될 경우 클라이언트를 방어적으로 만들 수 있다. 예를 들어, "왜 그렇게 행동하셨나요?"라는 질문은 클라이언트에게 비난을 받는 것과 같은 느낌을 줄 수 있으며, 클라이언트가 합리화하거나 가식적인 답변을 하게 만들 가능성이 있다. 따라서 '왜'라는 질문은 가급적 피하고, 대신 '무엇', '어떻게', '언제', '어디서'와 같은 질문으로 대체하는 것이 바람직하다. 예를 들어, "그때 어떤 기분이 드셨나요?" 또는 "그 행동을 하게 된 이유가 무엇인가요?"와 같은 방식으로 질문을 전환함으로써 클라이언트가 방어적이지 않은 태도로 자신의 경험을 이야기하도록 유도할 수 있다. 이와 같이 질문은 사회복지 실천에서 클라이언트의 생각과 감정을 탐색하고 문제를 이해하며 해결 방안을 모색하는 데 중요한 역할을 한다.

결론적으로, 개방적 질문은 클라이언트가 자신의 문제를 자유롭게 표현하도록 돕고, 폐쇄적 질문은 특정 정보를 얻는 데 유용하다. '무엇'이라는 질문은 클라이언트의 관심사를 탐색하고 문제의 요인을 파악하는 데 효과적이며, '왜'라는 질문은 신중히 사용하거나 대체 질문으로 변경해야 한다. 그러므로 사회복지사는 질문기술을 활용하여 클라이언트와의 대화를 협력적이고 참여적인 방식으로 이끌어야 하며, 이를 통해 클라이언트가 자신의 문제를 명확히 이해하고 변화를 모색할 수 있도록 도움을 제공하여야 한다.

4) 핵심에 도달하는 기법

(1) 핵심과 목적에 초점두기

면접의 속도나 방향을 바꾸고 더 깊이 검증하는 질문, 즉 핵심과 목적에 초점을 유지하는 능력은 특히 과묵하고, 혼돈되고, 무엇을, 왜 원하는가에 관한 명백한 상황을 제시할 수 없는 사람과 면접할 때 이용하는 중요한 기술이다.

사회복지사는 면접의 핵심과 목적에 초점두기 기술을 사용함으로써 클라이언트가 적절하지 못한 이슈에서 벗어나 면접의 방향성을 잃지 않게 하고, 사회복지사와 클라이언트 간의 라포와 신뢰가 방해받지 않으며, 면접의 목적에 충실할 수 있다.

면접의 핵심과 목적에 초점두기 기술을 사용할 수 있는 상황은 다음과 같다.

- 다른 문제를 제외하고 한 가지 문제에만 지나치게 집중하고 있을 때
- 특별한 내용 없이 대화가 공전하고 있을 때
- 너무 무거운 주제를 다루고 있어 화제의 전환이 필요할 때
- 대화가 너무 주변적이거나 부적절한 방향으로 흐를 때

(2) 검증하기

검증하기는 보다 구체적인 부가적 정보가 필요하거나 처음의 대답이 불충분하거나 부적당하고 불분명할 경우 또는 이전의 정보와 일치하지 않을 경우 사용하는 질문기술이다. 이것은 클라이언트로부터 더욱 생생하고 구체적인 정보를 끌어내는 데 사용하며, 잘못된 의사소통의 형태를 취하는 경향이 있는 개인으로부터 정보를 수집할 때 유용한 기술이다.

(3) 침묵 대처하기

사회복지실천에 있어서 면접은 언어를 통한 커뮤니케이션을 기본으로 한다. 그러므로 침묵은 클라이언트와 사회복지사 모두에게 어려운 감정을 초래할 수 있다. 일반적으로 침묵은 거절이나 불만의 신호이다. 그러나 클라이언트가 어떤 의도로 침묵을 사용하고 있는지를 명확하게 판단하는 것은 매우 중요하다.

침묵의 의미는 크게 생산적인 면과 부정적인 면이 있다. 생산적 침묵이라고 할 수 있는 것은 개인이나 그의 상황에 관한 의미 있고 중요한 것을 혼자 생각하고 있는 침묵이다. 이것은 자신에 관한 긍정적인 생각이나 감정에 몰두하는 것으로, 클라이언트의 불안이나 당황, 혼돈의 감정을 나타내는 침묵이나 부정적 형태 또는 처벌적인 철회의 침묵과는 반대되는 것이다. 따라서 사회복지사는 클라이언트가 행하는 침묵의 의미를 파악하고 적절한 대화를 시도하는 것이 중요하다. 면접의 진행 중 클라이언트가 침묵으로 대처할 경우, 이는 클라이언트가 처한 상황을 극복하려는 시도로 보고 긍정적으로 허용하면서 표정이나 행동 등 비언어적 수단으로 나타나는 행위를 관찰할 필요가 있다. 이런 경우, 잠시 기다려 주는 한편 침묵의 의미를 파악하고 적절한 대화를 시도하는 것이 중요하다. 침묵이 길어질 경우에는 생각과 감정을 정리할 시간을 제공하며 휴식을 취하게 할 수도 있다.

PART 02

사회복지실천기술의 이론적 기반

CHAPTER

04 사회복지실천 모델 I : 심리사회모델

1. 등장배경

사회복지실천의 주요한 모델에 해당하는 심리사회모델은 프로이트의 정신분석이론을 토대로 발전하였다. 이 모델은 인간의 문제를 단순히 심리적 요인으로만 보지 않고 사회적·환경적 요인도 함께 고려하는 통합적 접근을 취한다. 이는 클라이언트가 직면한 문제를 이해하고 문제 해결의 광범위한 개입을 가능하게 한다.

초기 정신분석이론은 인간 행동과 심리 상태가 무의식적 욕구와 충동에서 비롯된다고 보았다. 프로이트는 인간의 마음을 원초아(id), 자아(ego), 초자아(superego)로 나누어, 이들 간의 갈등이 심리적 문제의 주요 원인이라고 보았다(김경희, 2009). 원초아는 본능적 욕구이며, 자아는 충동과 본능에 따른 원초아를 현실 원리에 맞게 조절하고, 초자아는 내면화한 도덕적 기준으로 자아와 원초아를 통제하려고 한다. 이러한 이론은 심리적 갈등을 설명하는 데 중요한 기초를 제공했으나 사회적 환경과의 상호작용은 충분히 고려하지 않았다.

이후 사회복지실천에서 이러한 한계가 점차 드러나기 시작했다. 개인의 심리적 문제는 그가 처한 사회적 상황과 밀접하게 연결되어 있었으며, 가족, 직장, 지역사회 등 외부 요인들도 큰 영향을 미쳤다(남미애 외, 2020). 내면적 갈등만으로는 클라이언트의 문제를 해결할 수 없었으며, 심리적 요인뿐 아니라 사회적·환경적 요인까지 함께 고려하는 접근이 필요해졌다.

심리사회모델은 이러한 요구에 부응하여 발전한 모델로, 클라이언트를 '상황 속의 인간(person-in-situation)'으로 이해한다(최희철, 2021). 이는 클라이언트의 행동과 심리 상태를 분석할 때 그가 처한 환경적 요인과의 상호작용을 필수적으로 고려해야 한다는 점을 강조한다. 이를 통해 클라이언트의 문제를 보다 넓은 시각으로 이해하고 문제 해결을 위한 개입을 실시할 수 있다. 예를 들어, 클라이언트의 우울증이나 불안은 단순히 개인의 심리적 상태에서 기인한 것이 아니라 경제적 불안, 가족 내 갈등, 사회적 고립과 같은 외부 요인들도 중요한 역할을 할 수 있다(김혜란 외, 2022).

심리사회모델은 이러한 통합적 관점을 바탕으로 심리적 요인과 환경적 요인을 모두 고려하여 문제를 해결하려는 접근을 제시한다. 프로이트의 정신분석이론에서 시작되었으나, 이후 자아심리학, 대상관계이론, 체계이론, 생태체계이론 등의 이론적 배경을 통합하며 발전해 왔다(최희철, 2021; 김혜란 외, 2022).

1) 정신분석이론의 영향

심리사회모델의 뿌리는 프로이트의 정신분석이론에 있다. 이 이론은 인간의 무의식적 충동과 욕구가 그의 행동과 감정에 중요한 영향을 미친다고 본다. 프로이트는 현재 인간의 행동을 설명할 때 과거 어린 시절 경험이 현재 문제에 영향을 미침을 강조하였다. 무의식적 경험이 현재의 행동을 좌우할 수 있다는 점에서, 심리적 갈등을 이해하는 중요한 기초가 된다(남미애 외, 2020).

정신분석이론에 따르면 원초아, 자아, 초자아 간의 갈등이 심리적 불안을 야기하며, 이를 해결하지 못하면 신경증적 행동이 나타날 수 있다. 사회복지사는 클라이언트의 이러한 무의식적 갈등을 인식하고 해결을 위해 클라이언트 과거 경험을 탐색하며, 현재 문제에 미치는 영향을 이해하는 것이 중요하다(남미애 외, 2020).

2) 자아심리학의 영향

자아심리학은 프로이트의 정신분석이론을 확장하여 인간의 자아 기능을 긍정적으로 평가한다. 자아심리학은 인간이 환경과 상호작용하며 적응할 능력을 가지고 있다고 본다(김혜란 외, 2022). 즉, 자아심리학은 인간을 무의식적 충동에 지배당하는 것이 아니라 자아 기능을 통해 현실을 판단하고 적응할 수 있는 존재로 본다(남미애 외, 2020).

자아심리학은 심리사회모델의 중요한 기반 중 하나로, 클라이언트가 문제해결 역량을 지니고 있다는 전제하에 개입을 진행한다(최희철, 2021). 사회복지사는 클라이언트가 자아 기능을 회복하고 강화할 수 있도록 도우며, 문제 해결을 위한 전략을 수립할 수 있도록 지원한다(김혜란 외, 2022).

3) 대상관계이론의 영향

대상관계이론은 인간의 대인관계 경험이 심리적 발달에 중요한 영향을 미친다는 점을 강조한다. 특히 초기의 주요 양육자와의 관계가 성인기의 대인관계 형성에 영향을 미친다고 본다(최희철, 2021). 과거의 대인관계 패턴이 현재의 관계에 무의식적으로 영향을 미칠 수 있다는 것이다(남미애 외, 2020).

사회복지사는 클라이언트가 과거의 대인관계 경험을 이해하고, 이러한 과거 경험이 현재 대인관계에 미치는 부정적 영향을 개선할 수 있도록 돕는다. 이를 통해 클라이언트는 과거의 상처를 치유하고, 더 건강한 대인관계를 형성할 수 있다(최희철, 2021).

4) 체계이론과 생태체계이론의 영향

심리사회모델은 체계이론과 생태체계이론을 도입해 인간을 이해할 때 환경적 요인의 중요성을 강조한다(최희철, 2021; 김혜란 외, 2022). 체계이론은 개인이 여러 사회적 체계의 일부분으로 상호작용하며, 한 체계에서의 변화가 다른 체계에도 영향을 미칠 수 있다는 관점을 제공한다(남미애 외, 2020). 생태체계이론은 클라이언트가 속한 환경적 맥락과 그와의 상호작용을 분석하는 데 중점을 둔다(김혜란 외, 2022).

예컨대 클라이언트의 경제적 어려움은 심리적 어려움을 유발할 뿐만 아니라 가족과 직장에서의 관계에도 영향을 미칠 수 있다는 것이다. 이렇듯 사회복지사는 이러한 다양한 요인을 분석해 문제 해결 전략을 수립해야 한다(최희철, 2021).

5) 사회복지실천에서의 심리사회모델의 의의

사회복지실천에서 심리사회모델은 개인의 내면적 심리 상태만을 분석하는 데 그치지 않고, 그가 속한 사회적·환경적 맥락까지 포괄적으로 고려하는 통합적 접근을 제공한다(김혜란 외, 2022; 최희철, 2021). 이는 사회복지사가 클라이언트의 문제를 보다 넓은 시각으로 이해하고, 그 문제를 해결하기 위한 실질적 개입을 가능하게 하는 데 중요한 역할을 한다.

심리사회모델은 클라이언트의 심리적 문제와 함께 그가 처한 외부 환경까지 종합적으로 분석함으로써 더 효과적인 개입을 가능하게 한다. 예컨대 심리적 갈등이 클라이언트 문제의 유일한 원인이 아닐 수 있으며, 클라이언트가 처한 사회적 지지 체계나 경제적 여건, 가족 내 갈등 등 다양한 요인들을 고려해야 한다는 것이다. 사회복지사는 이러한 다양한 요인들을 모두 고려하여 클라이언트가 자신의 문제를 해결할 수 있도록 돕는다(남미애 외, 2020).

또한 심리사회모델은 클라이언트와 사회복지사 간의 신뢰관계 형성을 매우 중요하게 여긴다(최희철, 2021). 사회복지사는 클라이언트의 감정을 수용하고 지지함으로써, 그가 자신의 문제를 해결할 수 있는 능력을 갖추고 있음을 인식시키고 자신감을 심어주는 역할을 한다. 이를 통해 클라이언트는 자신의 문제를 해결하는 데 필요한 자원을 찾아내고 이를 효과적으로 활용할 수 있게 된다(김혜란 외, 2022).

2. 기본 개념

심리사회모델은 개인의 환경 요인과 심리 상태의 상호작용을 고려하는 통합적 접근의 특성을 가지는 사회복지실천 모델이다. 이 모델은 처음에는 프로이트의 정신분석이론에서 출발했으나, 다양한 심리학적 및 사회적 이론을 받아들이며 발전했다(김혜란 외, 2022; 최희철, 2021). 심리사회모델의 핵심 개념은 "상황 속의 인간(person-in-situation)"이라 할 수 있다. 이는 인간의 심리적 및 행동적 문제를 개인의 내면과 외부 환경 간의 상호작용을 통해 발생하는 것으로 보고, 문제 해결 또한 이 상호작용을 종합적으로 고려해야 한다는 점을 강조한다.

1) 정신분석적 기초

심리사회모델은 프로이트의 정신분석이론에 기초를 두고 있다. 정신분석이론의 주창자 프로이트는 인간의 심리적 문제를 무의식에서 일어나는 충동과 인간 심리 내부 갈등의 결과로 설명하고 있다. 프로이트는 인간의 심리 구조가 원초아(id)와 자아(ego), 그리고 초자아(superego)로 구분된다고 보았으며, 이들 간의 갈등이 개인의 불안과 심리·정신적 문제의 근본 원인이라 하였다. 이때, 원초아는 본능적이고 충동적인 욕구를 나타내며, 자아는 현실 원칙을 따르고, 초자아는 사회적 도덕적 규범을 내면화한 부분이라 할 수 있다(남미애 외, 2020).

2) 자아심리학과의 연결

이후 자아심리학은 프로이트 이론을 발전시키면서, 인간의 자아는 본능적 충동에 수동적으로 영향을 받는 존재가 아니며 현실 원리에 따라 현실에 적응하고 문제를 해결할 수 있는 능동적인 기능을 수행한다고 보았다. 자아심리학에 따르면 인간은 환경에 적응하고 이를 통해 문제를 해결할 능력을 갖추고 있는데, 자아의 역할이 문제 해결 과정에서 중요하다고 본다(김혜란 외, 2022). 이는 심리사회모델의 중요한 기초가 되었고 사회복지실천 영역에서 클라이언트가 자신의 문제를 해결할 수 있는 능력을 지니고 있다는 점을 강조하였다.

3) 대상관계이론과 사회적 관계

대상관계이론은 심리사회모델에서 또 다른 중요한 이론적 기반에 해당한다. 대상관계이론은 인간의 대인관계 경험이 개인의 심리적 발달에 중요한 영향을 미친다고 본다. 특히 생애 초기 양육자와의 관계가 이후 성인기의 대인관계 형성에 큰 영향을 미친다는 시각을 가진다(최희철, 2021). 대상관계이론은 과거의 대인관계 경험이 무의식적으로 현재의 대인관계에 어떻게 영향을 미치는지를 분석하며, 클라이언트의 대인관계 문제를 해결하는 데 중요한 역할을 한다.

4) 체계이론과 생태체계이론의 통합

체계이론과 생태체계이론은 사회적 체계의 다양성 내에서 개인이 어떻게 상호작용하는지를 분석하는 것에 중점을 둔다. 체계이론은 개인을 독립된 존재로 보기보다는 개인이 속한 가족이나 직장, 지역사회 등 여러 사회적 체계의 일부로 보고, 이러한 체계 내 발생하는 상호작용이 개인의 행동과 심리 상태에 큰 영향을 미친다고 본다(남미애 외, 2020). 예컨대, 가족 내 갈등은 그 개인의 심리 상태에 부정적 영향을 미치고, 반대로 그 개인이 심리적으로 안정될 경우

가족 내 상호작용 또한 긍정적으로 변화할 수 있다는 것이다.

반면 생태체계이론은 체계이론과 달리 개인의 환경적 맥락과 그 맥락 내 상호작용을 더욱 중점적으로 분석한다는 점에서 차이가 있다. 생태체계이론에 따르면, 인간은 미시체계(가족, 학교), 중간체계(가족과 직장 간의 관계), 외부체계(사회적 구조), 거시체계(문화적 가치) 등 다양한 환경적 체계와 상호작용하며, 이 체계들 간 상호작용이 개인 문제에 중요한 영향을 미치는 것으로 본다(김혜란 외, 2022). 예컨대 클라이언트가 속한 경제적 상황이나 사회적 지지 체계가 개인이 겪는 문제의 원인이 될 수 있으며, 이를 해결하는 데 체계가 중요한 변수로 작용할 수 있다.

이와 같이 정신분석이론에 영향을 받은 심리사회모델은 자아심리학이나 대상관계이론, 체계이론 및 생태체계이론 등을 통합하며 발전한 모델이다. 이 모델은 문제 해결을 위한 통합적 접근을 제시한다.

3. 개입목표

심리사회모델은 클라이언트의 문제를 심리적·환경적 요인 차원에서 이해하고, 다양한 자원과 전략을 활용하여 문제를 해결할 수 있도록 돕는 것을 목표로 한다. 이는 개인의 내면적 갈등뿐만 아니라 외부 환경적 요인들을 종합적으로 고려하여 문제 해결을 지원하는 심리사회모델의 특성에서 비롯된다. 구체적으로 심리사회모델의 개입목표는 다음과 같은 네 가지로 정리할 수 있다.

1) 문제의 심리적 및 환경적 요인 통합적 이해

심리사회모델의 핵심 개입목표 중 하나는 클라이언트가 직면한 문제를 단순히 내면적 심리 갈등으로만 이해하는 것이 아니라 그 문제의 사회적·환경적 요인까지도 함께 이해하도록 돕는 것이다(남미애 외, 2020). 이를 통해 클라이언트의 문제를 보다 포괄적으로 이해할 수 있고, 이 과정에서 사회복지사는 클라이언트가 직면한 심리적·정서적 문제와 함께 그 문제를 발생시키거나 악화시키는 환경적 요인들을 함께 탐색하고 분석한다.

예를 들어, 클라이언트가 겪는 우울증의 원인은 단순히 클라이언트 심리적 원인 하나만으로 단정지을 수는 없다. 이는 가족 내 갈등, 직장 내 스트레스, 경제적 문제 등 다양한 환경적 요인들의 복합적 작용으로 인한 것일 수 있다. 따라서 심리사회모델 관점에 따른 사회복지사는 이러한 문제들을 종합적으로 분석하여 클라이언트의 심리적 요인뿐만 아니라 환경적 요인들까지도 이해할 수 있도록 돕는 것이 필요하다(김혜란 외, 2022).

(1) 내면적 이해와 외부 요인의 연관성

클라이언트의 직장 관련 스트레스는 업무 부담 외에도 상사와의 갈등 또는 동료들과의 관계 등이 원인이 될 수 있다. 이에 따라 사회복지사는 이러한 내외부 요인들을 종합적으로 분석하여 클라이언트가 문제를 보다 폭넓게 인식할 수 있도록 지원한다. 이는 클라이언트가 문제 해결의 방향을 설정하는 데 있어서도 중요한 역할을 하며, 심리적 문제를 외부 환경의 영향을 고려하여 보다 현실적으로 접근할 수 있게 한다.

(2) 개인 내 문제와 사회적 맥락의 상호작용

심리사회모델은 문제 원인을 심리적 갈등의 결과로만 보지 않고, 사회적 맥락과 상호작용의 결과로 본다. 예를 들어, 사회적 고립이 클라이언트의 우울증을 심화시키는 요인이라면, 사회복지사는 클라이언트가 사회적 연결망을 확장할 수 있도록 돕는 자원과 전략을 제시할 수 있다(최희철, 2021). 이를 통해 클라이언트는 자신의 심리적 문제를 보다 통합적으로 이해하고 해결 방안을 모색하게 된다.

2) 자아 기능의 회복 및 강화

심리사회모델의 또 다른 목표는 클라이언트가 자신의 문제 해결에 있어 자아 기능을 회복하고 이를 강화하는 것이라 할 수 있다. 자아 기능은 클라이언트가 자신의 문제를 인식하고, 이를 해결하기 위해 적극적으로 행동할 수 있는 능력을 의미한다(최희철, 2021). 사회복지사는 클라이언트가 자신의 문제를 해결할 수 있는 자원을 가지고 있음을 인식하게 하고, 이를 바탕으로 문제 해결을 위한 구체적인 전략을 수립하도록 지원한다.

(1) 자아 기능의 회복 과정

클라이언트가 자신의 문제를 해결하기 위해서는 자아 기능을 회복하는 것이 중요하다. 자아 기능의 회복은 클라이언트가 자신의 문제를 더 잘 이해하고, 문제 해결을 위한 전략을 스스로 수립할 수 있는 능력을 갖추게 하는 과정이다. 예를 들어, 클라이언트가 직장에서 느끼는 스트레스를 관리할 수 있도록 스트레스 관리 기법을 배운다거나, 가족 내 갈등을 해결하기 위한 의사소통 전략을 학습하는 과정에서 자아 기능이 회복된다.

(2) 문제 해결 능력 강화

자아 기능이 회복되면 클라이언트는 자신의 문제를 더 능동적으로 해결할 수 있게 된다. 사회복지사는 클라이언트가 자신의 문제를 보다 명확하게 인식하고 그 문제를 해결하기 위한 구체적인 행동 계획을 세울 수 있도록 돕는다. 예를 들어, 클라이언트가 직장에서의 불안을 관리하기 위해 구체적인 스트레스 관리 기법을 학습하고, 직장에서의 관계 개선을 위한 의사소통 전략을 실행할 수 있도록 돕는다.

(3) 역량 강화와 자립 촉진

심리사회모델의 중요한 목표 중 하나는 클라이언트의 역량을 강화하여 그가 스스로 문제를 해결할 수 있도록 자립을 촉진하는 것이다. 이를 위해 사회복지사는 클라이언트가 문제 해결 과정에서 겪는 심리적 장벽을 극복하도록 돕고, 그가 자원을 효과적으로 활용할 수 있는 방법을 제시한다. 자아 기능의 강화는 클라이언트가 문제를 해결하는 과정에서 핵심적인 역할을 하며, 장기적으로 자립할 수 있는 기반을 제공한다.

3) 신뢰관계 형성

심리사회모델에서 사회복지사와 클라이언트 간의 신뢰관계 형성은 개입과정에서 매우 중요한 목표이다. 신뢰관계가 형성되지 않으면 클라이언트는 자신의 문제를 충분히 공유하지 못할 수 있으며, 이는 문제의 정확한 이해와 해결을 어렵게 만들 수 있다. 신뢰관계는 클라이언트가 자신의 감정을 자유롭게 표현할 수 있는 안전한 환경을 제공하고 사회복지사가 클라이언트의 문제를 깊이 탐색하는 데 중요한 기초가 된다.

(1) 신뢰관계의 중요성

신뢰관계가 형성됨으로써 클라이언트는 자신의 문제를 더 깊이 탐색할 수 있게 되며, 자신의 감정을 자유롭게 표현할 수 있다. 이는 클라이언트가 자신의 문제를 인식하고 해결 방안을 모색하는 과정에서 중요한 역할을 한다. 사회복지사는 클라이언트의 감정을 수용하고, 그가 안전하게 문제를 논의할 수 있도록 지지적인 환경을 제공한다.

(2) 안전한 환경 제공

신뢰관계는 클라이언트가 자신의 감정과 생각을 자유롭게 표현할 수 있는 안전한 환경을 제공하는 데 중점을 둔다. 클라이언트가 자신의 문제를 솔직하게 이야기할 수 있도록 하는 것은 사회복지사가 클라이언트의 문제를 정확하게 파악하고 적절한 개입 전략을 수립하는 데 필수적이다. 이를 위해 사회복지사는 비판 없이 경청하고 클라이언트의 감정을 공감하는 자세를 취한다(최희철, 2021).

(3) 지속적인 지지와 격려

신뢰관계 형성 과정에서는 클라이언트가 문제 해결의 과정을 포기하지 않도록 지속적으로 지지하고 격려하는 것이 중요하다. 클라이언트가 문제 해결을 위한 의지를 잃지 않도록 사회복지사는 긍정적인 피드백을 제공하고, 그가 스스로 문제를 해결할 수 있다는 자신감을 심어주는 역할을 한다(김혜란 외, 2022). 이를 통해 클라이언트는 자신의 문제를 해결하는 데 필요한 자원을 발견하고 이를 적절히 활용할 수 있게 된다.

4) 환경적 자원의 활용 및 문제 해결 능력 강화

심리사회모델은 클라이언트가 직면한 문제 해결을 위해 환경적 자원을 적절히 활용할 수 있도록 돕는 것을 목표로 한다. 클라이언트의 문제는 종종 개인의 내면적 갈등뿐만 아니라 외부 환경적 요인에서 비롯될 수도 있다. 따라서 사회복지사는 클라이언트가 이러한 자원을 활용하여 문제를 해결할 수 있도록 지원하고, 이를 통해 클라이언트의 문제 해결 능력을 강화한다.

(1) 환경적 자원의 탐색과 활용

사회복지사는 클라이언트가 문제 해결을 위해 사용할 수 있는 자원을 탐색하고 이를 클라이언트에게 제공한다. 자원은 가족의 지지, 지역사회 서비스, 경제적 지원 등 다양한 형태로 나타날 수 있으며, 클라이언트의 상황에 맞는 자원을 효과적으로 활용하는 것이 중요하다(최희철, 2021). 예를 들어, 클라이언트는 직장에서의 스트레스와 관련된 문제를 해결하기 위해 심리적 지원뿐만 아니라 직장 내 갈등 해결을 위한 외부 상담 자원을 제공받을 수 있다.

(2) 자원의 적절한 활용 방법 제시

클라이언트가 환경적 자원을 효과적으로 활용할 수 있도록 사회복지사는 구체적인 방법을 제시한다. 단순히 자원을 제공하는 것만으로는 충분하지 않으며 클라이언트가 그 자원을 어떻게 활용해야 할지에 대한 구체적인 계획을 세우는 것이 중요하다. 예를 들어, 클라이언트가 경제적 지원을 받기 위해 필요한 절차를 안내하고 그 과정에서 발생할 수 있는 문제들을 사전에 예측하여 대비할 수 있도록 돕는다(김혜란 외, 2022).

(3) 문제 해결 능력 강화

클라이언트가 환경적 자원을 적절히 활용하면서 문제 해결 능력을 강화할 수 있도록 지원하는 것도 심리사회모델의 중요한 목표 중 하나이다. 사회복지사는 클라이언트가 문제 해결 과정을 스스로 주도할 수 있도록 격려하고, 그가 문제 해결 과정에서 경험한 성취를 통해 자신감을 얻을 수 있도록 돕는다(남미애 외, 2020). 이를 통해 클라이언트는 자신의 문제를 해결하는 데 있어 더 큰 능동성을 발휘할 수 있으며, 장기적으로 자립할 수 있는 기반을 마련하게 된다.

4. 개입기술

1) 직접 개입 기술

직접 개입 기술은 클라이언트와의 직접적인 상호작용을 통해 심리적·정서적 안정과 문제 해결을 지원하며, 클라이언트의 자원과 역량을 강화하는 데 초점을 둔다.

(1) 심리사회적 지지

클라이언트가 겪고 있는 문제 상황에 대해 안정감을 느끼고 자신의 자원을 효과적으로 활용할 수 있도록 돕는 기술이다. 사회복지사는 클라이언트의 감정을 수용하고 공감하며, 문제 해결 역량에 대한 확신을 제공함으로써 자아존중감과 심리적 안정감을 고취한다.

(2) 탐색, 묘사, 환기

클라이언트가 자신의 문제를 명확히 이해하고 관련된 감정을 표현하도록 돕는 기술이다. 이를 통해 클라이언트는 심리적 해방감을 경험하고 문제의 핵심을 더 깊이 이해하게 된다.

(3) 직접적 영향

사회복지사가 클라이언트의 문제 해결에 필요한 구체적 행동이나 결정을 돕는 기술이다. 조언, 지침 제공, 대안 제시, 결정을 지원하는 방식으로 클라이언트가 효과적인 해결책을 모색할 수 있도록 지원한다.

(4) 개인–상황 고찰

클라이언트를 '상황 속의 인간'으로 이해하고 그가 처한 환경과 심리적 상태

간의 연관성을 분석하여 문제해결을 지원한다. 이 과정은 클라이언트가 자신의 문제를 객관적으로 성찰하고 해결책을 모색하도록 돕는다.

(5) 발달적 고찰

발달적 고찰은 클라이언트의 과거 경험, 특히 아동기와 청소년기 동안의 주요 사건이 현재 문제에 미친 영향을 분석하는 과정이다. 예를 들어, 어린 시절의 학대 경험이 성인이 된 후 대인관계 불안으로 이어지는 경우 이를 재해석하고 새로운 대처 방안을 모색한다. 이 기술은 클라이언트가 과거의 경험을 수용하고 문제 해결 과정에서 이를 활용하도록 돕는다.

(6) 유형-역동 고찰

유형-역동 고찰은 클라이언트의 성격 유형과 심리적 역동을 분석하여 문제의 기저 원인을 파악하는 과정이다. 예를 들어, 클라이언트가 특정 상황에서 회피적 방어기제를 사용하는 경우, 이를 인식하도록 돕고 더 효과적인 대처 방안을 찾을 수 있도록 지원한다. 이러한 과정은 문제의 원인을 심층적으로 이해하고 클라이언트가 변화할 수 있는 동기를 강화한다.

2) 간접 개입 기술

간접 개입 기술은 클라이언트가 속한 환경과의 상호작용을 조율하거나 환경적 요인에 개입하여 문제해결을 지원하며 클라이언트를 둘러싼 체계를 변화시키는 데 초점을 둔다.

(1) 환경적 개입

클라이언트를 둘러싼 환경 체계에 영향을 미쳐 문제를 해결하는 기술이다. 사회복지사는 클라이언트가 필요한 자원(지역사회 서비스, 공공 프로그램 등)을 탐색하고 연결하며, 가족, 직장, 지역사회와 같은 환경 체계의 변화를 유도한다. 예를 들어, 클라이언트의 경제적 문제를 해결하기 위해 복지 제도나 지원 프로그램을 활용할 수 있도록 돕는다.

(2) 자원 연결

클라이언트가 자신의 문제를 해결하기 위해 활용할 수 있는 자원을 탐색하고 연결하는 기술이다. 이 과정에서 사회복지사는 클라이언트가 지역사회 자원이나 공공 서비스에 접근할 수 있도록 지원하며 필요한 경우 제도적 개입을 통해 자원의 효율적 활용을 돕는다.

(3) 체계 간 조정

클라이언트와 그가 속한 체계(가족, 직장, 학교 등) 간의 상호작용을 조율하는 기술이다. 갈등이 있는 체계 간의 관계를 개선하거나 체계가 클라이언트를 지지할 수 있도록 환경적 조정을 수행한다. 예를 들어, 가족 구성원 간의 갈등을 중재하거나 직장 내 지원을 받을 수 있는 방안을 모색한다.

(4) 대안적 사고 탐색

대안적 사고 탐색은 클라이언트가 문제 상황에서 다양한 관점을 탐구하고 새로운 해결책을 모색할 수 있도록 돕는 과정이다. 예를 들어, 직장에서의 갈등 상황에서 문제를 피하는 대신 동료와의 협력 방안을 찾도록 지원한다. 이 기술은 클라이언트가 더 많은 선택지를 고려하고 보다 효과적인 문제 해결 전략을 개발하는 데 도움을 준다.

(5) 환경적 지지 강화

클라이언트가 환경 속에서 자신의 문제를 효과적으로 해결할 수 있도록 지원 체계를 강화한다. 예를 들어, 사회적 지지망 구축, 가족 내 긍정적 상호작용 증진, 지역사회 네트워크 활용 등을 통해 클라이언트의 문제 해결을 돕는다.

(6) 옹호 및 대변

클라이언트의 권리를 보호하거나 대변하여 그들이 문제 해결을 위해 필요한 자원을 확보하도록 돕는 기술이다. 예를 들어, 취약 계층 클라이언트를 위한 복지 정책을 활용하거나 그들의 권리를 대변하는 과정을 통해 환경적 문제를 해결한다.

5. 개입과정

심리사회모델의 개입과정은 클라이언트의 문제를 심리적·사회적 요인 모두를 종합적으로 분석하고 개입하는 과정으로, 단계별로 체계적인 접근이 필요하다. 이 모델은 클라이언트의 심리적 상태 외에도 개인이 처한 환경적 맥락까지 고려하여 포괄적으로 문제를 해결하려는 접근을 취한다. 이러한 개입과정은 크게 초기 단계, 사정 단계, 개입 단계, 종결 단계로 나누어지게 되며, 각 단계는 클라이언트의 상황에 맞춘 다양한 기법들을 적용할 수 있다.

1) 초기 단계 : 신뢰관계 형성 및 문제 탐색

초기 단계는 사회복지사와 클라이언트 간의 신뢰관계를 형성하고, 클라이언트가 경험하는 문제를 탐색하는 단계이다. 이 과정에서 중요한 것은 클라이언트가 자신의 문제를 안전하게 표현할 수 있도록 신뢰와 안전감을 조성하는 것이다(최희철, 2021). 초기 단계에서 신뢰가 형성되지 않으면 클라이언트는 자신의 감정과 생각을 충분히 공유하지 못할 수 있으며, 이는 문제의 정확한 이해와 적절한 개입을 어렵게 만들 수 있다.

(1) 신뢰관계 형성

초기 단계에서 가장 중요한 기법은 신뢰관계를 형성하는 것이라 할 수 있다. 사회복지사는 클라이언트의 감정과 문제를 비판 없이 수용하며, 그가 안전한 환경에서 자신의 이야기를 나눌 수 있도록 돕는 역할을 한다. 이를 위해 사회복지사의 비언어적 의사소통(예 적절한 눈 맞춤, 고개 끄덕임 등)과 적극적인 경청이 중요한 역할을 한다(남미애 외, 2020).

(2) 초기 문제 탐색

신뢰관계가 어느 정도 형성되면 사회복지사는 클라이언트의 문제를 더 깊이 탐색하는 과정을 거친다. 이 과정에서 클라이언트가 직면한 심리적 갈등, 외부 환경적 요인 등을 종합적으로 파악하고, 문제의 초기 원인 진단이 시작된다. 예컨대, 클라이언트가 겪는 스트레스나 불안이 주로 어떤 상황에서 발생하는지, 그가 속한 사회적 지지체계는 어떠한지 등의 정보를 수집한다(김혜란 외, 2022).

(3) 초기 목표 설정

초기 단계에서 문제를 전체적으로 이해한 뒤 사회복지사와 클라이언트는 함께 개입의 초기 목표를 설정한다. 이 목표는 문제에 따라 단기적, 장기적, 유동적이다. 이 과정에서 중요한 것은 클라이언트가 스스로 문제를 인식하고 자발적 문제 해결을 위해 노력할 수 있도록 돕는 것이라 할 수 있다.

2) 사정 단계 : 종합적 평가 및 문제 분석

사정 단계에서는 클라이언트가 직면한 문제를 이전 단계보다 체계적이고 종합적으로 평가하는 과정이 이루어진다. 사정 단계에서의 목표는 클라이언트의 심리적 상태뿐만 아니라 그가 속한 사회적 환경까지 종합적으로 분석하여 문제 해결의 방향을 설정하는 것이다. 이 단계에서 사회복지사는 다양한 평가 도구와 기법을 사용하여 클라이언트 상황을 분석하게 된다(김혜란 외, 2022).

(1) 심리적 평가

사정 단계에서 중요한 부분은 클라이언트의 심리 상태를 종합적으로 평가하는 것이다. 이를 위해 심리검사 도구(예 우울증 검사, 불안 척도 검사 등)를 활용하거나 클라이언트와의 심층 면담을 통해 그가 겪는 심리적 문제의 본질을 파악하는 것이 필요하다. 예컨대, 클라이언트가 겪는 우울증이 어떤 심리적 요인에서 비롯된 것인지, 그리고 그 문제의 뿌리가 어디에 있는지를 파악하는 것 등이 중요하다(최희철, 2021).

(2) 환경적 요인 평가

클라이언트의 문제는 심리적 요인 외에도 환경적 요인과도 밀접한 관련이 있을 수 있다. 따라서 클라이언트가 속한 가족, 직장, 사회적 지지체계, 경제적 상황 등 외부적 환경에 대한 평가도 매우 중요하다(남미애 외, 2020). 예를 들어, 클라이언트의 경제적 스트레스는 우울증이나 불안장애를 악화시키는 중요한 요인이 될 수 있다. 이러한 환경적 요인을 종합적으로 분석하여 문제 해결을 위한 적절한 자원을 발견하고 활용할 수 있도록 돕는다.

(3) 강점과 자원 분석

사정 단계에서는 클라이언트가 가진 강점과 자원도 분석해야 한다. 이는 클라이언트가 스스로 문제를 해결할 수 있는 능력과 사회적 자원을 발견하고 이를 통해 문제 해결을 촉진하기 위한 것이다(최희철, 2021). 이러한 강점 기반 접근을 통해 클라이언트는 자신의 문제 해결 능력에 대한 자신감을 얻고 적극적으로 문제 해결에 참여할 수 있게 된다.

3) 개입 단계 : 구체적인 개입 전략 실행

이 단계는 클라이언트와 함께 설정한 목표를 달성하기 위한 구체적 개입 전략을 실행하는 단계이다. 이 단계에서는 사회복지사가 클라이언트의 문제를 해결하기 위한 다양한 기법과 전략을 활용하여 개입을 진행한다. 이때 개입 전략은 심리적 지원부터 사회적 자원의 활용까지 폭넓게 적용된다.

(1) 심리적 지원

개입과정에서 가장 중요한 기법 중 하나는 심리적 지원이라 할 수 있다. 이 단계에서 사회복지사는 클라이언트가 자신의 감정과 문제를 자유롭게 표현할 수 있도록 지속적인 지지와 격려를 제공하는 것이 필요하다. 이는 클라이언트가 자신의 문제를 인식하고 이를 해결하기 위한 과정을 감정적으로도 받아들일 수 있도록 돕는 중요한 과정이라 할 수 있다.

(2) 문제 해결 기법

개입 단계에서는 클라이언트가 직면한 문제 해결을 위한 구체적 기법들이 적용된다. 예를 들어, 클라이언트가 불안장애를 겪고 있다면 사회복지사는 불안을 관리할 수 있는 호흡 훈련이나 인지 재구성 등과 같은 구체적인 기법을 가르친다. 또는 클라이언트가 가족 내 갈등을 겪는 상황에서는 의사소통 기술 훈련이나 가족 치료 기법 등의 적용을 통해 갈등을 해결하도록 돕는다.

(3) 자원 연결

클라이언트가 문제를 해결하기 위해 경제적 지원이나 사회적 서비스 등과 같은 필요한 자원을 적절히 활용할 수 있도록 연결해 주는 것도 중요한 개입 기법 중 하나이다. 예를 들어, 클라이언트가 경제적 어려움으로 인해 심리적 문제를 겪고 있을 경우, 사회복지사는 그가 사용할 수 있는 지역사회복지 서비스나 정부 지원 프로그램 등과 같은 경제적 자원을 연결하여 문제 해결을 촉진해 줄 수 있다.

(4) 행동 변화 기법

사회복지사는 클라이언트가 자신의 문제를 해결하기 위해 행동 변화를 유도하는 기법을 사용한다. 예를 들어, 클라이언트가 직장에서의 스트레스를 해결하기 위해 상사와의 의사소통 방식을 변화시키거나 스트레스를 관리하기 위한 일상적인 행동 변화를 유도한다(김혜란 외, 2022). 이러한 행동 변화 기법은 클라이언트가 보다 효과적으로 문제를 해결할 수 있도록 돕는 중요한 요소이다.

4) 종결 단계 : 문제 해결 및 자립 강화

종결 단계는 클라이언트가 설정한 목표를 달성했거나 문제 해결에 충분한 진전을 이루었을 때 개입을 마무리하는 단계라 할 수 있다. 이 단계에서는 클라이언트가 앞으로도 자신의 문제를 스스로 해결할 수 있는 자립 능력을 강화하는 것이 중요하다.

(1) 자립 강화 및 종결 계획 수립

종결 단계에서 사회복지사는 클라이언트가 앞으로도 문제를 해결할 수 있는 자립 능력을 강화한다. 이를 위해 클라이언트가 배운 기술을 일상생활에서 어떻게 적용할 수 있을지 계획을 세우고, 필요한 자원을 계속해서 활용할 수 있는 방법을 논의한다(최희철, 2021). 예를 들어, 클라이언트가 직장에서의 스트레스를 관리하는 기술을 배웠다면 그 기술을 장기적으로 유지할 수 있는 방법을 제시할 수 있다.

(2) 종결 후 지원 계획

클라이언트가 개입과정을 마치고 난 후에도 계속해서 필요한 지원을 받을 수 있도록 종결 후 지원 계획을 세우는 것도 중요하다. 사회복지사는 클라이언트가 문제 해결을 위한 외부 자원을 계속해서 활용할 수 있도록 지역사회 자원과의 연결을 유지하거나, 클라이언트의 필요에 따라 후속 상담이나 자문을 제공할 수 있는 계획을 마련해야 한다(김혜란 외, 2022).

(3) 성찰과 피드백

종결 단계에서는 클라이언트가 개입과정을 통해 얻은 성과와 경험을 성찰하고 사회복지사에게 피드백을 제공하는 과정이 포함된다. 이를 통해 클라이언트는 자신의 문제 해결 과정을 다시 한번 돌아보고 앞으로의 계획을 명확히 할 수 있다(남미애 외, 2020).

(4) 종합적 평가

심리사회모델은 클라이언트의 내면적 심리 상태와 외부 환경적 요인을 종합적으로 평가하고, 이를 기반으로 문제를 해결하는 다양한 기법을 적용하는 특성을 갖는다. 초기 단계에서는 신뢰관계를 형성하고, 사정 단계에서는 심리적 및 환경적 요인을 종합적으로 분석한다. 개입 단계에서는 클라이언트의 문제를 해결하기 위한 다양한 기법이 적용되며, 종결 단계에서는 클라이언트가 자립할 수 있도록 돕는다.

심리사회모델의 개입과정은 클라이언트가 자신의 문제를 보다 명확하게 인식하고 문제 해결을 위해 스스로 노력할 수 있는 능력을 강화하는 데 중점을 둔다는 특성을 가진다.

6. 사 례

〈이혼 위기의 가족 내 갈등과 불안장애 사례〉

C씨는 30대 후반의 여성으로, 남편과의 결혼 생활에서 심각한 갈등을 겪고 있었다. 남편과의 의사소통 부족과 지속적인 갈등은 결국 이혼 위기로까지 이어졌고, 이는 C씨에게 극심한 불안장애를 유발했다. C씨는 수면 장애, 불안 증세를 호소하며 상담을 요청하였고 가정 내 갈등이 직장 생활에까지 영향을 미쳐 업무 성과 저하와 집중력 감소를 겪고 있었다. 남편과의 관계 악화로 인해 심리적·신체적 불안 증세가 악화되면서 C씨는 이를 해결하고자 상담을 받게 되었다.

1) 초기 단계 : 신뢰 관계 형성 및 문제 탐색

사회복지사는 C씨의 불안감을 완화하고 그녀가 자신의 문제를 자유롭게 표현할 수 있도록 신뢰관계 형성에 집중하였다. C씨는 남편과의 대화에서 자주 갈등을 겪고 있었고, 서로가 원하는 것을 명확히 표현하지 못해 상황이 더욱 악화되었다. 사회복지사는 공감적인 경청을 통해 C씨가 자신의 결혼 생활에서 느끼는 스트레스와 불안을 충분히 표현할 수 있도록 하였으며, 결혼 생활에서의 불만과 좌절감을 탐색하였다.

사회복지사는 C씨가 결혼 생활에서 겪는 심리적 스트레스가 남편과의 의사소통 부재에서 비롯되었다는 점을 파악하였고, 가족 내 갈등이 C씨의 불안장애를 더욱 악화시키고 있다는 점을 명확히 하였다. 이 과정에서 C씨는 자신의 불안 증세가 가족 내 갈등과 밀접하게 연결되어 있다는 사실을 인식하게 되었으며, 문제의 핵심이 의사소통 부족과 상호 이해 부족임을 깨닫게 되었다.

2) 사정 단계 : 문제의 심리적 및 환경적 요인 분석

사정 단계에서는 C씨의 불안장애가 남편과의 지속적인 갈등에서 비롯된 것임을 분석하였다. C씨의 심리적 불안뿐만 아니라 결혼 생활에서의 불만과 상호 존중 부족이 문제의 주요 원인으로 확인되었다. 사회복지사는 C씨가 남편과의 의사소통 문제를 해결하지 못해 지속적인 불안을 느끼고 있으며, 이는 직장 내 성과 저하와 일상생활에서의 스트레스로 이어지고 있다는 점을 파악하였다. 또한 C씨는 심리적 불안을 해소하지 못해 신체적인 증상까지 나타났으며, 이는 수면 장애와 신체 피로감으로 구체화되었다. 이러한 상황을 종합적으로 분석한 결과, 가정 내 갈등 해결과 의사소통 개선이 C씨의 불안장애 완화를 위한 핵심 요소임이 명확해졌다.

3) 개입 단계 : 의사소통 개선 및 불안 관리 전략 적용

개입 단계에서 사회복지사는 C씨가 남편과의 의사소통을 개선할 수 있도록 구체적인 기술을 교육하였다. C씨는 감정 표현을 억누르거나 불만을 직접적으로 표현하지 못하는 경향이 있었기 때문에 언어적·비언어적 의사소통 기법을 통해 감정을 더 효과적으로 전달하는 방법을 학습하였다. 특히 감정 표현에서 발생할 수 있는 오해를 최소화하기 위해 명확하고 구체적인 의사소통 기술이 강조되었다.

또한 C씨의 불안장애를 완화하기 위해 심리적 안정감을 제공하는 다양한 기법이 적용되었다. 호흡법과 명상, 인지 재구성 기법을 통해 C씨는 자신의 불안한 생각과 감정을 조절하는 방법을 배웠으며 이를 통해 스트레스 상황에서 더 큰 안정감을 찾을 수 있었다. 이 과정에서 C씨는 남편과의 대화에서 자신이 원하는 것을 명확히 전달하고 감정을 억누르지 않는 방식으로 의사소통을 개선하였다.

C씨는 직장에서의 불안 증세도 점차 완화되었으며 업무 성과가 회복되기 시

작했다. 이는 가정 내 갈등이 해결되고 남편과의 관계가 개선되면서 얻어진 결과로, C씨는 자신의 심리적 안정감을 되찾았다.

4) 종결 단계 : 문제 해결 및 자립 강화

종결 단계에서 C씨는 남편과의 의사소통 개선으로 이혼 위기에서 벗어났으며 불안장애 증세도 상당히 완화되었다. 사회복지사는 C씨가 앞으로도 심리적 불안이나 가정 내 갈등을 스스로 해결할 수 있도록 지속적인 자원 활용 방법을 안내하였다. 또한 C씨는 의사소통 기술을 바탕으로 남편과의 관계를 지속적으로 개선할 수 있었고, 이를 통해 장기적인 심리적 안정감을 유지할 수 있게 되었다. 종결 이후 C씨는 남편과의 갈등 상황에서 자신감을 가지고 의사소통할 수 있게 되었으며, 가정과 직장 생활 모두에서 자립적으로 문제를 해결할 수 있는 능력을 갖추게 되었다.

CHAPTER

05 사회복지실천 모델 Ⅱ : 과업중심모델

1. 등장배경

과업중심모델(Task-Centered Model)은 1960년대 후반 윌리엄 리드(William Reid)와 로라 엡스타인(Laura Epstein)에 의해 개발된 단기적 문제 해결을 목표로 하는 사회복지실천 모델이다. 이 모델은 당시 사회복지실천에서 주로 사용되던 장기적 정신분석적 접근법의 한계를 극복하고자 고안되었다. 정신분석적 접근법은 심리적 갈등의 근본 원인을 찾고 해결하는 데 중점을 두었으나 오랜 치료 기간과 그에 따른 비용이 문제로 지적되었고, 특히 신속한 문제 해결이 필요한 사회복지 현장에서는 비효율적이라는 문제가 있었다(김혜란 외, 2022).

1960년대 후반 미국에서는 급격한 경제적·사회적 변화를 겪으면서 빈곤, 실업, 가정 문제, 인종 차별 등 다양한 사회적 문제가 대두되었다. 이로 인해 많은 사람들이 심리적 및 사회적 문제를 경험하였고, 전통적 정신분석적 접근법은 이러한 문제들을 신속하게 해결하지 못하여 사회복지실천의 한계로 인식되기 시작하였다. 이러한 정신분석적 접근법은 개인의 심리적 갈등의 근원을 찾는 데 초점을 맞추었다는 의미가 있지만 사회복지실천 현장에서 신속하고 구체적인 문제 해결이 요구되는 상황에서는 어려움이 있었던 것이다(서혜석 외, 2024).

이러한 배경 속에서 등장한 과업중심모델은 클라이언트가 직면한 문제를 구체적인 과업으로 나누고, 그 과업을 단계적으로 해결하는 과정을 통해 문제를 완화하는 것을 목표로 한다. 이는 단기적 개입을 통해 실질적이고 구체적인 문제 해결을 지향하며, 클라이언트가 스스로 문제를 해결할 수 있는 능력을 강화하는 데 중점을 둔다. 사회복지사는 이 과정에서 지침과 지원을 제공하며 클라이언트가 문제 해결에 주체적으로 참여할 수 있도록 돕는다. 이는 당시 사회복지실천의 새로운 패러다임을 제시한 모델로 평가된다(김혜영 외, 2023). 과업중심모델은 단기적 문제 해결에 중점을 두었으나, 해결중심모델이나 행동주의적 접근과의 차이점이 존재한다. 과업중심모델은 행동 수정이 아닌 과업 설정을 통해 클라이언트의 주도성을 강조하는 점에서 차별화된다.

1) 사회적 변화와 과업중심모델의 도입

1960년대 후반, 미국의 사회적 변화는 개인의 삶에 큰 영향을 미쳤고 신속하고 실질적 문제 해결이 가능한 새로운 모델이 요구되기 시작하였다. 이 같은 배경 속에서 등장한 과업중심모델은 단기적 개입을 통해 구체적이고 실질적인 문제 해결을 추구하는 효과적인 실천방법으로 자리 잡게 되었다(서혜석 외, 2024).

과업중심모델은 클라이언트가 문제 해결 과정에 능동적으로 참여하도록 돕고 구체적인 행동 계획을 설정함으로써 문제를 해결해 나가는 구조를 취한다. 이를 통해 클라이언트는 자신의 문제를 보다 명확하게 인식하게 되며 문제 해결 과정을 통해 자아 효능감을 경험할 수 있다. 이 모델은 클라이언트가 당면한 문제를 구체적으로 정의하고, 그 문제를 해결하기 위한 실천 가능한 과업을 설정하며 이를 단계적으로 해결해 나가는 과정을 중시하는 특성이 있다(김혜영 외, 2023).

2) 경험적 연구와 실천적 지식의 기초

과업중심모델은 경험적 연구와 실천적 지식을 바탕으로 발전하였다. 리드와 엡스타인은 사회복지실천 현장에서 수집된 데이터를 바탕으로 클라이언트의 문제 해결 과정에서 무엇이 효과적인지를 분석하였고, 그 결과 클라이언트가 문제를 구체적으로 정의하고 이를 실천 가능한 과제로 나누어 해결하는 방식이 가장 효율적이라는 결론에 도달하였다. 이 모델은 클라이언트의 자발적인 참여를 중시하며, 사회복지사는 그 과정에서 조력자로서의 역할을 담당한다(서혜석 외, 2024).

과업중심모델은 특정 이론적 틀에 고정되지 않으며 클라이언트 문제 해결에 적합한 방법을 선택하여 적용할 수 있는 유연성이 특징이다. 또한 이 모델은 문제 해결 과정에서 클라이언트의 능동적 참여를 강조하며, 문제 해결 과정에서 필요한 과업을 스스로 설정하고 이를 해결해 나가는 과정을 통해 자립적인 문제 해결 능력을 키우는 것을 목표로 한다(김혜란 외, 2022).

과업중심모델은 문제 해결에 초점을 맞춘 실천적 접근으로, 클라이언트의 심리적 갈등뿐만 아니라 사회적, 환경적 요인까지도 함께 고려하여 문제 해결을 도모한다. 이를 통해 클라이언트는 단기적으로는 현재 시점의 문제를 해결하고, 장기적으로는 문제 해결 능력 향상을 통해 자립적인 삶을 영위할 수 있다는 점에서 장점이 있다.

3) 추가적인 사회적 변화와 과업중심모델의 유용성

미국 사회뿐만 아니라 전 세계적으로 도시화와 경제적 불안정이 지속되면서 과업중심모델의 유용성은 더욱 강조되고 있다. 특히 단기적으로 문제 해결이 필요한 상황에서 이 모델은 매우 효과적이다. 빈곤 문제, 가족 갈등, 직장 내 스트레스 등은 빠르게 해결해야 할 필요가 있는 문제들로, 장기적인 치료보다 단기적 개입을 통한 신속한 문제 해결이 클라이언트에게 실질적인 도움이 될 수 있다(서혜석 외, 2024).

과업중심모델은 단기간 내에 구체적인 변화를 이끌어 낼 수 있는 모델로, 클라이언트가 스스로 문제 해결의 주체가 되도록 지원한다는 점에서 유용성을 찾을 수 있다. 특히 이 모델은 현대사회에서 실질적이고 즉각적인 개입을 필요로 하는 상황에서 적합한 모델로 평가할 수 있다(김혜영 외, 2023).

이 같은 배경을 바탕으로 과업중심모델은 단기적이고 실질적 개입을 통해 클라이언트의 문제 해결을 돕고, 나아가 클라이언트 문제 해결에 있어 자립을 지원하는 데 중요한 역할을 하고 있다. 이는 현대사회의 복잡한 문제를 해결하는 데 있어서도 매우 유용한 접근이며 사회복지실천에서 필수적인 모델로 평가받는다. 이처럼 과업중심모델은 단순한 문제 해결에서 더 나아가 클라이언트가 문제 해결 과정에서 자아 효능감을 경험하고, 장기적으로는 문제 해결 능력을 갖추게 하는 데 중요한 역할을 한다(서혜석 외, 2024).

2. 기본 개념

과업중심모델은 사회복지실천에서 단기적 문제 해결을 목표로 하는 접근법으로, 클라이언트의 문제를 구체적이고 실천 가능한 과업으로 분리하여 단계적으로 해결하는 방식에 중점을 둔다. 이 모델은 전통적이고 장기간을 요하는 치료 방식에서 벗어나 신속하고 효과적인 문제 해결을 강조하며, 클라이언트의 자율성과 참여를 중시한다. 이는 클라이언트가 문제 해결의 주체가 되어 스스로 문제를 해결하는 능력을 강화하는 데 목적을 둔다(김혜란 외, 2022).

1) 문제의 구체화와 과업 설정

과업중심모델에서 가장 중요한 첫 단계는 문제의 구체화라 할 수 있다. 클라이언트가 경험하는 문제는 개인의 경험이므로 추상적이거나 모호할 수 있는데 이를 명확하게 정의하는 과정이 필수적이다. 클라이언트와 사회복지사는 협력을 통해 클라이언트 주요 문제를 식별하고 이를 구체적인 과업으로 나누는 과정을 진행한다. 이때 과업은 실천 가능한 목표로 설정되며 크고 복잡한 과업은 더욱 세부적으로 나누어지게 된다. 이러한 구체화 과정은 클라이언트가 문제를 명확히 인식하고 스스로 해결할 수 있는 능력을 배양하는 데 필수적이다(김혜영 외, 2023).

(1) 일반적 과업

일반적 과업은 클라이언트의 목표와 관련된 큰 방향성을 제시하며, 문제 해결의 틀을 형성한다. 이는 클라이언트가 장기적으로 달성하고자 하는 목표를 포함하며, 문제를 해결하기 위한 포괄적인 행동 계획으로 정의된다. 예를 들어, 클라이언트가 가족 내 갈등을 해결하고자 할 때, "가족 구성원 간의 의사소통 개선"이 일반적 과업이 될 수 있다.

(2) 조작적 과업

조작적 과업은 일반적 과업을 실질적이고 구체적인 행동으로 세분화한 것이다. 클라이언트가 실행해야 하는 구체적인 활동과 단계를 포함하며, 실천 가능한 계획으로 구성된다. 이러한 과업은 명확한 지침을 제공하여 클라이언트가 행동에 옮기기 쉽게 한다.

① **유일과업**(single task) : 유일과업은 한 번 실행하면 완료되는 단일한 행동을 의미한다. 주로 클라이언트가 즉각적인 문제를 해결하거나 단기적 목표를 달성하기 위해 설정된다. 예를 들어, "병원 예약 잡기" 또는 "재정지원 신청서 작성"이 유일과업에 해당된다.

② **되풀이 과업**(recurring task) : 되풀이 과업은 정기적으로 반복해야 하는 행동으로, 지속적인 노력이 필요한 경우 설정된다. 이는 문제 해결 과정에서 클라이언트의 꾸준한 실천을 요구하며 장기적 변화를 도모한다. 예를 들어, "주 2회 운동하기" 또는 "가족과 매주 대화 시간 갖기"와 같은 활동이 이에 해당된다.

③ **점진적 과업**(progressive task) : 점진적 과업은 큰 목표를 달성하기 위해 여러 단계를 거쳐 순차적으로 수행되는 과업을 의미한다. 예를 들어, 첫 주에는 예산 계획을 작성하고, 다음 주에는 소비 항목을 검토 후 재조정하는 방식이다.

④ **연계 과업**(linked task) : 연계 과업은 다른 과업과 유기적으로 연결되어 서로 영향을 주고받는 과업으로, 특정 과업이 완료되어야 다른 과업이 실행될 수 있다. 예를 들어, 취업 준비의 경우 "이력서 작성" 후 "면접 준비"가 연계되는 사례가 있다.

⑤ **종합 과업**(comprehensive task) : 종합 과업은 다양한 활동을 통합적으로 수행해야 하는 과업으로, 클라이언트가 여러 측면에서 동시에 문제를 해결하도록 요구한다. 예를 들어, "가족 간 의사소통 개선"과 동시에 "재정 문제 해결"을 병행하는 경우가 이에 해당한다.

조작적 과업의 이러한 세분화는 클라이언트의 상황과 목표에 맞춘 실천적 접근을 가능하게 하며, 실질적이고 구체적인 문제 해결을 지원하는 데 중요한 역할을 한다.

2) 단기적 개입과 실천적 접근

과업중심모델의 핵심은 단기적 개입을 통해 실질적인 문제 해결을 이루는 데 있다. 이 모델은 전통적인 장기 치료 모델과는 달리 짧은 시간 안에 구체적인 변화를 추구한다. 이 모델은 클라이언트가 설정한 구체적 과업을 실천하고, 그 결과의 지속적 평가 과정을 통해 실질적인 변화를 촉진한다. 이러한 단기적 접근은 클라이언트가 빠르게 변화하는 환경 속에서 신속하게 적응할 수 있도록 돕는다. 또한 이 모델은 단기적 개입은 비용 효과성 측면에서도 장점이 있다. 클라이언트와 사회복지사는 이를 통해 한정된 시간과 자원을 효율적으로 활용할 수 있다(김혜란 외, 2022).

3) 클라이언트의 자발적 참여와 자립 능력 강화

클라이언트의 자발적인 참여는 과업중심모델의 핵심 요소 중 하나이다. 클라이언트는 자신의 문제를 해결하기 위한 과업을 설정하고, 그 과정에 적극적으로 참여해야 한다. 이는 문제 해결의 주체로서 클라이언트의 자율성을 강조하며, 클라이언트가 스스로 문제 해결 능력을 향상시킬 수 있도록 돕는다. 사회복지사는 이 과정에서 조력자로서의 역할을 담당하며, 클라이언트가 자립적인 문제 해결 능력을 개발하도록 지원하게 된다. 클라이언트는 이러한 과정을 통해 자아 효능감(self-efficacy)을 경험하고, 더 큰 자립 능력을 키울 수 있다(서혜석 외, 2024).

또한 사회복지사는 클라이언트가 과업 실천 과정에서 겪는 심리적·환경적 어려움을 분석하고 이를 극복할 수 있는 전략을 제공해야 한다. 예를 들어, 클라이언트가 직면한 경제적 문제나 가족 갈등이 문제 해결을 방해하는 경우 사회복지사는 이에 대한 해결 방안을 함께 모색하며 클라이언트의 참여를 적극적으로 유도한다. 클라이언트는 사회복지사와 협력을 통해 문제 해결 능력을 강화하고 자신감을 갖게 된다(김혜영 외, 2023).

4) 지속적인 평가와 피드백

과업중심모델에서 지속적 평가는 중요한 역할을 한다. 사회복지사는 클라이언트와 사전에 설정한 과업 실천 과정에서 그 성과를 지속적으로 평가하고 피드백을 제공해야 한다. 이때 성과는 과업의 실천 여부, 과업이 문제 해결에 미친 영향, 추가적으로 필요한 지원 등을 평가하는 과정에서 확인된다. 과업이 성공적으로 완수되지 못한 경우 사회복지사는 그 원인을 분석하고 새로운 전략을 설정한다. 이 과정은 클라이언트가 실패에 좌절하지 않고 문제 해결에 대한 지속적인 동기를 유지할 수 있도록 돕는다(서혜석 외, 2024).

피드백은 클라이언트가 과업 수행 과정에서 얻은 교훈을 바탕으로 새로운 문제 해결 전략을 도출할 수 있게 한다. 이는 클라이언트의 문제 해결 과정에 대한 지속적 자기 평가를 가능하게 하며 클라이언트가 문제 해결 과정에서 스스로 성찰하고 발전할 수 있는 기회를 제공한다는 점에서 의미가 있다. 또한 사회복지사는 클라이언트에게 필요한 자원을 제공하여 과업을 성공적으로 완수할 수 있도록 적극적으로 지원해야 한다(김혜영 외, 2023).

5) 문제 해결의 구조화와 단계적 접근

구조화된 접근은 과업중심모델의 또 다른 특징이다. 클라이언트가 직면한 문제를 구조화된 방식으로 해결하기 위해서 사회복지사는 문제를 여러 개의 과업으로 나누어 단계별로 해결하는 과정을 거친다. 이를 통해 클라이언트는 복잡하고 어려운 문제라도 작은 과업으로 나누어 해결할 수 있다는 자신감을 얻게 되며, 점진적으로 문제를 해결할 수 있다(김혜란 외, 2022).

구체적으로 클라이언트는 사회복지사와 협력을 통해 본인의 문제를 우선순위에 따라 분류하고 가장 시급한 문제부터 해결해 나간다. 이러한 과정은 클라이언트가 문제 해결에 대한 명확한 계획을 세우고 그 계획을 실행해 나가는 데 중요한 역할을 한다. 또한 클라이언트는 문제 해결 과정에서 발생하는 다양한 상황 변화에 유연하게 대응할 수 있는 능력을 키울 수 있게 된다(서혜석 외, 2024).

이렇듯 과업중심모델은 단기적이면서 실질적인 문제 해결을 추구하며 클라이언트 스스로 문제 해결 능력을 강화하는 것에 중점을 둔다. 이를 통해 클라이언트는 단기간 내 구체적 변화를 경험하고, 장기적으로는 문제 해결 역량을 기를 수 있다.

3. 개입목표

과업중심모델의 개입목표는 클라이언트가 직면한 문제를 인식하고 이를 스스로 해결할 수 있는 능력을 키워주는 것이다. 이에 따라 클라이언트가 문제를 명확히 정의하고 단기에 실현 가능한 목표를 설정하여 단계적으로 문제를 해결할 수 있도록 돕는 것을 핵심으로 한다. 또한 사회복지사는 클라이언트가 스스로 문제 해결을 할 수 있는 역량을 강화하고 문제 해결 과정에 능동적으로 참여할 수 있도록 지원한다. 과업중심모델의 구체적인 개입목표는 다음과 같다.

1) 문제의 구체적인 이해 및 정의

클라이언트가 자신의 문제를 명확하게 정의하는 것은 과업중심모델의 첫 번째 중요한 목표이다. 클라이언트는 자신의 문제가 무엇인지 명확히 인식하지 못하거나 문제를 추상적으로 생각하는 경향이 나타난다. 예를 들어, 클라이언트가 "직장에서 힘들다"고 표현하지만 본인이 느끼는 어려움이 구체적으로 무엇인지를 파악하고 있지 못하는 상황일 수 있다.

이러한 상황에서 사회복지사는 클라이언트의 감정, 경험, 상황을 분석하여 구체적 문제로 정의하도록 돕는다. 즉, 직장 내 갈등이나 상사와의 관계에서 발생하는 어려움 등으로 문제를 구체화하여 명확하게 진술하도록 지원하는 것이 중요하다. 이렇게 구체적으로 문제를 정의함으로써 클라이언트는 자신의 상황을 보다 명확하게 이해할 수 있게 되고 문제 해결의 첫 단계를 이행할 수 있다. 이렇게 문제를 구체적으로 정의하는 것은 이후 목표 설정 및 과업 수행의 토대가 된다는 점에서 중요하다(서혜석 외, 2024).

2) 실현 가능한 단기 목표 설정

과업중심모델의 두 번째 목표는 사회복지사가 클라이언트와 함께 실현 가능한 단기 목표를 설정하는 것이다. 클라이언트는 문제 해결을 위해 지나치게 장기적이거나 비현실적인 목표를 설정하는 경향이 나타나는 경우가 많다. 이런 경우 목표 실현 가능성을 낮추며 클라이언트가 도중에 좌절할 가능성이 높다는 문제점이 나타난다.

따라서 과업중심모델에서는 "매일 스트레스 관리 기법을 연습한다" 등과 같은 구체적이고 단기적인 목표를 설정하는 것이 필요하다. 이러한 목표는 클라이언트가 즉시 실행할 수 있는 것이어야 하며 이를 통해 성취감을 느끼고 자아 효능감을 강화할 수 있다. 사회복지사는 클라이언트와 함께 목표를 설정하고 그 목표가 클라이언트의 상황에 맞고 실현 가능한지 점검하며, 목표를 달성하기 위한 구체적인 행동 계획을 수립한다. 이 과정을 통해 클라이언트는 자신의 문제를 보다 구체적으로 해결할 수 있는 방안을 마련하게 된다.

3) 자아 효능감 및 자립성 강화

과업중심모델의 중요한 목표 중 하나는 클라이언트의 자아 효능감을 강화하는 것이라 할 수 있다. 자아 효능감이란 자신이 설정한 목표를 달성할 수 있다는 믿음이나 자신감을 의미하며, 이는 문제 해결 과정에서 중요한 역할을 한다. 클라이언트는 자신의 문제 해결을 위한 과업을 성공적으로 수행함으로써 자신감을 얻고, 다음 과업을 해결하는 데 필요한 동기를 부여한다는 점에서 중요하다.

과업중심모델은 클라이언트가 단기적이고 실현 가능한 과업 달성을 통해 성공 경험을 쌓고 자신감을 얻도록 돕는다. 여러 개로 나눈 작은 과업들을 단계적으로 해결해 나가는 경험을 통해 클라이언트는 자신이 문제를 해결할 수 있는 능력이 있음을 깨닫게 되며, 장기적으로는 스스로의 문제 해결 능력을 키워

나가게 된다. 사회복지사는 이 과정에서 클라이언트의 성취를 인정하고 긍정적인 피드백을 제공하여 클라이언트의 자아 효능감을 지속적으로 강화할 수 있도록 도울 수 있다(김혜영 외, 2023).

4) 문제 해결 과정에서의 능동적 참여

과업중심모델의 핵심은 클라이언트가 문제 해결 과정에서 수동적인 수혜자가 아니라 문제 해결의 주체로서 능동적으로 참여하는 데 있다. 클라이언트가 자신의 문제를 해결하는 과정에 적극적으로 참여하는 것은 그 문제에 대한 통제력을 느끼게 하며, 이는 자아 효능감과 자립성을 강화하는 데 중요한 요소이다.

사회복지사는 클라이언트가 문제 해결 과정에서 주도적인 역할을 할 수 있도록 돕는다. 클라이언트는 문제를 구체적으로 정의하고 실현 가능한 목표를 설정하며 과업을 수행하는 과정에서 스스로의 역할을 인식하고 능동적으로 참여하게 된다. 사회복지사는 이러한 과정에서 조력자 역할을 하며 클라이언트가 스스로 문제를 해결하는 경험을 통해 자립적인 문제 해결 능력을 키울 수 있도록 지지한다. 클라이언트가 자신의 문제를 해결하는 데 능동적으로 참여할수록 문제 해결 과정에서의 성취감이 더욱 커지며 이는 장기적으로 클라이언트의 문제 해결에 있어 자립심을 강화하는 데 중요한 역할을 한다(최희철, 2021).

5) 환경적 자원 활용 및 문제 해결 능력 향상

과업중심모델에서는 클라이언트가 자신의 문제를 해결하기 위해 환경적 자원을 적절히 활용하는 능력을 기르는 것이 또 다른 중요한 목표이다. 클라이언트의 문제는 종종 외부 자원을 통해 해결할 수 있는 경우가 많으며, 사회복지사는 클라이언트가 이러한 자원을 효과적으로 활용할 수 있도록 돕는다.

예를 들어, 경제적 어려움을 겪고 있는 클라이언트는 가족, 직장, 지역사회 등 여러 체계의 자원들을 통해 문제를 해결할 수 있다. 사회복지사는 클라이언트가 다양한 자원들을 찾고 활용하는 과정을 지원하며, 클라이언트가 문제 해결 과정에서 다양한 사회적 자원을 활용할 수 있도록 안내한다. 이를 통해 클라이언트는 문제 해결 능력을 더욱 강화하게 된다.

또한 클라이언트는 문제 해결을 위해 사용할 수 있는 다양한 자원을 탐색하고, 이를 통해 스스로의 문제를 해결할 수 있는 능력을 키우게 된다. 이 과정에서 클라이언트는 자신이 필요로 하는 자원을 어떻게 찾고 이를 어떻게 효과적으로 활용할 수 있는지를 배운다. 이는 장기적인 문제 해결 능력 향상에 기여한다는 의미가 있다(김혜란 외, 2022).

결론적으로 과업중심모델의 개입목표는 클라이언트가 스스로 문제를 해결하기 위해서 필요한 구체적 목표를 설정하고 이를 달성함으로써 자아 효능감과 자립성을 강화하는 데 중점을 둔다. 이때 사회복지사는 클라이언트가 문제 해결 과정에서 능동적으로 참여할 수 있도록 지원하며 클라이언트가 환경적 자원을 효과적으로 활용하여 문제를 해결할 수 있도록 돕는다.

4. 개입과정과 기법

과업중심모델은 사회복지실천에서 클라이언트 문제를 단기적이고 단계적으로 해결하는 데 초점을 맞춘 모델로, 명확한 문제 정의, 구체적 과업 설정, 그리고 실질적 문제 해결을 위한 구체적 전략을 제공한다. 과업중심모델 개입은 초기 단계, 사정 단계, 개입 단계, 종결 단계를 거치며, 각 단계에서 클라이언트와 사회복지사는 협력하여 구체적인 목표를 설정하고 달성하기 위한 실천 계획을 수립한다.

1) 초기 단계 : 문제 탐색 및 신뢰관계 형성

과업중심모델에서 초기 단계는 클라이언트와 사회복지사 간 신뢰관계를 형성하고 문제를 탐색하는 데 중점을 둔다. 이 단계에서 사회복지사는 클라이언트가 직면한 문제의 본질을 이해하고, 클라이언트의 감정을 수용하는 과정을 통해 신뢰를 쌓는다. 신뢰관계는 클라이언트가 문제 해결 과정에서 적극적으로 참여할 수 있도록 하는 필수적인 기반이다.

(1) 문제 탐색 및 명확화

문제 탐색 및 명확화 단계에서 사회복지사는 클라이언트의 경험을 경청하고, 클라이언트가 느끼는 문제의 원인과 그 문제로 인한 심리적·정서적 상태를 분석한다. 예를 들어, 직장에서 겪는 스트레스를 경험하는 클라이언트가 있을 경우 사회복지사는 경청을 통해 클라이언트가 직장에서 느끼는 구체적인 어려움이 무엇인지, 그리고 그것이 클라이언트의 삶에 어떤 영향을 미치는지를 파악한다. 이를 통해 사회복지사는 클라이언트가 경험하는 문제를 보다 구체적으로 정의한다.

이 과정에서 중요한 기법은 경청, 공감, 반영이라 할 수 있다. 경청은 클라이언트가 자신의 문제를 자유롭게 이야기할 수 있도록 하고, 공감은 클라이언트가 사회복지사로부터 감정적으로 지지를 받고 있다고 느끼게 한다. 반영은 클라이언트의 이야기를 사회복지사가 다시 정리해 말함으로써 클라이언트가 자신의 문제를 명확히 인식하게 돕는다.

(2) 신뢰관계 형성의 중요성

사회복지사와 클라이언트 간 신뢰는 클라이언트 욕구 해결 과정에서 매우 중요하다. 클라이언트는 자신의 문제를 솔직하게 드러내고, 그 문제를 해결할 수 있는 방법을 모색하는 데 있어 사회복지사의 지지를 필요로 한다. 따라서 사회복지사는 클라이언트가 편안하게 자신의 문제를 이야기할 수 있도록 지원할 뿐 아니라 클라이언트의 감정을 존중하는 태도를 보여야 한다. 클라이언트와 사회복지사 간 신뢰관계가 형성되면 클라이언트는 자신의 문제 해결 과정에 적극적으로 참여하게 된다.

2) 사정 단계 : 문제의 구체적 정의 및 목표 설정

이 모델에서 사정 단계는 클라이언트의 문제를 구체적으로 정의하고, 그 문제를 해결하기 위한 단기적인 목표를 설정하는 과정이다. 이 단계에서 사회복지사와 클라이언트는 협력을 통해 문제의 원인과 영향을 분석하고, 문제를 해결하기 위한 구체적인 목표를 수립한다.

(1) 문제의 구체적 정의

사정 단계의 핵심은 클라이언트가 느끼는 막연한 문제를 구체적으로 명확하게 만드는 과정이다. 예를 들어, 클라이언트가 "스트레스를 많이 받는다"고 추상적으로 표현할 경우 사회복지사는 이를 보다 구체적으로 정의해야 한다. 스트레스의 원인, 스트레스를 느끼는 구체적인 상황, 그리고 그로 인해 클라이언트가 겪는 어려움은 무엇인지 등을 명확히 분석한다.

이 과정에서 사회복지사는 개방형 질문을 사용하여 클라이언트가 문제를 더 구체적으로 설명할 수 있도록 돕는다. 예를 들어, "직장에서 스트레스를 느끼는 상황은 어떤 것인가요?"와 같은 질문을 통해 클라이언트가 문제의 원인과 구체적인 상황을 설명할 수 있게 한다. 이 과정에서 클라이언트는 자신의 문제를 보다 구체적으로 이해하게 되고, 그 문제를 해결하기 위한 동기를 갖게 된다(김혜영 외, 2023).

(2) 단기 목표 설정

사정 단계에서는 문제를 구체적으로 정의한 후, 그 문제를 해결하기 위한 단기 목표를 설정한다. 단기 목표는 클라이언트가 짧은 기간 내에 성취할 수 있는 현실적인 목표로 설정된다. 예를 들어, 클라이언트가 직장에서 겪는 스트레스를 줄이기 위한 단기 목표로는 "매일 10분씩 스트레스 관리 기법을 연습한다"거나, "상사와의 갈등을 해결하기 위한 의사소통 기법을 학습한다"와 같은 구체적인 목표를 설정할 수 있다.

단기 목표는 클라이언트가 작은 성취감을 느끼도록 돕고, 문제 해결 과정에서 자아 효능감을 강화하는 데 중요한 역할을 한다. 또한 클라이언트는 단기 목표를 달성하면서 자신이 문제 해결에 실질적으로 기여하고 있다는 자신감을 얻게 된다. 사회복지사는 이 과정에서 클라이언트가 목표를 설정하고 달성할 수 있도록 지속적으로 피드백을 제공하고, 클라이언트가 목표를 향해 나아갈 수 있도록 지원한다(김혜란 외, 2022).

3) 개입 단계 : 과업 설정 및 실행

개입 단계는 과업중심모델의 핵심적인 부분으로, 클라이언트가 설정된 목표를 달성하기 위해 구체적인 과업(task)을 설정하고 그 과업을 실행하는 과정이다. 이 단계에서는 클라이언트가 문제 해결에 필요한 구체적인 행동을 수행하며, 사회복지사는 클라이언트가 과업을 성공적으로 수행할 수 있도록 지속적인 지원을 제공한다.

(1) 과업 설정

과업은 클라이언트가 문제를 해결하기 위해 실천할 수 있는 구체적인 행동들로 설정한다. 예를 들어, 직장에서 상사와 갈등을 경험하고 있는 경우 이를 해결하기 위한 과업으로 "상사와의 대화를 개선하기 위한 의사소통 기술을 학습한다"거나, "매주 상사와 10분씩 대화를 시도한다"와 같은 구체적인 과업을 설정할 수 있다. 이러한 과업은 클라이언트가 실천 가능한 작은 행동들로 구성되며 클라이언트가 점진적으로 문제를 해결해 나가는 데 도움을 준다.

과업을 설정할 때 사회복지사는 클라이언트와 협력을 통해 과업 실현 가능성을 검토하고, 클라이언트가 과업을 성공적으로 수행할 수 있도록 지원한다. 과업은 클라이언트의 능력과 상황을 고려하여 설정되며 클라이언트가 과업을 성공적으로 수행할 수 있도록 지속적인 지침과 피드백을 제공한다(김혜영 외, 2023).

(2) 과업 실행

과업 설정 후 클라이언트는 구체적 과업을 실행하게 된다. 이 과정에서 사회복지사는 클라이언트가 과업을 성공적으로 수행할 수 있도록 지원과 피드백을 제공한다. 과업 실행 과정에서 클라이언트가 어려움을 겪을 경우 사회복지사는 클라이언트가 문제를 해결하기 위한 대안 제시, 또는 추가적 지원을 제공한다. 또한 클라이언트가 과업을 성공적으로 수행한 경우 사회복지사는 이를 칭찬하고 격려하여 클라이언트의 자아 효능감을 강화한다.

과업 실행 과정에서는 클라이언트가 문제 해결에 능동적으로 참여하며 작은 성취를 통해 효능감을 경험하게 된다. 이는 클라이언트가 더 큰 문제를 해결하는 데 필요한 동기를 부여하며, 문제 해결 과정에서 자신감을 갖게 하는 중요한 기법이다. 사회복지사는 클라이언트가 과업을 성공적으로 수행할 수 있도록 지속적인 지원을 제공하며 클라이언트가 과업을 완료할 때마다 성취감을 느끼도록 돕는다(서혜석 외, 2024).

4) 종결 단계 : 성취 평가 및 자립 능력 강화

종결 단계는 클라이언트가 설정한 목표를 성공적으로 달성한 후 그 성취를 평가하고 클라이언트의 자립 능력을 강화하는 단계이다. 이 단계에서 클라이언트는 자신의 문제 해결 과정을 돌아보고 그 과정에서 얻은 성취를 평가하게 된다.

(1) 성취 평가

종결 단계에서는 클라이언트가 설정한 목표를 성공적으로 달성했는지 평가하고, 그 과정에서의 성취를 스스로 평가하는 과정을 거친다. 사회복지사는 클라이언트가 문제 해결 과정에서 어떤 성취를 이루었는지 돌아보고, 그 성취가 클라이언트에게 어떤 의미가 있는지 논의한다. 이 과정에서 클라이언트는 자신의 문제 해결 과정에서 얻은 성취감을 느끼고 그 성취가 자신의 삶에 미친 긍정적 영향을 인식하게 된다(최희철, 2021).

(2) 자립 능력 강화

종결 단계에서 중요한 기법은 자립을 위한 향후 계획과 자원 활용 능력 강화이다. 클라이언트가 앞으로도 문제 해결 능력을 지속적으로 발전시킬 수 있도록 사회복지사는 클라이언트에게 필요 자원을 스스로 탐색하고 활용하는 방법을 제공한다. 예를 들어, 클라이언트가 다시 직장 내 스트레스를 겪게 될 경우 스스로 스트레스 관리 기법을 활용하거나 직장 내 지원 자원을 찾을 수 있도록 안내한다.

클라이언트는 이러한 과정을 통해 문제해결의 자립성을 갖추게 되며 향후 사회복지사의 지원 없이도 스스로 문제를 해결할 수 있는 능력을 키우게 된다. 이와 같이 과업중심모델은 문제의 구체적 정의, 단기 목표 설정, 과업 실행, 자립 능력 강화라는 단계적인 접근을 통해 클라이언트가 직면한 문제를 해결하는 데 효과적인 모델이다.

5. 사 례

〈경제적 문제로 인한 우울증 극복 사례〉

A씨는 40대 여성으로, 남편의 실직과 자녀 양육 문제로 인해 경제적 어려움에 직면한 상태였다. 남편의 실직 후 A씨는 경제적 부담을 혼자 떠안게 되었고, 자녀 양육과 교육을 위한 비용 마련에 어려움을 겪으면서 스트레스와 불안이 극심해졌다. 이러한 상황에서 A씨는 수면 부족과 함께 심각한 우울증을 앓기 시작했고, 이는 가정 내 갈등으로 이어졌다. 특히 A씨는 경제적 압박으로 인해 자녀의 교육과 관련된 결정에 집중할 수 없었고 자녀와의 관계도 점차 소원해져 갔다.

가족 구성원들 간의 의사소통이 원활하지 않았고, A씨는 경제적 문제와 심리적 고통을 혼자 해결해야 한다는 생각에 점차 고립감을 느꼈다. 이는 자존감 저하로 이어졌고 A씨는 자신의 문제를 해결할 능력이 없다고 느끼기 시작했다. 이로 인해 A씨는 직장 생활에서도 성과가 떨어지기 시작했고 직장 상사와 동료들로부터 부정적인 평가를 받게 되었다.

이러한 전반적인 상황 속에서 A씨는 삶의 모든 영역에서 어려움을 겪고 있었고, 그로 인해 본인은 물론, 가족들까지도 부정적인 영향을 받고 있었다. 이에 따라 A씨는 문제 해결을 위해 사회복지사의 도움을 받기로 결정하게 되었고, 과업중심모델을 통한 개입과정을 시작하게 되었다.

1) 초기 단계 : 문제 탐색 및 신뢰관계 형성

과업중심모델에서 초기 단계는 문제를 명확히 탐색하고, 클라이언트와의 신뢰관계를 형성하는 데 중점을 둔다. A씨와의 첫 상담에서 사회복지사는 A씨의 이야기를 진지하게 경청하며 그녀가 겪고 있는 경제적 어려움과 그로 인해 발생한 심리적 문제를 분석하였다.

사회복지사는 A씨에게 경제적 어려움이 남편의 실직 후 가족 전체에 미친 영향을 구체적으로 묻고 이러한 경제적 문제들이 가정 내 갈등과 심리적 불안으로 이어졌다는 것을 확인하였다. 또한 A씨가 우울증 증상을 겪고 있다는 사실을 인지하고, 그로 인해 가정 내에서 자녀 및 남편과의 관계가 악화되었다는 점을 확인하였다.

이 단계에서 사회복지사는 A씨가 문제를 스스로 인식하고 문제 해결의 필요성을 느낄 수 있도록 돕기 위해 경청과 공감을 활용하였다. A씨가 자신이 처한 상황을 자유롭게 표현할 수 있도록 돕고, 감정적으로 안정감을 느낄 수 있도록 지지적인 태도를 유지하였다. 이와 함께 사회복지사는 A씨가 자신의 문제를 해결할 수 있는 능력을 가지고 있다는 자신감을 심어주기 위해 긍정적인 피드백을 제공하였다. 이러한 신뢰관계의 형성은 A씨가 문제 해결 과정에 적극적으로 참여하도록 이끄는 중요한 역할을 하였다.

2) 사정 단계 : 문제 정의 및 목표 설정

사정 단계에서는 A씨가 직면한 문제들을 구체적으로 분석하고 우울증을 완화하기 위한 단기 목표를 설정하였다. A씨는 남편의 실직 이후 경제적 부담을 홀로 짊어져야 했고, 그로 인해 가정 내에서 발생한 갈등이 우울증을 유발한 주요 원인으로 작용하고 있었다. 따라서 이 문제를 해결하기 위해 먼저 경제적 지원을 받을 수 있는 자원을 탐색하고 우울증 증상 완화를 위한 구체적인 계획을 세워야 했다.

A씨는 경제적 문제를 해결하기 위해 정부의 경제적 지원 프로그램에 등록하기로 결정하였다. 사회복지사는 A씨에게 지역사회에서 제공하는 다양한 경제적 지원 프로그램에 대한 정보를 제공하였고 A씨는 이를 통해 생활비 지원 프로그램을 신청할 수 있었다. 이를 통해 A씨는 단기적으로 경제적 문제를 해결할 수 있는 발판을 마련하였다.

또한 A씨와 사회복지사는 가정 내 갈등을 줄이기 위해 의사소통 기술을 학습하는 것을 목표로 설정하였다. A씨는 남편과의 의사소통을 개선하여 가정 내 갈등을 줄이기로 결심하였으며 이를 구체적인 행동 계획으로 나누어 실천하기로 하였다. 예를 들어, 매일 일정 시간을 정해 남편과 대화를 나누고, 자녀와의 관계에서도 의사소통 방식을 개선하는 과업을 설정하였다. 이러한 과업들은 A씨가 작은 성취감을 느낄 수 있도록 구성되었으며, A씨는 이를 통해 자아 효능감을 점차 회복하게 되었다.

3) 개입 단계 : 과업 실행 및 지원

개입 단계에서는 사정 단계에서 설정된 구체적인 목표와 과업을 실행하는 과정이 이루어졌다. A씨는 사회복지사의 지속적인 지원을 받아 하나씩 과업을 해결해 나갔다. 우선적으로 A씨는 정부의 경제적 지원 프로그램을 신청하고 이를 통해 가정의 경제적 부담을 다소 완화할 수 있게 되었다.

또한 A씨는 남편과의 관계를 개선하기 위해 의사소통 기술을 학습하였다. 사회복지사는 A씨에게 감정을 조절하는 방법과 상대방의 의견을 경청하는 기술을 교육하였으며, A씨는 이러한 기술들을 남편과의 대화에 적용하였다. 이를 통해 A씨는 남편과의 대화에서 갈등을 줄이고 보다 원활한 의사소통을 이루어냈다.

A씨는 가정 내 주기적으로 대화 시간을 가지며 남편과의 관계를 개선해 나갔다. 처음에는 작은 변화들이었지만 이러한 변화들은 A씨에게 큰 성취감을 안겨주었고 A씨는 점차 가정 내 분위기가 나아지고 있음을 실감하게 되었다. 사회복지사는 A씨의 성취를 인정하고 격려하며 그녀가 스스로 문제를 해결하는 과정에서 자아 효능감을 키울 수 있도록 지속적인 피드백을 제공하였다.

A씨는 또한 자녀와의 관계에서도 긍정적인 변화를 경험하게 되었다. 경제적 문제로 인해 자녀와의 관계가 소원해졌던 A씨는 경제적 지원을 받은 이후 자녀의 교육 문제에 보다 적극적으로 참여할 수 있게 되었고 자녀와의 의사소통 방식도 개선되었다. 이를 통해 A씨는 자녀와의 관계에서도 긍정적인 변화를 이루어 냈으며 가족 전체의 분위기가 안정되는 데 기여하였다.

4) 종결 단계 : 성취 평가 및 자립 능력 강화

종결 단계에서는 A씨가 설정한 목표를 성공적으로 달성한 후, 문제 해결 과정을 평가하고 자립 능력을 강화하는 과정이 이루어졌다. A씨는 경제적 지원을 받게 되면서 경제적 압박에서 벗어나게 되었고, 남편과의 관계도 개선되어 가정 내에서의 갈등이 점차 줄어들었다. 또한 A씨는 자녀와의 관계에서도 긍정적인 변화를 경험하게 되었다. 이러한 성취를 통해 A씨는 자신의 문제 해결 능력에 대한 자신감을 얻게 되었다.

사회복지사는 A씨가 문제 해결 과정에서 성취한 결과를 평가하고 A씨가 앞으로 유사한 문제가 발생했을 때 스스로 해결할 수 있는 능력을 갖출 수 있도록 자립 계획을 세웠다. A씨는 자신의 자원을 어떻게 효율적으로 활용할 수 있는지 배우게 되었으며, 문제 해결 능력을 지속적으로 발전시킬 수 있는 구체적인 계획을 마련하였다.

A씨는 경제적 문제와 심리적 문제를 스스로 관리할 수 있는 자립적 능력을 키우게 되었으며, 앞으로도 문제 해결 능력을 계속해서 발전시켜 나갈 수 있는 기반을 마련하였다. 이를 통해 A씨는 자신의 삶에서 발생하는 다양한 문제들을 보다 효과적으로 관리하고 자립적으로 생활할 수 있는 능력을 갖추게 되었다.

사회복지사는 A씨가 향후에도 경제적 문제나 가정 내 갈등과 같은 유사한 문제에 직면했을 때 문제를 스스로 해결할 수 있는 자원 탐색과 활용 방법을 구체적으로 안내하며 A씨의 자립 계획이 성공적으로 이루어질 수 있도록 지속적인 지지를 제공하였다. A씨는 이 과정을 통해 자립적인 문제 해결 능력을 얻게 되었으며, 앞으로의 삶에서도 자립적으로 문제를 해결할 수 있는 자신감을 가지게 되었다.

CHAPTER

06 사회복지실천 모델 Ⅲ : 인지행동모델

1. 등장배경

인지행동모델(Cognitive Behavioral Model)은 20세기 중반에 등장한 심리치료 모델로, 인지심리학과 행동주의 심리학의 발전을 통해 형성되었다. 행동주의는 인간이 환경적 자극에 따라 학습된 행동을 보인다는 점에 기반을 두며, 인지행동모델에서는 이러한 행동의 반복적 패턴을 확인하고 수정하는 데 활용된다. 파블로프의 조건형성이론과 스키너의 조작적 조건형성은 행동 변화 과정에서 강화와 처벌이 행동 형성에 중요한 역할을 한다고 강조한다.

반면 인지심리학은 사고의 왜곡이 정서적 문제와 행동 문제의 주요 원인임을 인식하며 이를 변화시키는 데 중점을 둔다. 엘리스의 합리적 정서행동치료와 벡의 인지치료는 부정적 사고를 재구조화하여 정서적 안정을 돕고, 문제 해결에 필요한 행동 변화를 촉진한다. 인간의 사고, 감정, 행동 간의 상호작용을 기반으로 문제를 해결하고자 하는 접근으로, 이 모델의 이론적 기반은 두 가지 주요 학파에서 비롯된다. 첫 번째는 행동주의 심리학이고, 두 번째는 인지심리학이다. 행동주의는 인간의 행동이 외부 자극에 의해 형성된다는 이론을 바탕으로 하고 있으며, 인지심리학은 인간의 사고 과정이 행동과 정서에 영향을 미친다는 이론을 중시한다. 행동주의와 인지심리학은 각각 인간 행동의 다른 측면에 초점을 맞추었으나 인지행동모델에서는 이 두 가지 이론이 결합되어 클라이언트의 부정적인 사고 패턴과 행동을 수정하는 데 초점이 맞춰진다. 이 결합은 심리적 문제를 보다 포괄적이고 체계적으로 이해하고 해결하는 방법을 제공하게 되었고, 인지행동모델의 형성에 중요한 역할을 했다(남미애 외, 2020).

1) 행동주의의 기원과 한계

행동주의는 20세기 초반, 특히 1920~1930년대 심리학 분야에서 지배적 이론이었으며, 대표적 학자로 존 왓슨(John B. Watson)과 B. F. 스키너(B. F. Skinner) 등이 있다. 이들은 인간의 행동을 환경적 자극과 반응의 관계로 설명하며, 학습된 행동을 수정하거나 새롭게 학습할 수 있는 이론적 기초를 제공했다. 왓슨은 행동주의를 통해 심리학이 보다 과학적으로 측정 가능한 행동을 연구해야 한다고 주장했으며, 스키너는 이러한 이론을 바탕으로 '조작적 조건형성(operant conditioning)' 이론을 발전시켰다. 이 이론에 따르면, 인간의 행동은 그 행동에 따른 보상 또는 처벌에 의해 강화되거나 약화될 수 있다(김혜영 외, 2023). 그러나 행동주의는 인간의 내면적인 인지 과정과 감정 상태를 무시하고, 모든 행동을 외부 자극과 반응의 결과로만 설명하는 한계가 있었다. 예를 들어, 행동주의 이론에 따르면 우울증이나 불안장애와 같은 심리적 문제는 단지 잘못된 학습의 결과로 해석되었다. 그러나 20세기 중반에 이르러 인간의 행동을 단순히 외부 자극에 의한 결과로만 설명하는 것이 현실적 심리 문제 해결에 충분하지 않다는 인식이 확대되었다(김혜란 외, 2022).

2) 인지심리학의 등장

인지심리학은 1950년대와 1960년대에 걸쳐 행동주의의 한계를 보완하기 위해 등장한 이론이다. 인지심리학자들은 인간이 외부 자극에 대해 반응하기 전에 사고하고 판단하며 이러한 사고 과정이 행동에 영향을 미친다고 주장했다. 대표적 인지심리학자인 조지 밀러(George Miller), 제롬 브루너(Jerome Bruner), 그리고 울리히 나이서(Ulric Neisser) 등이 인간의 인지 과정을 연구하면서 인지적 요소가 행동에 중요한 영향을 미친다는 것을 밝혀냈다. 이들은 특히 인간의 기억, 학습, 문제 해결, 언어 처리 등의 과정이 어떻게 이루어지는지를 연구했다. 인지심리학자들은 인간이 외부 자극에 대해 자동적으로 반응하는 것이 아니라 자신의 경험과 사고에 기반해 반응한다는 점을 강조하였다(김혜영 외, 2023).

인지심리학의 등장으로 인해 인간의 정신적 과정, 즉 사고와 인지가 행동에 미치는 영향이 주목받기 시작했다. 인간은 외부 자극에 단순히 반응하는 존재가 아니라 자신의 경험을 바탕으로 사고하고, 이러한 사고가 감정과 행동에 영향을 미친다는 인식이 확산되었다. 인지심리학은 특히 우울증이나 불안장애와 같은 심리적 문제의 원인을 인간의 사고 과정에서 찾고 이러한 왜곡된 사고를 수정하는 것이 심리치료의 중요한 요소가 될 수 있음을 제시했다(서혜석 외, 2024).

3) 인지행동모델의 탄생

인지심리학과 행동주의의 결합을 통해 인지행동모델(Cognitive Behavioral Model)이 탄생했다. 인지행동모델의 주요 목적은 인간의 부정적인 사고 패턴을 수정하고 이를 통해 행동과 감정에 긍정적인 변화를 이끌어 내는 것이다. 이 모델은 행동주의의 학습이론과 인지심리학의 사고이론을 결합하여 인간의 심리적 문제를 보다 포괄적이고 체계적으로 이해하고 해결하는 접근을 제시한다.

인지행동모델의 기초는 1960년대에 앨버트 엘리스(Albert Ellis)와 아론 벡(Aaron T. Beck)에 의해 확립되었다. 엘리스는 합리정서행동치료(REBT : Rational Emotive Behavior Therapy)를 통해 인간의 정서적 문제는 비합리적인 사고와 신념에서 비롯된다고 주장하였다. 엘리스는 클라이언트가 자신의 비합리적 신념을 인식하고 수정하도록 돕는 과정이 심리적 회복에 매우 중요하다고 보았으며, 비합리적 사고를 수정함으로써 클라이언트는 감정적 고통을 줄이고 더 나은 삶을 영위할 수 있다고 보았다.

아론 벡은 인지치료(CT : Cognitive Therapy)를 개발하면서 우울증 환자에게서 나타나는 부정적 자동 사고에 주목했다. 벡은 우울증이 클라이언트의 왜곡된 사고 패턴에서 비롯된다고 보았으며 이 사고 패턴을 수정하는 것이 치료의 핵심이라 하였다. 벡은 우울증을 겪는 클라이언트는 부정적인 자동 사고를 가지고 있으며 이러한 사고가 현실을 왜곡하고 클라이언트의 행동과 감정에 부정적인 영향을 미친다고 설명했다. 이를 수정함으로써 클라이언트는 우울증을 극복하고 더 나은 정서적·행동적 결과를 얻을 수 있다고 보았다(서혜석 외, 2024).

4) 인지행동모델의 발전과 적용

인지행동모델은 엘리스와 벡의 이론을 기반으로 더욱 발전하였고, 1970~1980년대에 걸쳐 이 모델은 다양한 심리적 문제를 해결하는 데 효과적인 방법으로 여겨지게 되었다. 특히 우울증, 불안장애, 외상 후 스트레스 장애(PTSD), 강박장애(OCD) 등 다양한 정신건강 문제를 다루는 데 이 인지행동모델이 널리 사용되었다. 이 모델은 인간의 사고, 감정, 행동이 서로 영향을 주고받는다는 기본 가정을 바탕으로 클라이언트가 부정적 사고 패턴을 인식하고 이를 교정함으로써 심리적 안정과 행동 변화를 이끌어 낼 수 있다고 보았다(김혜영 외, 2023).

사회복지실천 분야에서도 인지행동모델은 중요한 실천 모델로 자리 잡았다. 특히 심리적 문제를 다루는 다양한 상황에서 인지행동모델은 클라이언트의 부정적 사고와 왜곡된 신념을 교정함으로써 문제를 해결하고, 긍정적 변화를 촉진하는 데 유용한 접근법으로 평가받고 있다. 예를 들어, 우울증을 겪는 클라이언트가 자신에 대해 부정적 인식을 가지고 있을 때, 인지행동모델은 클라이언트가 가진 왜곡된 사고를 탐색하고 이를 수정하는 과정을 통해 그의 심리적 문제를 완화하고, 행동 변화를 이끌어 낼 수 있다(남미애 외, 2020).

인지행동모델은 다양한 정신건강 문제를 해결하는 데 널리 사용되고 있으며 사회복지실천 현장에서도 그 중요성이 강조되고 있다. 특히 이 모델은 클라이언트가 자신의 문제를 스스로 인식하고, 그 문제를 해결하기 위한 구체적인 선략을 세우는 데 중요한 역할을 한다. 이를 통해 클라이언트는 자신의 삶에서 보다 주체적인 역할을 할 수 있으며 심리적 안정과 긍정적인 행동 변화를 경험할 수 있다(최희철, 2021).

2. 기본 개념

인지행동모델은 행동주의와 인지심리학의 결합을 통해 형성된 심리치료 모델로, 개인이 자신의 부정적인 사고 패턴을 인식하고 수정함으로써 심리적 안정과 행동 변화를 유도하는 것이 주된 목표이다. 이 모델은 인간의 감정, 사고, 행동 간의 상호작용을 기반으로 하며, 클라이언트가 직면한 문제를 왜곡된 사고나 비합리적인 신념에서 찾고 이를 변화시키는 데 중점을 둔다(김혜영 외, 2023).

1) 인지와 행동 간의 상호작용

인지행동모델은 기본적으로 개인이 가진 사고가 감정과 행동에 중요한 영향을 미친다고 가정한다. 엘리스와 벡에 따르면 인간의 심리적 문제는 외부 사건 자체가 아니라 그 사건에 대한 개인의 왜곡된 인식과 해석에 기인한다(남미애 외, 2020).

이 모델은 행동주의에서 발전된 조건형성이론과 인지심리학에서 발전한 인지적 재구조화 기법을 결합하여 심리적 문제를 다룬다. 행동주의 이론은 개인이 환경적 자극에 따라 학습된 행동을 보인다는 점에 초점을 맞추었으며, 인지심리학은 사고 과정이 감정과 행동에 미치는 영향을 중시하였다(김혜영 외, 2023).

2) 자동적 사고와 핵심 신념

자동적 사고(automatic thoughts)는 특정 상황에서 자신의 의도와 상관없이 떠오르는 즉각적이고 자동적인 생각을 의미한다. 이러한 생각은 일반적으로 비합리적이거나 왜곡되어 있으며, 이는 클라이언트의 불안, 우울 등의 부정적인 감정을 유발하게 된다. 인지행동모델에서는 이러한 자동적 사고를 파악하고 그것이 비합리적이고 부정적인지를 평가한 후 이를 긍정적이고 합리적인 사고로 교체하는 것을 목표로 한다(서혜석, 2024).

또한 인지행동모델에서 중요한 개념 중 하나는 핵심 신념(core beliefs)이다. 이는 개인이 자신, 타인, 세상에 대해 가지고 있는 근본적인 신념 체계로, 개인의 사고와 감정에 지속적으로 영향을 미친다. 예를 들어, "나는 무가치하다"는 신념을 가진 사람은 다양한 상황에서 자신을 비난하는 경향이 있으며, 이러한 신념은 부정적인 자동적 사고를 통해 더욱 강화될 수 있다(김혜란 외, 2022).

3) 비합리적 신념과 인지적 왜곡

인지행동모델에서 중요한 또 다른 개념은 비합리적 신념(irrational beliefs)과 인지적 왜곡(cognitive distortions)이다. 비합리적 신념은 논리적이지 않으며 현실과 동떨어진 생각이나 믿음을 말한다. 예를 들어, "나는 완벽해야 한다"는 생각은 비현실적이며 이러한 비합리적 신념은 개인에게 과도한 스트레스와 심리적 부담을 준다(서혜석, 2024). 인지적 왜곡은 비합리적 신념을 기반으로 한 잘못된 사고 패턴을 말하며 이로 인해 클라이언트는 상황을 과장하거나 축소하는 방식으로 해석할 수 있다(김혜영 외, 2023).

벡의 인지치료는 특히 이러한 비합리적 사고와 인지적 왜곡을 다루는 데 중점을 둔다. 벡은 인간이 사건을 해석하는 과정에서 발생하는 왜곡된 사고가 우울증과 같은 정신적 고통을 유발한다고 보았다. 이러한 왜곡된 사고는 '임의적

추론', '선택적 요약', '확대와 축소', '개인화', '이분법적 사고' 등 다양한 형태로 나타난다(김혜란 외, 2022).

4) 합리적 정서행동치료(REBT)

엘리스의 합리정서행동치료(REBT : Rational Emotive Behavior Therapy)는 인지행동모델의 중요한 기초로, 비합리적인 신념을 논리적이고 합리적인 신념으로 교체하는 과정에 중점을 둔다. 엘리스는 인간의 정서적 고통이 비합리적인 사고에서 비롯된다고 주장하며 클라이언트가 이러한 사고를 논박하고 수정하도록 돕는 과정을 통해 심리적 회복을 촉진한다. 이 과정에서 ABCDEF 모델이 사용되며 이는 사건(Activating event), 신념(Belief), 결과(Consequence), 논박(Disputation), 효과(Effect), 새로운 감정(Feeling)의 순서로 문제를 해결해 나간다(남미애 외, 2020).

5) 인지적 재구조화

인지적 재구조화(cognitive restructuring)는 클라이언트가 왜곡된 사고를 인식하고 이를 보다 합리적이고 현실적인 사고로 바꾸는 과정이다. 이는 클라이언트가 자신의 사고 패턴을 스스로 점검하고 변화시키도록 도와준다. 인지적 재구조화는 상담과정에서 매우 중요한 역할을 하며 이를 통해 클라이언트는 자신의 감정과 행동을 긍정적으로 변화시킬 수 있다(김혜란 외, 2022).

6) 경험적 학습과 행동 변화

인지행동모델은 또한 경험적 학습(experiential learning)을 중시한다. 클라이언트는 실제로 새로운 행동을 시도하고 이를 통해 긍정적인 피드백을 얻음으로써 행동 변화를 경험한다. 이를 위해 모델링(modeling), 역할극(role play), 자기주장 훈련(assertiveness training) 등의 다양한 기법이 사용된다. 이러한 방법은 클라이언트가 자신의 행동을 더 잘 이해하고 새로운 대처 방식을 학습할 수 있도록 돕는다(김혜영 외, 2023).

7) 인지행동모델의 적용 범위

인지행동모델은 다양한 정신건강 문제에 적용될 수 있으며, 특히 우울증, 불안장애, 강박장애, 외상 후 스트레스 장애(PTSD) 등에서 효과적이다. 이 모델은 클라이언트가 문제를 스스로 인식하고 해결할 수 있도록 돕는 능동적인 접근법을 중시하며, 비교적 단기적인 치료 과정에서도 높은 효과를 보인다(김혜영 외, 2023).

8) 클라이언트의 능동적 참여

마지막으로 인지행동모델에서는 클라이언트의 능동적 참여(active participation)가 중요하다. 클라이언트는 자신의 문제를 해결하기 위해 적극적으로 상담과정에 참여하며, 사회복지사는 이를 지지하고 필요한 도구와 자원을 제공한다. 이 과정에서 클라이언트는 자신의 문제를 더 명확하게 인식하고 이를 해결하기 위한 전략을 세워 나간다(서혜석, 2024).

3. 개입목표

인지행동모델의 개입목표는 클라이언트가 자신의 심리적 문제를 인식하고 이를 해결하기 위한 구체적인 행동과 사고의 변화를 이끌어 내는 데 있다. 이 모델은 클라이언트의 부정적 사고 패턴을 파악하고 이를 긍정적이고 현실적인 사고로 재구조화하여 심리적 안정과 행동 변화를 도모하는 것을 목적으로 한다. 개입목표는 클라이언트가 자신의 문제를 구체적으로 정의하고 그 문제를 해결하기 위한 실질적인 전략을 세우는 데 중점을 둔다. 이 과정에서 클라이언트는 자신의 감정과 사고가 행동에 어떻게 영향을 미치는지 파악하고, 이를 바탕으로 긍정적인 변화를 이끌어 내게 된다. 인지행동모델의 개입목표는 다음과 같이 크게 다섯 가지로 정리될 수 있다.

1) 부정적인 사고 패턴의 인식과 수정

첫 번째 목표는 클라이언트가 부정적인 사고 패턴을 인식하고 이를 수정하도록 하는 것이다. 인지행동모델의 핵심은 클라이언트가 자신의 문제를 외부 사건의 결과로만 보는 것이 아니라 자신의 인지적 왜곡과 비합리적 신념이 클라이언트가 경험하는 심리적 문제의 주요 원인 중 하나임을 깨닫게 하는 것에 있다. 클라이언트는 상담과정에서 자신이 어떤 사고 패턴을 가지고 있으며, 그 사고가 자신의 감정과 행동에 어떻게 부정적인 영향을 미치는지를 이해하게 된다. 이를 통해 클라이언트는 자신의 생각을 점검하고 비합리적인 사고를 합리적이고 긍정적인 사고로 교체할 수 있게 된다(김혜영 외, 2023).

이러한 사고의 수정은 클라이언트가 자신의 부정적인 자동적 사고를 파악하고 그 사고가 비합리적이고 왜곡된 것임을 깨닫는 것에서 시작된다. 예를 들어, "나는 실패할 것이다"와 같은 자동적 사고는 클라이언트의 효능감을 낮추고 그러한 행동을 하게 한다. 상담과정에서 클라이언트는 이러한 자동적 사고가 비합리적인 사고임을 인식하고 이를 긍정적인 사고로 교체하는 방법을 학습하게 된다(서혜석, 2024).

2) 비합리적인 신념의 논박과 수정

두 번째 목표는 클라이언트의 비합리적인 신념을 논박하고 수정하는 것이다. 비합리적인 신념은 개인이 오랫동안 가지고 있던 신념 체계로, 이 신념이 현실과 맞지 않거나 과도한 경우 클라이언트의 심리적 고통을 유발할 수 있다. 인지행동모델에서는 이러한 신념을 논리적으로 분석하고, 클라이언트가 그것이 얼마나 비현실적이고 비합리적인지를 깨닫게 한다. 이를 통해 클라이언트는 자신의 신념을 보다 현실적이고 합리적인 신념으로 대체하게 된다(남미애 외, 2020).

엘리스(Albert Ellis)의 합리정서행동치료(REBT)는 이러한 비합리적인 신념을 논박하는 데 중점을 둔 이론으로, 클라이언트가 자신의 신념에 대해 논리적인 반박을 할 수 있도록 돕는다. 예를 들어, "나는 모든 일에서 완벽해야 한다"는 비합리적인 신념을 가진 클라이언트는 자신의 실패를 과도하게 두려워하며, 이는 심리적 문제를 유발할 수 있다. 개입과정에서 논박을 통해 클라이언트는 이러한 신념이 맞지 않으며 자신의 심리에 부정적인 영향을 미친다는 것을 깨닫게 된다(김혜란 외, 2022).

3) 인지적 재구조화를 통한 행동 변화

세 번째 목표는 클라이언트가 자신의 인지적 재구조화(cognitive restructuring)를 통해 행동 변화를 이루는 것이다. 인지행동모델의 중요한 목표 중 하나는 클라이언트가 자신의 왜곡된 사고 패턴을 수정하고, 이를 바탕으로 보다 긍정적인 행동 변화를 이끌어 내는 것이다. 이를 위해 상담사는 클라이언트에게 현실적이고 긍정적인 사고를 훈련시키며, 이를 통해 클라이언트가 자신의 행동을 변화시킬 수 있도록 돕는다(서혜석, 2024).

인지적 재구조화는 클라이언트가 자신이 가지고 있는 부정적인 사고를 인식하고 이를 보다 현실적이고 긍정적인 사고로 바꾸는 과정을 말한다. 예를 들어, "나는 항상 실패할 것이다"라는 부정적인 사고는 "나는 때때로 실패할 수 있지만 성공할 가능성도 크다"는 긍정적인 사고로 교체될 수 있다. 이 과정을 통해 클라이언트는 자신의 사고 패턴이 변화함에 따라 행동에도 긍정적인 변화를 일으킬 수 있게 된다(김혜영 외, 2023).

4) 문제 해결 능력 향상

네 번째 목표는 클라이언트가 자신의 문제를 능동적으로 해결할 수 있는 능력을 키우는 것이다. 인지행동모델은 클라이언트가 자신의 문제에 대해 주체적인 태도를 가지고 이를 해결하기 위한 구체적인 전략을 세우는 것을 중시한다. 클라이언트는 개입과정에서 문제를 구체적으로 정의하고, 그 문제를 해결하기 위한 실천 가능한 과업을 설정하고 문제 해결 능력을 향상시키게 된다.

문제 해결 능력 향상은 클라이언트가 직면한 문제를 구체화하고, 이를 해결하기 위한 단기 목표를 설정하는 것에서 시작된다. 예를 들어, 직장에서의 스트레스를 관리하는 방법에 대해 클라이언트는 구체적인 목표를 설정하고 이를 실행함으로써 문제 해결 능력을 향상시킬 수 있다. 클라이언트는 이러한 과정을 통해 자신의 문제를 더 잘 이해하고, 해결 방법을 찾는 데 필요한 기술을 습득하게 된다(남미애 외, 2020).

5) 자아 효능감 증진

마지막 목표는 클라이언트의 자아 효능감(self-efficacy)을 증진시키는 것이다. 자아 효능감이란 개인이 자신의 능력으로 문제를 해결할 수 있다는 믿음을 말하며, 이는 행동 변화를 유도하는 중요한 요인이다. 클라이언트는 상담과정에서 작은 성공 경험을 통해 자신이 문제를 해결할 수 있는 능력이 있다는 자신감을 얻게 된다. 이러한 자신감은 클라이언트가 더 복잡한 문제를 해결할 수 있는 능력을 기르도록 돕는다(김혜영 외, 2023).

사회복지사는 클라이언트가 문제 해결 과정에서 성취한 작은 성공을 강조하고, 그 성공이 클라이언트의 자아 효능감에 미치는 긍정적인 영향을 강조한다.

이를 통해 클라이언트는 자신이 능동적으로 문제를 해결할 수 있다는 믿음을 강화하게 된다. 이 과정은 클라이언트가 앞으로 직면할 다양한 문제에 대해 긍정적으로 대처할 수 있는 능력을 기르도록 돕는다(서혜석, 2024).

인지행동모델의 개입목표는 클라이언트가 자신의 부정적인 사고 패턴을 인식하고 수정함으로써 심리적 안정과 행동 변화를 이루는 데 있다. 이를 위해 상담사는 클라이언트가 자신의 문제를 구체적으로 정의하고, 그 문제를 해결하기 위한 실질적인 전략을 세우도록 돕는다. 인지행동모델의 개입과정에서 클라이언트는 자신의 문제에 능동적으로 참여하며 자아 효능감을 증진시키고 문제 해결 능력을 향상시킬 수 있다. 이러한 목표는 클라이언트가 심리적 안정을 이루고, 긍정적인 행동 변화를 통해 더 나은 삶을 영위할 수 있도록 돕는 데 기여한다(김혜란 외, 2022; 서혜석, 2024).

4. 개입과정과 기법

인지행동모델에서 개입과정과 기법은 클라이언트가 직면한 문제를 해결하기 위해 심리적 · 행동적 변화를 유도하는 데 초점을 맞춘다. 개입과정은 구조화된 단계로 이루어져 있으며, 각 단계에서는 클라이언트의 사고 패턴과 행동을 탐색하고, 이를 변화시키기 위한 구체적인 기법을 적용한다. 인지행동모델의 개입과정은 일반적으로 문제 사정, 목표 설정, 인지적 재구조화, 행동 변화 유도, 과제 부여 및 실천, 평가 및 종결 등의 단계로 구성된다. 이 과정은 클라이언트가 자신의 문제를 해결할 수 있는 능력을 강화하고 부정적인 사고 패턴을 수정하며, 이를 바탕으로 긍정적인 행동 변화를 이끌어 내는 것을 목표로 한다.

1) 문제 사정 및 탐색

개입과정의 첫 번째 단계는 클라이언트의 문제 사정이다. 문제 사정은 클라이언트가 직면한 문제의 본질을 탐색하고 그 문제가 클라이언트의 사고, 감정, 행동에 어떤 영향을 미치는지 평가하는 과정이다. 이 단계에서 사회복지사는 클라이언트가 자신이 가진 문제를 명확하게 인식하도록 돕고, 그 문제의 원인을 탐색한다.

문제 사정 단계에서 중요한 기법은 인지적 탐색(cognitive exploration)이다. 이는 클라이언트의 사고 패턴을 탐구하고, 그들이 특정 상황에서 어떤 방식으로 사고하는지를 이해하는 데 중점을 둔다. 클라이언트가 부정적인 사고 패턴을 가지고 있는 경우, 그 사고가 감정과 행동에 미치는 영향을 파악하는 것이 중요하다. 예를 들어, "나는 실패할 것이다"라는 사고는 불안과 자신감 저하로 이어지며, 이는 클라이언트가 행동을 취하지 못하게 만들 수 있다(김혜란 외, 2022).

문제 사정 단계에서 사회복지사는 클라이언트의 감정적·행동적 반응과 연관된 자동적 사고(automatic thoughts)와 핵심 신념(core beliefs)을 탐색한다. 이들은 클라이언트의 사고와 행동을 지배하는 주요 요소로, 이 과정에서 클라이언트가 문제를 보다 구체적으로 인식하고 이를 해결할 준비를 할 수 있도록 돕는다(서혜석, 2024).

2) 목표 설정

문제 사정이 완료되면 클라이언트와 사회복지사는 문제 해결을 위한 구체적인 목표 설정을 진행한다. 이 단계에서는 클라이언트가 직면한 문제를 해결하기 위해 실현 가능한 목표를 설정하고 그 목표를 달성하기 위한 구체적인 계획을 수립한다. 목표는 클라이언트가 심리적 안정과 행동 변화를 이루는 데 중점을 두며, 이를 통해 클라이언트는 점차 자신의 문제를 해결할 수 있는 능력을 키우게 된다(남미애 외, 2020).

목표 설정 과정에서 중요한 기법 중 하나는 SMART 기법(Specific, Measurable, Achievable, Relevant, Time-bound)이다. 이는 목표가 구체적이고 측정 가능하며 현실적이고 시간 안에 달성할 수 있는 특성을 가져야 함을 강조한다. 예를 들어, “불안을 줄인다”는 목표는 너무 모호하기 때문에 “하루 10분씩 이완 기법을 연습하여 불안을 50% 줄인다”와 같은 구체적인 목표로 설정된다. 이를 통해 클라이언트는 목표를 더 명확하게 인식하고 달성 가능성을 높일 수 있다(김혜영 외, 2023).

3) 인지적 재구조화

인지행동모델의 핵심 기법 중 하나는 인지적 재구조화(cognitive restructuring)이다. 이 기법은 클라이언트가 자신이 가진 왜곡된 사고 패턴을 인식하고 이를 긍정적이고 현실적인 사고로 재구성하는 과정을 말한다. 인지적 재구조화는 클라이언트가 부정적인 사고를 점검하고 이를 수정함으로써 긍정적인 정서와 행동 변화를 유도하는 중요한 단계이다(서혜석, 2024).

인지적 재구조화 과정에서 사회복지사는 클라이언트가 가진 자동적 사고와 인지적 왜곡(cognitive distortions)을 탐색하고 이를 논리적으로 반박하는 방법을 가르친다. 예를 들어, “나는 항상 실패할 것이다”라는 자동적 사고는 “나는 과거에 성공한 적이 있고, 이번에도 성공할 가능성이 있다”는 사고로 교체될 수 있다. 이러한 논리적 논박 과정은 클라이언트가 자신의 사고가 비합리적임을 깨닫고 이를 긍정적인 사고로 교체하는 데 중요한 역할을 한다(김혜란 외, 2022).

또한 인지적 재구조화는 클라이언트가 비합리적 신념(irrational beliefs)을 논박하는 데 중점을 둔다. 엘리스의 합리정서행동치료(REBT)는 클라이언트가 자신의 비합리적 신념을 논리적으로 분석하고 이를 수정하는 과정을 강조한다. 예를 들어, “나는 완벽해야 한다”는 비합리적 신념은 현실적이지 않으며 클라이언트에게 과도한 심리적 부담을 줄 수 있다. REBT 과정에서 클라이언트는 이러한 신념을 논박하고, 보다 현실적이고 유연한 사고로 대체하게 된다(남미애 외, 2020).

4) 행동 변화 유도

행동 변화는 인지행동모델의 중요한 목표 중 하나로, 클라이언트가 자신의 사고 패턴을 수정한 후 이를 바탕으로 행동 변화를 유도하는 것이 중요하다. 클라이언트는 긍정적인 사고 패턴을 학습한 후 이를 실제 행동에 적용함으로써 심리적 문제를 해결하게 된다. 행동 변화 유도는 클라이언트가 새로운 행동을 시도하고 이를 통해 긍정적인 피드백을 얻는 과정을 포함한다(김혜영 외, 2023).

행동 변화를 유도하기 위한 기법 중 하나는 행동 실험(behavioral experiment)이다. 이는 클라이언트가 자신이 가진 신념이 현실과 맞지 않다는 것을 경험적으로 확인할 수 있도록 돕는 기법이다. 예를 들어, "사람들이 나를 무시할 것이다"라는 신념을 가진 클라이언트는 실제로 사람들과 대화를 시도해 보고 그 결과 자신이 무시당하지 않았음을 확인하는 과정을 거칠 수 있다. 이러한 행동 실험은 클라이언트가 자신의 신념이 잘못되었음을 깨닫고 새로운 행동을 학습하는 데 도움을 준다(서혜석, 2024).

또한 행동 변화 유도를 위해 과제 부여(task assignment)가 자주 사용된다. 과제 부여는 클라이언트가 상담 세션 외부에서 새로운 행동을 시도하고, 이를 통해 긍정적인 변화를 경험할 수 있도록 돕는 기법이다. 예를 들어, 사회적 불안을 겪는 클라이언트는 매일 한 번씩 새로운 사람과 대화를 나누는 과제를 받음으로써 점차 불안을 줄이고 사회적 상호작용 능력을 키울 수 있다(김혜영 외, 2023).

5) 과제 부여 및 실천

과제 부여(task assignment)는 클라이언트가 상담과정에서 배운 이론적 내용을 실생활에 적용할 수 있도록 돕는 중요한 기법이다. 클라이언트는 과제를 통해 자신이 학습한 새로운 사고와 행동을 실제 상황에서 시도하게 되며 이를 통해 점진적으로 변화를 경험할 수 있다. 사회복지사는 과제를 클라이언트의 문제와 상황에 맞게 조정하고 그 성과를 평가하는 과정을 통해 클라이언트가 계속해서 성장할 수 있도록 지원한다(서혜석, 2024).

과제 부여의 예로는, 불안을 다루는 클라이언트에게 이완 기법(relaxation techniques)을 연습하는 과제를 주거나 회피 행동을 줄이기 위해 점진적으로 도전적인 상황에 노출시키는 과제를 부여할 수 있다. 이러한 과제는 클라이언트가 자신의 문제를 해결하기 위한 구체적인 행동 계획을 세우고 이를 실행하는 데 중요한 역할을 한다(김혜영 외, 2023).

6) 평가 및 종결

개입과정의 마지막 단계는 평가 및 종결(evaluation and termination)이다. 이 단계에서는 클라이언트가 개입과정을 통해 얼마나 변화했는지 평가하고 그 성과를 종합적으로 검토한다. 클라이언트는 상담과정에서 학습한 내용을 바탕으로 자신의 문제를 해결했는지, 그리고 앞으로도 스스로 문제를 해결할 수 있는 능력을 갖추었는지를 평가한다(김혜란 외, 2022).

평가 단계에서 중요한 기법은 자기 평가(self-assessment)이다. 클라이언트는 상담과정을 되돌아보며 자신이 얼마나 성장했는지를 스스로 평가한다. 또한 사회복지사는 클라이언트의 성과를 객관적으로 평가하고 필요한 경우 추가적인 개입이 필요한지 여부를 결정한다. 종결 단계에서는 클라이언트가 앞으로도 자신의 문제를 스스로 해결할 수 있는 자립적인 능력을 갖추었는지를 확인하며 상담을 마무리한다(김혜영 외, 2023).

인지행동모델의 개입과정과 기법은 클라이언트가 자신의 심리적 문제를 해결하고 행동 변화를 이끌어 내기 위한 체계적인 단계로 구성되어 있다. 이 과정에서 클라이언트는 자신의 부정적인 사고 패턴을 수성하고, 긍정적인 행동 변화를 유도하는 다양한 기법을 통해 심리적 안정을 얻을 수 있다. 이러한 개입과정과 기법은 클라이언트가 자신의 문제를 해결하고 더 나은 삶을 영위할 수 있도록 돕는 중요한 역할을 한다(김혜란 외, 2022; 서혜석, 2024).

5. 사 례

1) 사례 1 : 직장 내 불안으로 인한 대인관계 문제 해결

30대 중반의 남성인 A씨는 직장에서의 과도한 업무 압박과 상사와의 갈등으로 인해 심리적 불안을 호소하고 있었다. A씨는 상사가 자신의 성과를 인정하지 않고 비판적인 태도를 보인다는 이유로 대인관계에서 자신감을 상실했다. 이러한 불안은 A씨가 업무에서의 성과를 더 잘하려는 부담감을 불러일으켰고, 과도한 스트레스와 불면증으로 이어졌다. A씨는 직장에서 동료들과의 상호작용에서도 자신감을 잃어갔으며, 이를 해결하기 위해 사회복지사를 찾아 상담을 요청하였다.

(1) 문제 사정 및 목표 설정

사회복지사는 A씨가 직장에서 느끼는 불안의 원인을 파악하기 위해 깊이 있는 면담을 진행하였다. A씨는 상사와의 갈등을 주된 문제로 지적하며 이로 인해 자신이 무시당하고 있다고 느끼고 있었다. 사회복지사는 A씨의 자동적 사고를 탐색하였고, A씨가 "상사가 나를 비판하면 나는 무능력한 사람이다"라는 자동적 사고를 가지고 있음을 확인하였다. 이후 목표 설정 단계에서 A씨는 상사와의 갈등을 완화하고, 직장에서의 자신감을 회복하는 것을 목표로 삼았다.

(2) 인지적 재구조화

인지적 재구조화 단계에서 사회복지사는 A씨에게 자신의 부정적인 사고 패턴을 점검하도록 하였다. A씨는 상사의 비판을 자신에 대한 전반적인 평가로 받아들였지만 사실상 상사의 비판은 특정 업무 상황에 한정된 것이었다. 사회복지사는 A씨가 가진 "나는 무능력하다"라는 사고가 비합리적임을 논리적으로 반박하며, "상사의 비판은 내 전체 능력이 아니라 특정한 업무에 대한 피드백일 뿐이다"라는 새로운 사고로 대체하도록 유도하였다.

(3) 행동 변화 유도

다음 단계로 사회복지사는 A씨에게 행동 실험을 제안하였다. A씨는 상사와의 갈등 상황에서 부정적인 해석 대신 적극적으로 피드백을 요청하고 자신의 의견을 표현하는 연습을 하였다. 이 과정에서 A씨는 상사와의 대화에서 긍정적인 결과를 얻었으며 이는 그의 자신감을 회복하는 데 크게 기여하였다.

(4) 과제 부여 및 실천

사회복지사는 A씨에게 매주 상사와 1:1 대화를 시도하고, 상사의 피드백을 긍정적으로 수용하는 연습을 과제로 부여하였다. A씨는 이 과제를 통해 상사와의 관계를 개선하고, 대인관계에서 느끼던 불안이 크게 줄어들었다.

(5) 평가 및 종결

A씨는 사회복지사의 도움을 받아 상사와의 관계에서 긍정적인 변화를 경험하였다. 직장에서의 불안감이 크게 완화되었고, A씨는 동료들과도 보다 원활한 관계를 유지할 수 있게 되었다. 사회복지사는 A씨가 문제 해결 과정을 평가하며 스스로 성장했다고 느끼게 하였고, 이를 통해 A씨는 장기적으로 대인관계에서 자신감을 유지할 수 있는 방법을 학습하였다.

2) 사례 2 : 공황장애로 인한 일상생활의 어려움 극복

B씨는 40대 중반의 여성으로, 최근 몇 달 동안 공황발작을 경험하고 있었다. 공황발작은 B씨가 혼잡한 대중교통을 이용할 때 자주 발생하였으며, 이로 인해 B씨는 대중교통을 회피하는 습관이 생겼다. B씨는 이러한 증상이 일상생활에 큰 지장을 초래하고 있음을 느꼈으며, 외출조차 꺼리게 되었다. 이에 B씨는 공황장애를 극복하고 다시 정상적인 생활을 영위하고자 상담을 요청하였다.

(1) 문제 사정 및 목표 설정

사회복지사는 B씨가 겪고 있는 공황발작의 상황을 구체적으로 파악하기 위해 면담을 진행하였다. B씨는 대중교통에서의 공황발작을 두려워하며 이러한 상황을 피하려는 회피 행동이 강화되고 있음을 인식하고 있었다. 사회복지사는 B씨의 자동적 사고를 탐색하였고, "대중교통에서 나는 반드시 공황발작을 일으킬 것이다"라는 부정적인 사고를 확인하였다. B씨는 상담을 통해 공황발작을 극복하고, 대중교통을 다시 이용할 수 있는 능력을 회복하는 것을 목표로 삼았다.

(2) 인지적 재구조화

인지적 재구조화 과정에서 사회복지사는 B씨가 가지고 있는 부정적인 예측을 점검하였다. B씨는 대중교통을 타면 무조건 공황발작을 일으킬 것이라고 생각했지만 과거에는 많은 경우 공황발작 없이 대중교통을 이용한 적도 있었다. 사회복지사는 B씨에게 이러한 왜곡된 사고를 바로잡고, "대중교통을 이용한다고 해서 반드시 공황발작을 일으키는 것은 아니다"라는 새로운 사고로 대체하도록 지도하였다.

(3) 행동 변화 유도

행동 변화를 유도하기 위해 사회복지사는 B씨에게 노출 기법(exposure therapy)을 적용하였다. B씨는 사회복지사와 함께 단계적으로 대중교통을 이용하는 연습을 하였다. 처음에는 집 근처 버스 정류장까지 걸어가는 것부터 시작하여 점차 대중교통을 타는 시간을 늘려갔다. 이 과정에서 B씨는 공황발작에 대한 두려움을 줄이고 실제로 발작이 일어나지 않는 상황을 경험하면서 자신감을 키웠다.

(4) 과제 부여 및 실천

B씨는 상담 세션이 없는 날에도 대중교통을 이용하는 연습을 계속하였다. 사회복지사는 B씨에게 단계적으로 도전 과제를 제시하였으며, B씨는 매일 조금씩 대중교통을 이용하는 시간을 늘려갔다. 과제 실천을 통해 B씨는 공황발작에 대한 두려움을 극복하고 다시 일상생활을 회복할 수 있게 되었다.

(5) 평가 및 종결

B씨는 상담과정을 통해 대중교통에 대한 공포를 극복하였으며, 사회복지사와 함께 자신의 성취를 평가하였다. B씨는 이제 더 이상 대중교통을 피하지 않고, 공황발작에 대한 두려움이 크게 감소하였다고 보고하였다. 사회복지사는 B씨가 스스로 자신의 문제를 해결할 수 있는 능력을 키웠음을 확인하였고 이를 바탕으로 상담을 종결하였다. B씨는 앞으로도 일상생활에서 공황발작을 스스로 다룰 수 있는 방법을 터득하였다.

CHAPTER

07 사회복지실천 모델 Ⅳ : 해결중심모델

1. 등장배경

해결중심모델(SFBT : Solution-Focused Brief Therapy)은 1970년대 후반 미국 위스콘신주 밀워키에 위치한 브리프 가족치료센터(BFTC : Brief Family Therapy Center)에서 스티브 드 세이저(Steve de Shazer)와 그의 아내 인수 킴 버그(Insoo Kim Berg)를 중심으로 개발되었다. 그들은 기존의 심리치료에서 문제가 중심이 되는 접근법에서 벗어나, 문제보다는 해결에 초점을 맞춘 새로운 상담 모델을 제시하였다. 이 모델은 이후로도 심리치료 및 사회복지 분야에서 빠르게 확산되었으며 현재까지도 단기 치료에 있어 매우 효과적인 접근으로 평가받고 있다(김혜영 외, 2023; 남미애 외, 2020).

1) 해결중심모델의 탄생 배경

해결중심모델이 탄생하게 된 배경에는 1970년대와 1980년대의 미국 사회와 심리치료 분야의 여러 변화들이 자리하고 있다. 1960~1970년대는 심리치료 분야에서 인간의 내면적 문제를 장기적으로 탐구하는 정신분석 모델이나 문제의 근원을 찾고 분석하는 전통적인 접근법이 주류를 이루던 시기였다. 그러나 이 과정에서 많은 클라이언트들은 치료과정이 너무 길어지고, 문제의 본질을 찾는 과정에서 오히려 정서적 고통이 증대되는 상황을 겪기도 했다(김혜란 외, 2022).

이런 상황 속에서 많은 치료사와 학자들이 문제를 중심으로 한 기존의 치료법이 효과적이지 않다고 느끼기 시작했다. 특히 스티브 드 세이저와 인수 킴 버그는 클라이언트가 자신이 겪고 있는 문제를 지나치게 분석하고 해결책을 찾으려고 노력하는 과정에서 오히려 문제에 더 깊이 빠져들고 있다는 점에 주목하였다. 그들은 이러한 문제중심적 접근이 클라이언트의 자원과 강점을 활용하지 못하며, 문제를 해결하는 데 필요한 동기와 희망을 제공하지 않는다고 보았다(최희철, 2021; 서혜석, 2024).

또한 사회적으로도 1970년대 후반은 경제적 불안과 사회적 갈등이 증가하면서 신속하고 효과적인 문제 해결이 요구되던 시기였다. 장기적인 치료보다는 짧은 시간 안에 구체적이고 실질적인 변화를 일으킬 수 있는 새로운 접근이 필요하다는 요구가 증가하고 있었다. 이러한 배경에서 드 세이저와 버그는 심리치료의 새로운 패러다임을 제시하며, 클라이언트의 문제보다는 그들이 이미 지닌 자원과 강점에 초점을 맞추어 신속하게 해결을 이끌어 낼 수 있는 방법을 개발하게 되었다(김혜영 외, 2023; 남미애 외, 2020).

2) 해결중심모델의 철학적 배경

해결중심모델의 철학적 기초는 주로 사회구성주의(social constructivism)에 기반을 두고 있다. 사회구성주의는 인간의 경험이 객관적 진실에 의한 것이 아니라 사회적 상호작용과 개인의 해석에 의해 구성된다고 본다. 즉, 문제의 실체는 고정된 것이 아니라 개인이 문제를 어떻게 해석하고 그 문제를 둘러싼 사회적 맥락이 어떻게 구성되었는지에 따라 달라질 수 있다(버거 & 루크만, 2013).

이러한 철학적 기초 위에서 해결중심모델은 문제에 대한 분석이나 원인 규명보다는 문제를 어떻게 해결할 수 있을지에 대한 클라이언트의 자원과 강점을 중시한다. 해결중심모델은 문제를 해결하는 것이 단순히 문제의 원인을 찾고 그 원인을 제거하는 것이 아니라 클라이언트가 이미 가지고 있는 자원과 강점을 활용하여 해결책을 찾는 과정이라는 점을 강조한다. 따라서 치료사는 클라이언트가 스스로 문제를 해결할 수 있는 능력을 가지고 있다고 믿으며, 그들이 이미 알고 있는 해결책을 발견하도록 돕는 역할을 한다(김혜란 외, 2022; 최희철, 2021).

3) 단기 치료의 필요성과 발전

해결중심모델은 특히 단기 치료의 필요성이 강조되던 시기에 등장하였다. 1980년대 미국에서는 경제적 어려움과 함께 심리치료 비용의 증가로 인해 많은 사람들이 장기 치료를 받기 어려워졌고, 이에 따라 보다 짧은 시간 안에 효과를 낼 수 있는 단기 치료 모델에 대한 수요가 증가하였다. 기존의 치료 방식은 너무 많은 시간과 비용이 소요되었고, 이를 감당할 수 없는 많은 사람들이 적절한 치료를 받지 못하는 경우가 발생했다.

해결중심모델은 이러한 상황에서 클라이언트의 문제를 신속하게 해결하고, 최소한의 시간과 비용으로 최대한의 효과를 거두는 것을 목표로 하였다. 이 모델은 일반적으로 5회에서 10회 정도의 짧은 상담 세션을 통해 클라이언트의 문제를 해결하는 것을 목표로 하며, 그 과정에서 클라이언트의 문제를 분석하기보다는 그들이 이미 가지고 있는 자원과 강점을 활용하여 해결책을 모색하는 데 중점을 둔다(최희철, 2021; 김혜영 외, 2023).

해결중심모델은 문제의 원인을 깊이 파헤치기보다는 클라이언트가 스스로 문제를 해결할 수 있는 능력을 가지고 있다는 가정하에 그들이 이미 알고 있는 해결책을 찾도록 돕는 데 초점을 맞춘다. 또한 해결중심모델은 클라이언트가 자신의 문제를 해결하는 데 있어서 적극적인 역할을 하도록 격려하며, 그들이 문제를 해결하는 과정에서 성취감을 느끼도록 돕는다(서혜석, 2024; 남미애 외, 2020).

4) 문제보다는 해결에 초점

해결중심모델은 기존의 문제중심 접근법과는 달리 문제를 분석하고 그 원인을 규명하는 대신 클라이언트가 이미 알고 있는 해결책에 초점을 맞춘다. 해결중심모델의 주요 철학은 "무엇이 문제인가?"라는 질문보다는 "무엇이 가능할까?"라는 질문을 던지는 것이다. 이 모델은 클라이언트가 자신이 처한 문제를 해결하기 위해 필요한 자원과 강점을 이미 가지고 있으며, 이를 인식하고 활용하는 데에 중점을 둔다(김혜란 외, 2022; 김혜영 외, 2023).

해결중심모델에서는 문제를 해결하기 위한 복잡한 분석보다는 클라이언트가 이미 성공적으로 문제를 해결한 경험을 찾고 그 경험을 확대하는 방식으로 접근한다. 예를 들어, 클라이언트가 과거에 유사한 문제를 해결한 경험이 있다면 그 경험을 바탕으로 현재의 문제를 해결할 수 있는 방법을 모색하는 것이 해결중심모델의 핵심이다(남미애 외, 2020; 서혜석, 2024).

또한 해결중심모델은 클라이언트가 스스로 문제 해결에 필요한 자원을 가지고 있다는 믿음을 바탕으로 한다. 이는 클라이언트가 문제 해결 과정에 능동적으로 참여하게 하며 그들이 문제를 해결할 수 있다는 자신감을 가지도록 돕는다. 이 과정에서 상담자는 클라이언트의 강점을 발견하고 이를 격려함으로써 그들이 스스로 해결책을 찾는 과정을 지원한다(최희철, 2021; 김혜영 외, 2023).

5) 해결중심모델의 확산과 적용

해결중심모델은 심리치료뿐만 아니라 다양한 사회복지실천 분야에서도 널리 사용되기 시작했다. 이 모델은 특히 단기간에 실질적인 변화를 이끌어 낼 수 있다는 점에서 효과적이며, 클라이언트가 스스로 문제를 해결할 수 있도록 돕는 능동적인 접근 방식이 많은 실천현장에서 긍정적인 평가를 받고 있다. 해결중심모델은 사회복지실천 현장에서 가족 문제, 아동 및 청소년 문제, 중독 문제, 직장 내 스트레스 등 다양한 문제를 해결하는 데 적용될 수 있다(남미애 외,

2020; 서혜석, 2024).

해결중심모델은 또한 전 세계적으로 확산되면서 다양한 문화적 배경을 가진 클라이언트들에게도 적용될 수 있는 유연한 접근법으로 자리 잡았다. 이는 문제 해결에 있어 클라이언트의 자원과 강점을 중시하고 그들이 이미 가지고 있는 해결책을 활용한다는 점에서 다양한 문화적 맥락에서 유용하게 적용될 수 있다(김혜영 외, 2023; 최희철, 2021).

이처럼 해결중심모델은 문제보다는 해결에 초점을 맞춘 혁신적인 접근법으로, 클라이언트가 스스로 문제를 해결할 수 있도록 돕는 능동적인 상담 모델로 자리 잡았다. 이는 사회복지실천 현장에서 매우 중요한 모델로 평가받고 있으며, 단기 치료의 필요성이 강조되는 현대사회에서 그 유용성이 더욱 부각되고 있다. 해결중심모델은 클라이언트가 자신이 가진 자원을 최대한 활용하여 문제를 해결할 수 있도록 돕는 데 중점을 두며 이를 통해 그들이 더욱 주체적인 삶을 영위할 수 있도록 돕는다(김혜란 외, 2022; 남미애 외, 2020; 최희철, 2021; 김혜영 외, 2023; 서혜석, 2024).

2. 기본 개념

해결중심모델은 1970년대 후반 스티브 드 세이저(Steve de Shazer)와 인수 킴 버그(Insoo Kim Berg)에 의해 개발된 단기 치료 모델로, 클라이언트가 이미 가지고 있는 자원과 강점을 활용하여 문제를 해결하는 데 초점을 맞춘다. 이 모델은 전통적인 문제중심 모델에서 벗어나 문제 자체보다는 해결책을 탐색하고 이를 실천하는 과정을 중시한다. 해결중심모델은 심리치료와 사회복지 분야에서 중요한 모델로 자리 잡았으며, 클라이언트가 짧은 시간 내에 문제를 해결하고 긍정적인 변화를 이끌어 낼 수 있도록 돕는 것을 목표로 한다(김혜란 외, 2022; 서혜석, 2024).

1) 해결중심모델의 핵심 철학

해결중심모델의 기본 철학은 인간이 이미 문제를 해결할 수 있는 자원과 능력을 가지고 있다는 믿음에서 출발한다. 해결중심모델은 문제를 깊이 분석하거나 원인을 규명하는 전통적인 접근과 달리, 클라이언트가 자신에게 필요한 해결책을 이미 알고 있다고 가정한다. 상담자는 클라이언트가 스스로 해결책을 찾아낼 수 있도록 돕는 조력자 역할을 하며, 클라이언트가 자신의 자원을 발견하고 이를 실천할 수 있도록 지지한다(최희철, 2021).

2) 목표중심적 접근

해결중심모델의 핵심 개념 중 하나는 목표 설정이다. 이 모델은 클라이언트가 원하는 바람직한 상태를 명확하게 정의하고, 그 목표를 달성하기 위한 구체적인 전략을 세우는 데 중점을 둔다. 상담자는 클라이언트가 이루고자 하는 목표를 명확하게 진술하도록 돕고, 이를 달성하기 위한 작은 단계를 설정하는 방식으로 개입한다. 이 과정에서 클라이언트는 자신의 목표를 설정하고, 그 목표를 이루기 위해 무엇을 할 수 있는지에 대해 구체적인 행동 계획을 세운다(서혜석, 2024; 김혜영 외, 2023).

3) 자원과 강점의 활용

해결중심모델은 클라이언트가 이미 가지고 있는 자원과 강점을 발견하고 이를 활용하는 데 중점을 둔다. 클라이언트는 종종 자신의 문제에 집중하는 과정에서 자신의 강점과 자원을 인식하지 못하거나 그 자원을 충분히 활용하지 못하는 경우가 많다. 해결중심모델은 클라이언트가 이미 가지고 있는 자원, 즉 과거에 문제를 해결했던 경험이나 현재 자신의 삶에서 활용할 수 있는 사회적·심리적 자원을 찾아내고 이를 통해 문제를 해결하도록 돕는다(김혜란 외, 2022).

4) 성공적인 경험의 확대

해결중심모델에서는 클라이언트가 과거에 성공적으로 문제를 해결한 경험을 찾아내고 그 경험을 현재 문제에 적용하는 것을 강조한다. 성공적인 경험은 클라이언트가 과거에 직면했던 유사한 상황에서 문제를 해결했던 경험을 말하며 이 경험을 확대하여 현재의 문제를 해결하는 데 활용한다. 상담자는 클라이언트가 과거에 무엇을 했고, 그 행동이 어떻게 문제 해결에 기여했는지를 탐색하도록 돕는다.

5) 예외 탐색

해결중심모델에서는 예외(exceptions)를 찾는 것이 매우 중요하다. 예외란 클라이언트가 문제가 발생하지 않았던 시기나 상황을 의미하며 이는 클라이언트가 문제를 해결하는 데 유용한 정보를 제공할 수 있다. 예외를 탐색하는 과정은 클라이언트가 자신의 문제를 다른 각도에서 바라보고, 해결책을 찾는 데 도움을 준다.

(1) 미래 지향적 질문

해결중심모델에서 자주 사용되는 기법 중 하나는 미래 지향적 질문(future-oriented questions)이다. 이는 클라이언트가 문제 해결 후의 바람직한 미래를 상상하고, 그 미래를 이루기 위해 무엇을 해야 하는지 구체적으로 생각하게 하는 질문이다. 가장 대표적인 미래 지향적 질문은 기적 질문(miracle question)으로, "만약 내일 아침 기적이 일어나서 모든 문제가 해결되었다면, 무엇이 달라져 있을까요?"라는 질문을 통해 클라이언트가 원하는 미래를 구체화하도록 돕는다.

(2) 단기 치료 모델

해결중심모델은 단기 치료(brief therapy)를 기반으로 하며, 일반적으로 5~10회 내외의 짧은 상담 세션을 통해 문제를 해결하는 것을 목표로 한다. 단기 치료의 목적은 짧은 시간 안에 구체적이고 실질적인 변화를 이끌어 내는 것이며 이를 위해 클라이언트가 자신의 자원과 강점을 최대한 활용하여 빠른 문제 해결을 도모한다.

(3) 해결중심모델의 적용 분야

해결중심모델은 다양한 분야에 적용될 수 있으며, 특히 사회복지실천 현장에서 널리 사용되고 있다. 가족 문제, 아동 및 청소년 문제, 중독, 직장 내 갈등, 우울증 및 불안장애 등 여러 문제를 해결하는 데 효과적이다. 이 모델은 클라이언트가 문제에 압도되지 않고, 자신의 자원과 강점을 바탕으로 문제를 해결할 수 있도록 돕는다.

3. 개입목표

1) 해결중심적 접근의 기본 철학

해결중심모델의 개입목표는 클라이언트가 문제 해결의 주체가 되어 이미 가진 자원과 강점을 활용하여 문제를 해결할 수 있도록 돕는 것이다. 이는 기존의 문제중심 모델과 달리 문제를 깊이 분석하거나 그 원인을 규명하기보다는 클라이언트가 스스로 해결책을 발견하고 이를 실천할 수 있도록 하는 데 중점을 둔다. 클라이언트가 문제에 대해 능동적으로 대처할 수 있도록 돕는 과정에서 상담자는 조력자의 역할을 하며, 클라이언트가 주체적으로 문제 해결을 주도할 수 있도록 한다(김혜란 외, 2022).

2) 자원의 활용과 강점의 발견

해결중심모델에서 중요한 개입목표는 클라이언트가 이미 가지고 있는 자원과 강점을 발견하고 이를 효과적으로 활용하도록 돕는 것이다. 클라이언트는 문제 상황에 직면했을 때 종종 자신의 자원과 강점을 인식하지 못하거나 이를 충분히 활용하지 못하는 경우가 많다. 해결중심모델에서는 클라이언트가 자신의 자원을 인식하고 이를 통해 문제를 해결하는 데 초점을 맞춘다. 예를 들어, 클라이언트가 과거에 성공적으로 문제를 해결한 경험을 떠올리고 그 경험을 현재 문제에 적용함으로써 문제를 해결할 수 있도록 한다(김혜영 외, 2023).

3) 현실적이고 구체적인 목표 설정

해결중심모델의 또 다른 중요한 목표는 클라이언트가 스스로 설정한 현실적이고 구체적인 목표를 통해 문제를 해결하도록 돕는 것이다. 클라이언트가 자신의 상황에서 실현 가능한 목표를 설정하고 그 목표를 달성하기 위해 구체적인 행동 계획을 세우는 것이 개입의 핵심이다. 이를 통해 클라이언트는 자신이 주체가 되어 문제 해결의 과정을 주도하고, 작은 변화들이 누적되어 더 큰 변화를 이끌어 낼 수 있다. 상담자는 클라이언트가 설정한 목표를 명확히 하고, 그 목표가 실현 가능한지를 함께 점검하며 지원한다.

4) 작은 변화의 중요성 강조

해결중심모델에서는 클라이언트가 작은 변화들을 경험함으로써 문제 해결의 가능성을 인식하고, 그 변화를 통해 자신감을 얻을 수 있도록 돕는 것이 목표이다. 작은 변화들이 지속적으로 이루어지면 이는 궁극적으로 더 큰 변화로 이어질 수 있다. 상담자는 클라이언트가 작은 성취를 통해 자신감을 회복하고 지속적인 성취를 이룰 수 있도록 돕는다. 이를 통해 클라이언트는 스스로 문제를 해결할 수 있다는 믿음을 가지게 된다.

5) 클라이언트의 능동적 참여 촉진

해결중심모델의 중요한 개입목표 중 하나는 클라이언트의 능동적인 참여를 촉진하는 것이다. 클라이언트는 문제 해결 과정에서 수동적인 수혜자가 아니라 자신의 문제를 해결하는 주체로서 적극적으로 참여해야 한다. 상담자는 이러한 과정에서 클라이언트의 참여를 독려하고 그들이 스스로 문제 해결의 과정에 깊이 관여할 수 있도록 지원한다. 이를 통해 클라이언트는 자신이 문제 해결에 필요한 자원을 가지고 있으며 그 자원을 충분히 활용할 수 있다는 자신감을 얻게 된다.

6) 과거 성공 경험의 확대

해결중심모델에서 클라이언트가 과거에 성공적으로 문제를 해결한 경험을 찾고 그 경험을 확대하는 과정은 중요한 개입목표 중 하나이다. 클라이언트가 과거에 유사한 문제를 어떻게 해결했는지를 탐색하고, 그 해결 과정을 현재의 문제 상황에 적용할 수 있도록 돕는 것이다. 이를 통해 클라이언트는 자신이 문제를 해결할 수 있는 능력을 이미 가지고 있음을 깨닫고 현재의 문제에 대한 해결책을 스스로 발견할 수 있게 된다.

7) 예외 탐색을 통한 문제 해결

해결중심모델에서는 클라이언트가 문제를 겪지 않았던 시점이나 문제가 덜 심각했던 시점의 예외적인 상황을 탐색하는 것이 중요한 개입목표이다. 상담자는 클라이언트에게 "문제가 발생하지 않았던 때는 언제였습니까?"와 같은 질문을 통해 문제의 예외 상황을 찾아내고, 그 예외적인 상황이 발생했던 이유를 함께 분석한다. 이를 통해 클라이언트는 문제가 항상 발생하는 것이 아니며 스스로 문제 해결의 단서를 찾을 수 있음을 인식하게 된다.

8) 문제 해결 이후의 긍정적 미래 상상

해결중심모델에서 자주 사용하는 기법 중 하나는 클라이언트가 문제 해결 이후의 긍정적인 미래를 상상하도록 돕는 것이다. 이를 통해 클라이언트는 자신이 문제를 해결한 후에 경험할 긍정적인 변화를 구체적으로 상상할 수 있으며 그 상상을 통해 문제 해결의 동기를 얻게 된다. 상담자는 클라이언트가 문제 해결 이후의 미래를 상상하는 과정을 돕고, 그 미래를 이루기 위한 구체적인 행동 계획을 세우도록 지원한다.

4. 개입과정과 기법

해결중심모델은 문제에 집중하기보다는 해결책을 찾는 데 중점을 두는 심리치료 및 상담 기법으로, 클라이언트가 이미 가지고 있는 자원과 강점을 활용하여 문제를 해결하는 것을 목표로 한다. 해결중심모델의 개입과정은 주로 내담자와의 협력적 관계 형성, 목표 설정, 예외 탐색, 긍정적인 미래 상상, 그리고 성공 경험을 확대하는 등의 다양한 기법을 통해 이루어진다. 이 과정에서 상담자는 클라이언트가 스스로 문제를 해결할 수 있도록 돕고, 그들이 이미 알고 있는 해결책을 발견할 수 있도록 지지하는 역할을 한다.

1) 관계 형성 및 목표 설정

해결중심모델의 첫 번째 단계는 관계 형성이다. 상담자는 클라이언트와 신뢰 관계를 형성하고, 그들이 문제를 해결할 수 있는 능력을 가지고 있음을 상기시키는 것이 중요하다. 상담자는 클라이언트가 문제 해결을 주도할 수 있도록 조력자의 역할을 하며, 이를 위해 적극적인 경청과 공감을 통해 클라이언트와의 협력적 관계를 형성한다. 이 과정에서 상담자는 클라이언트가 가지고 있는 자원과 강점을 강조하고 이를 활용하여 문제 해결의 가능성을 모색한다.

목표 설정은 해결중심모델의 두 번째 중요한 단계이다. 상담자는 클라이언트가 이루고자 하는 목표를 명확하게 진술하도록 돕고, 그 목표를 달성하기 위한 구체적인 전략을 세우는 과정을 돕는다. 이 과정에서 목표는 구체적이고 실현 가능한 형태로 설정되며, 클라이언트가 자신의 목표를 명확히 정의하고 그 목표를 달성하기 위한 작은 단계를 설정하도록 지도한다. 예를 들어, "내 삶에서 불안을 줄이고 싶다"라는 추상적인 목표는 "매일 10분간 명상하는 시간을 가지겠다"라는 구체적이고 실행 가능한 목표로 변환될 수 있다.

2) 예외 탐색

해결중심모델에서 가장 중요한 개입 기법 중 하나는 예외 탐색이다. 예외란 문제가 발생하지 않거나 덜 심각하게 나타났던 시기를 의미한다. 예외를 탐색하는 과정에서 상담자는 클라이언트가 문제를 경험하지 않았던 시점이나 문제의 강도가 약화되었던 순간을 찾아내고, 그때의 상황과 행동을 분석하여 현재의 문제 해결에 적용하도록 돕는다. 예외를 탐색함으로써 클라이언트는 자신이 문제 해결에 필요한 자원을 이미 가지고 있으며 문제를 해결할 수 있다는 믿음을 얻게 된다(남미애 외, 2020).

예외 탐색 과정에서 중요한 질문은 "문제가 발생하지 않았던 때는 언제였습니까?" 혹은 "문제가 더 나아졌던 때가 있었습니까?"와 같은 질문이다. 이러한 질문을 통해 상담자는 클라이언트가 예외적인 상황을 인식하도록 돕고, 그 예외를 확대 적용할 수 있도록 한다(최희철, 2021).

3) 미래 지향적 질문과 기적 질문

해결중심모델에서 자주 사용되는 기법 중 하나는 미래 지향적 질문이다. 상담자는 클라이언트가 문제 해결 이후의 바람직한 미래를 상상하고, 그 미래를 이루기 위한 구체적인 계획을 세울 수 있도록 돕는다. 이를 통해 클라이언트는 자신의 문제를 해결한 후의 긍정적인 변화를 상상하며 그 목표를 달성하기 위한 동기를 부여받는다(김혜란 외, 2022).

가장 대표적인 미래 지향적 질문은 기적 질문(miracle question)이다. 기적 질문은 "내일 아침에 일어났을 때, 모든 문제가 기적으로 해결되었다면 무엇이 달라져 있을까요?"라는 형태로 진행된다. 이 질문을 통해 클라이언트는 문제 해결 후의 긍정적인 변화를 구체적으로 상상하고, 그 상상을 바탕으로 현재의 문제 해결 방법을 모색할 수 있다(김혜영 외, 2023).

기적 질문의 중요한 점은 클라이언트가 스스로 원하는 미래를 구체적으로 상상하도록 유도하는 것이다. 클라이언트가 문제에 집착하기보다는 문제 해결 후의 긍정적인 변화를 상상하게 함으로써 그들이 해결책을 스스로 발견할 수 있도록 돕는다. 이 기법은 클라이언트가 문제를 해결할 수 있다는 자신감을 회복하고 구체적인 목표를 설정하는 데 매우 효과적이다(서혜석, 2024).

4) 척도 질문

해결중심모델에서 사용되는 또 다른 기법은 척도 질문(scaling question)이다. 척도 질문은 클라이언트가 현재 자신의 문제 상황을 숫자로 표현하게 함으로써변화의 정도를 구체적으로 인식하게 하는 데 목적이 있다. 예를 들어,

상담자는 "현재 자신의 불안을 1에서 10까지의 숫자로 표현한다면 몇 점을 주겠습니까?"라는 질문을 통해 클라이언트의 문제 상황을 구체화시킨다(남미애 외, 2020).

척도 질문을 통해 클라이언트는 자신의 상태를 객관적으로 평가하고, 그 평가를 바탕으로 앞으로의 변화를 추적할 수 있게 된다. 또한 상담자는 클라이언트가 척도 질문을 통해 자신의 상태를 인식하는 과정을 돕고, 그 변화를 통해 더 나은 상태로 나아가기 위한 계획을 세우도록 지원한다(김혜영 외, 2023).

5) 성공 경험의 확대

해결중심모델에서 중요한 기법 중 하나는 성공 경험의 확대이다. 상담자는 클라이언트가 과거에 문제를 성공적으로 해결했던 경험을 찾아내고, 이를 현재의 문제 해결에 활용하도록 돕는다(서혜석, 2024). 이 과정을 통해 클라이언트는 자신의 문제 해결 능력을 상기하며, 자신감을 회복할 수 있다.

예를 들어, 상담자는 "과거에 비슷한 문제를 어떻게 해결했습니까?"라는 질문을 통해 클라이언트가 성공 경험을 떠올리도록 유도한다. 이 경험을 기반으로 현재 상황에 맞는 해결 방안을 함께 모색한다. 이를 통해 클라이언트는 자신의 능력과 자원을 재발견하며, 문제 해결에 대한 긍정적인 태도를 형성하게 된다.

6) 피드백 제공 및 긍정적 강화

상담자는 해결중심모델의 개입과정에서 클라이언트에게 지속적으로 피드백을 제공하며 그들이 이룬 작은 변화나 성취를 긍정적으로 강화하는 역할을 한다. 피드백은 클라이언트가 성취한 변화를 인식하고, 그 변화를 지속적으로 확대할 수 있도록 돕는 중요한 도구이다. 상담자는 클라이언트가 문제를 해결하는 과성에서 이룬 작은 성취를 강조하고, 그 성취가 더 큰 변화로 이어질 수 있음을 상기시킨다(김혜란 외, 2022).

긍정적 강화는 클라이언트가 문제 해결 과정에서 겪는 작은 성취들을 인정하고 그 성취를 바탕으로 더 큰 변화를 이끌어 낼 수 있도록 하는 데 중요한 역할을 한다. 이를 통해 클라이언트는 자신의 능력에 대한 자신감을 얻고, 지속적인 변화를 이루기 위한 동기를 부여받게 된다(김혜영 외, 2023).

7) 단기 치료로서의 해결중심모델

해결중심모델은 단기 치료(brief therapy)로서 일반적으로 5~10회 내외의 짧은 상담 세션을 통해 문제를 해결하는 것을 목표로 한다. 단기 치료의 목적은 짧은 시간 내에 실질적인 변화를 이끌어 내는 것이며 이를 위해 클라이언트가 자신의 자원과 강점을 최대한 활용할 수 있도록 지원한다(김혜란 외, 2022).

단기 치료는 시간과 자원이 제한된 상황에서 클라이언트가 신속하게 문제를 해결할 수 있도록 돕는 접근법으로, 클라이언트가 짧은 시간 내에 구체적인 성취를 이루고 긍정적인 변화를 경험할 수 있도록 돕는다(남미애 외, 2020).

결론적으로, 해결중심모델의 개입과정과 기법은 클라이언트가 자신의 자원과 강점을 인식하고 이를 활용하여 문제를 해결할 수 있도록 돕는 데 중점을 둔다. 상담자는 클라이언트가 스스로 문제 해결의 주체가 될 수 있도록 지지하며 그들이 스스로 해결책을 발견하고 이를 실천할 수 있도록 다양한 기법을 통해 지원한다(최희철, 2021; 서혜석, 2024).

5. 사 례

1) 사례 1 : 청소년의 학교 적응 문제 해결

A군은 16세 고등학생으로, 최근 전학을 가면서 학교 적응에 큰 어려움을 겪고 있었다. A군은 전학 전 학교에서는 친구들과 원활한 관계를 유지하며 학업 성적도 우수한 편이었으나 새로운 환경에서 친구들과의 관계를 맺는 데 어려움을 느끼기 시작했다. 특히 새로운 반에서 동급생들과 잘 어울리지 못했고, 점차 학업에도 흥미를 잃어 성적이 떨어지기 시작했다. A군은 친구들로부터 왕따를 당하는 것은 아니었지만 무리 속에서 소외감을 느끼며 점심시간에도 혼자 지내는 경우가 많았다. 이러한 상황은 A군의 자존감에도 부정적인 영향을 미쳤으며, 점차 학교에 대한 불안과 스트레스를 겪게 되었다. 부모님은 A군이 학교를 자주 결석하고 집에서도 무기력해지는 모습을 보고 심각성을 깨닫고 상담소를 찾았다.

상담사는 해결중심모델을 바탕으로 A군과의 상담을 시작하였다. 상담사는 문제보다는 해결책에 초점을 맞추며 A군이 스스로의 자원과 강점을 활용하여 문제를 해결할 수 있도록 돕기로 하였다.

(1) 관계 형성

첫 번째 상담에서는 A군이 학교에서 느끼는 어려움에 대해 자유롭게 이야기할 수 있도록 했다. 상담사는 A군의 이야기를 경청하며 그가 느끼는 감정에 공감하고 지지하는 태도를 보였다. A군은 학교에서 자신을 외톨이라고 느끼고 있었으며, 친구들과 소통하지 못하는 것에 대한 스트레스를 호소하였다. 상담사는 A군에게 그동안의 경험을 인정하면서도 그가 이미 문제 해결에 필요한 자원을 가지고 있음을 알려주었다. 예를 들어, 이전 학교에서 친구들과 잘 어울렸던 경험을 상기시키며 A군이 새로운 환경에서도 관계를 형성할 수 있는 능력이 충분하다고 강조하였다.

(2) 목표 설정

상담사는 A군과 함께 구체적인 목표를 설정하였다. A군은 "새로운 친구들을 사귀고 싶다"는 바람을 표현하였고, 상담사는 이를 더 구체화하여 "다음 한 주 동안 최소한 두 명의 친구와 대화를 나누는 것"이라는 목표를 설정하였다. 이 목표는 A군에게 부담이 되지 않으면서도 충분히 실천 가능한 것이었다. 또한 상담사는 A군이 작은 목표를 성취함으로써 자신감을 얻고, 이를 바탕으로 더 큰 변화를 이끌어 낼 수 있다는 점을 설명하였다.

(3) 예외 탐색

상담사는 "학교에서 덜 외롭다고 느꼈던 순간이 있습니까?"라는 질문을 통해 예외적인 상황을 탐색하였다. A군은 체육 시간에 친구들과 함께 농구를 하면서 잠시나마 즐거움을 느꼈던 순간을 떠올렸다. 이 경험을 통해 A군은 자신이 완전히 고립된 상태는 아니며, 특정 상황에서는 친구들과 교류할 수 있었음을 인식하게 되었다. 상담사는 이 경험을 바탕으로 A군이 앞으로 체육 시간이나 다른 활동 시간에 더 적극적으로 참여할 수 있는 방안을 모색하게 하였다.

(4) 척도 질문

상담사는 A군에게 학교에서 느끼는 외로움과 불안을 1에서 10까지의 척도로 표현하도록 요청하였다. A군은 현재 자신감을 3점으로 평가하였다. 상담사는 "다음 주에 4로 올리기 위해 어떤 노력을 할 수 있을까요?"라는 질문을 던지며, 작은 변화를 이루기 위한 구체적인 행동 계획을 세우도록 유도하였다. A군은 점심시간에 친구들에게 다가가 간단한 대화를 시도해 보겠다고 결심하였다.

(5) 기적 질문

상담사는 "만약 내일 아침 모든 문제가 해결된다면, 학교에서 어떤 모습이 달라져 있을까요?"라고 물었다. A군은 친구들과 함께 어울리며 점심시간에 함께 식사를 하고, 수업 시간에도 자신감 있게 발표하는 모습을 상상하였다. 상담사는 이러한 상상을 구체화하여 A군이 바라는 긍정적인 변화가 현실화될 수 있도록 돕는 방법을 모색하였다. A군은 이러한 상상을 통해 자신이 원하는 변화를 명확히 인식하게 되었고, 그 변화를 이루기 위한 작은 행동부터 실천하기로 하였다.

(6) 결과

A군은 상담과정에서 작은 변화를 통해 자신감을 회복하기 시작했다. 친구들과의 대화를 조금씩 늘려가며 점차 학교 생활에 적응하게 되었고 학교에서 느끼는 소외감도 줄어들었다. 특히 상담에서 설정한 구체적인 목표를 하나씩 달성해 나가면서 A군은 자신감을 얻었고 더 적극적으로 학교 활동에 참여할 수 있게 되었다. A군은 이러한 변화를 통해 학교에 대한 불안감이 줄어들었고 성적도 점차 회복되기 시작하였다. 상담 종료 후에도 A군은 스스로 설정한 목표를 지속적으로 실천해 나가기로 다짐하였다.

2) 사례 2 : 직장 내 스트레스로 인한 불안 해소

B씨는 32세의 직장인으로, 대기업에서 중간 관리자 역할을 맡고 있었다. 그러나 최근 상사와의 갈등과 과중한 업무로 인해 심각한 스트레스를 겪고 있었으며, 이로 인해 심리적 불안 증상이 나타나기 시작했다. B씨는 업무를 수행하는 데 자신감을 잃었고, 상사와의 의사소통에서 느끼는 어려움이 문제를 더욱 악화시키고 있었다. 매일 아침 출근하는 것이 두렵게 느껴졌고 불안으로 인해 수면 부족과 체력 저하까지 겪고 있었다. 직장 내 스트레스와 불안은 B씨의 전반적인 삶의 질에 부정적인 영향을 미쳤다. 결국 B씨는 심리적 도움을 요청하기로 결심하고 상담을 시작하였다.

상담사는 해결중심모델을 적용하여 B씨와의 상담을 시작하였다. 상담의 목표는 B씨가 직장에서의 스트레스를 관리하고 자신감을 회복하며 상사와의 갈등을 해결할 수 있는 구체적인 방법을 찾는 것이었다.

(1) 관계 형성

상담사는 B씨의 이야기를 경청하며 그가 겪고 있는 스트레스와 불안의 원인을 함께 분석하였다. 상담사는 B씨에게 "상사와의 갈등이나 업무 스트레스에 대해 어떤 해결책을 생각해 본 적이 있나요?"라는 질문을 던지며 B씨가 스스로 해결책을 찾아낼 수 있는 능력을 가지고 있음을 강조하였다. B씨는 이전에는 문제를 해결할 능력이 없다고 생각했으나 상담사의 지지를 받으며 자신이 겪고 있는 문제를 해결할 수 있다는 자신감을 얻기 시작했다.

(2) 목표 설정

B씨와 상담사는 "직장에서 스트레스를 줄이고 상사와의 의사소통을 개선하는 것"이라는 구체적인 목표를 설정하였다. 이를 위해 B씨는 매일 아침 출근 전에 명상이나 호흡법을 10분 동안 실천하기로 하였고, 상사와의 대화에서 자신의 의견을 보다 명확하게 전달하는 연습을 하기로 하였다. 상담사는 이러한 목표를 달성하기 위한 구체적인 행동 계획을 세우는 데 도움을 주었다.

(3) 예외 탐색

상담사는 "직장에서 스트레스가 덜 심했던 순간이 있었나요?"라는 질문을 통해 예외적인 상황을 탐색하였다. B씨는 프로젝트가 성공적으로 마무리되었을 때 상사와의 관계가 일시적으로 원활해졌던 기억을 떠올렸다. 상담사는 이 경험을 바탕으로, B씨가 상사와의 관계에서 긍정적인 변화를 이끌어 냈던 순간을 확대할 수 있는 방법을 찾도록 도왔다.

(4) 미래 지향적 질문

상담사는 "만약 내일 아침 모든 문제가 해결된다면, 직장에서 무엇이 달라져 있을까요?"라고 물었다. B씨는 상사와의 의사소통이 원활해지고, 업무에서 자신감을 되찾아 더 효율적으로 일을 처리하는 모습을 상상하였다. 이 상상을 바탕으로 B씨는 상사와의 의사소통 방식을 개선하고 업무 성과를 높이기 위한 구체적인 계획을 세웠다.

(5) 척도 질문

상담사는 "직장에서의 불안을 1에서 10으로 평가한다면 몇 점인가요?"라고 물었고, B씨는 현재 5점이라고 답하였다. 상담사는 "다음 주에 불안의 점수를 3점 정도로 내리기 위해 어떤 노력을 할 수 있을까요?"라는 질문을 통해, 작은 변화를 위한 구체적인 행동 계획을 세우도록 하였다. B씨는 상사에게 한 주간 진행된 업무 성과에 대해 직접 보고하고, 자신의 의견을 분명하게 표현하기로 결심하였다.

(6) 결과

B씨는 상담과정을 통해 직장에서의 불안과 스트레스를 관리할 수 있는 구체적인 방법을 습득하게 되었다. 호흡법과 명상을 통해 심리적 안정을 찾았고, 상사와의 의사소통에서 자신감을 회복하였다. 또한 상사에게 자신의 의견을 명확히 전달하면서 직무에서의 성과도 점차 개선되기 시작했다. B씨는 상담이 종료된 이후에도 자신의 스트레스를 관리하는 방법을 꾸준히 실천하기로 하였고, 직장에서 더 나은 성과를 내기 위한 지속적인 노력을 기울였다.

CHAPTER

08 사회복지실천 모델 V : 동기강화모델

1. 등장배경

일선 현장에서 사회복지사들은 다양한 클라이언트를 만난다. 최근 사회복지실천 현장에서 직접적으로 활용할 수 있는 상담모형으로 소개되고 있는 동기강화모델은 알코올 및 약물 중독자를 위한 상담모델로 출발하였다. 동기강화모델은 미국의 심리학자인 밀러(Miller, 1982)에 의해서 소개되었다(김준환 외, 2023). 밀러는 노르웨이에서 약물중독 심리치료사들의 슈퍼바이저 역할을 하던 중 마약이나 알코올, 담배 같은 약물 중독자의 내적인 동기가 바뀌면 쉽게 치료 효과가 나타나는 것을 보면서 행동 변화의 원동력은 각 사람 안에 내재되어 있는 동기를 끌어올리는 것이라고 생각하였다. 여기서 출발한 동기강화모델은 내담자 안의 동기를 이끌어 내고 이를 강화하기 위해서 만들어진 기술과 태도의 복합체이다. 이러한 동기강화모델은 사회복지실천 현장에서 행동 변화를 필요로 하는 클라이언트에게 적용할 수 있는 증거 기반의 실천 방법이다.

2. 이론적 배경과 구성요소

동기강화는 개인의 행동 변화를 유도하기 위해 내적 동기를 증진시키는 과정이다. 사회복지실천에서 동기강화는 개인의 자기 효능감, 자율성, 목표 설정, 문제 해결 능력을 강화하여 변화를 이끌어 내는 데 중요한 역할을 한다. 단순히 외부적인 보상이나 처벌을 통해 행동을 변화시키는 것이 아니라, 개인이 스스로 변화를 원하고 지속 가능한 변화를 만들어 낼 수 있도록 돕는 데 초점을 맞춘다.

동기강화는 사회복지실천의 다양한 분야에서 활용된다. 예를 들어, 중독 치료, 정신건강 문제, 가족 상담, 청소년 문제, 범죄 예방 등 다양한 영역에서 개인의 자기 결정권을 존중하고 자발적인 변화를 이끌어 내는 데 중요한 도구로 사용된다. 개인의 잠재력을 발휘하고 긍정적인 변화를 만들어 내는 데 도움을 주기 때문에 사회복지실천에서 매우 중요한 모델로 자리 잡은 동기강화모델을 이해하기 위해서는 칼 로저스(Carl Rogers, 1902~1987)의 인간중심상담을 숙지하여야 한다. 왜냐하면 동기강화모델의 가장 기본적인 개념이 여기에 기초하고 있기 때문이다.

1) 인간중심상담

1940년대 초반까지 상담은 주로 진단하고 해석하거나 교육하고 조언하는 지시적 접근이 주를 이루었다. 이에 반해 칼 로저스는 내담자에 대한 상담자의 진솔한 공감이 내담자를 변화시키는 데 더 효율적이라고 주장하며 기존의 상담과는 다른 새로운 접근을 시도했다. 이러한 로저스의 비지시적 상담은 집단상담의 현장에서 주로 시작되었다. 상담을 통해 자기실현 가능 경향성을 지닌 집단원이 상담자 또는 다른 집단원과의 만남을 통해 변화와 성장의 기회를 가진다는 점에서 참만남 집단상담이라고 불렸다(장성화 외, 2022). 인간중심적 집단 상담은 집단원 자신의 주관적인 측면이 무조건적으로 수용되는 경험을 통해 그들이 가지고 있는 자아실현 경향성을 드러낼 수 있도록 돕는 것을 목표로 진행되었다.

(1) 실현 경향성

로저스는 인간에게 하나의 기본적 동기가 있다고 믿었고 이를 실현 경향성이라고 불렀다. 인간은 자기실현 경향성을 가지고 있는데, 이때 경향성이란 자신을 유지하고 보존할 뿐만 아니라 좀 더 나은 성취와 실현을 자율적으로 이루려는 힘이라고 보았다.

(2) 자기와 자기개념

로저스는 유기체의 실현 경향성을 의미 있게 생각하고 강조했다. 로저스는 자기와 자기개념을 강조했는데, 자기개념은 자신이 어떤 사람인지에 대한 현재 인식, 즉 자아상과 같은 의미이며, 자기는 개인의 경험 세계로부터 분화된 것으로 자신에 대한 의식적 지각과 자신이 소중하게 여기는 가치를 포함한다.

(3) 가치의 조건화

개인은 각자의 경험을 스스로 어떻게 느끼는가에 따라 그 경험을 정의하게 되는데, 이러한 평가 과정을 로저스는 유기체적 가치의 조건화 과정이라고 명명했다. 개인이 유기체적 가치화 과정을 따를 때 자신의 유기체적 경험을 자기개념과 일치하는 것으로 받아들일 수 있다. 이를 통합시킬 때 자기와 경험이 일치하게 되므로 방어를 할 필요가 없고, 있는 그대로의 편안함을 느끼며 살아가는 건강한 심리적 적응이 이루어진다.

(4) 무조건적 긍정적 존중과 충분히 기능하는 사람

충분히 기능하는 인간이라는 개념은 로저스 인간관을 한마디로 표현해 주고 있으며 이것은 그가 추구하는 이상적 인간상이기도 하다. 인간중심상담에서 지향하는 성공적인 상담은 내담자와 상담자의 관계가 철저하게 인간적이고 주체적인 관계로 몰입되는 것을 전제로 한다. 충분히 또는 완전히 기능하는 사람은 최상의 적응과 최고의 심리적 성숙을 이루고 유기체와 자아개념 사이에 완전한 일치를 이루는 사람이다.

(5) 상담자의 역할

인간중심상담은 기법보다는 상담자의 개인적인 자질을 더욱 강조한다. 상담자의 주된 역할은 상담현장에서 수용적이고 치유적인 분위기를 형성하는 것이다. 그런 의미에서 인간중심치료는 행동하는 방법이 아닌 존재의 방법에 더 가깝다고 할 수 있다.

(6) 평가

인간중심상담은 인본주의 심리학을 기본으로 한 성격 이론을 토대로 개인의 주관적 세계를 이해하고 공감하면서 변화를 촉진하는 데 초점을 맞추고 인도주의에 입각한 상담의 장을 열었다는 점에서 중요한 의미를 가진다. 상담에서 인간중심 접근의 가장 큰 공헌이라면, 상담자가 전문적인 기법보다는 진실성, 무조건적 긍정적 존중, 공감적 이해를 강조하며 내담자와의 관계를 우선시한다는 점이다. 인간중심상담에서는 개인의 내적인 경험을 중요시하고 그러한 내적 경험을 존중하는 수용, 공감, 진실성 등이 중심개념으로 자리 잡고 있는데, 이것은 상담의 장에서 기법이나 기술보다 상담자와 내담자는 동일한 인간임을 강조하며 그 어떤 것보다 사람이 더 우선시되어야 함을 가르쳐 준다(이장호, 2005).

2) 동기강화모델의 구성 요소

동기강화모델은 개인의 행동 변화를 유도하는 데 영향을 미치는 다양한 요소를 고려한다. 이러한 요소는 개인 요인, 관계적 요인, 환경적 요인, 문화적 요인으로 나눌 수 있다. 각 요인은 개인의 동기 수준과 변화 가능성에 영향을 미치므로 사회복지사는 이러한 요인을 종합적으로 고려하여 개인에게 맞춤형 지원을 제공해야 한다(설진화, 2013).

(1) 개인 요인

개인 요인은 개인의 내적 특성과 관련된 요소이다. 자기 효능감, 통제력, 가치관, 목표, 신념, 태도 등이 이에 속한다. 자신의 능력에 대한 믿음, 변화를 통제할 수 있다는 인식, 그리고 변화에 대한 가치관과 목표가 동기 수준에 영향을 미친다.

자기 효능감과 통제력은 개인 요인을 잘 표현해 주는 말이다. 자기 효능감은 개인이 자신의 능력에 대한 믿음과 목표를 달성할 수 있다는 신념을 말한다. 자기 효능감이 높은 개인은 변화를 시도하고 성공할 가능성이 높다. 사회복지사는 개인의 자기 효능감을 높이기 위해 개인의 강점과 자원을 강조하고, 성공 경험을 공유하며, 작은 목표를 설정하여 성취감을 느끼도록 도울 수 있다. 통제력은 개인이 자신의 삶을 통제할 수 있다는 인식이다. 통제력이 높은 개인은 변화에 대한 책임감을 느끼고, 자신의 행동을 스스로 조절할 수 있다고 생각한다. 사회복지사는 개인의 통제력을 강화하기 위해 선택권을 부여하고, 의사결정 과정에 참여하도록 도우며, 자기 관리 능력을 향상시키는 데 도움을 줄 수 있다.

(2) 관계적 요인

관계적 요인은 개인이 타인과 맺는 관계에서 비롯되는 요소이다. 사회적 지지, 공감, 관계 만족도 등이 이에 속한다. 가족, 친구, 동료, 사회복지사 등 주변 사람들의 지지와 공감은 개인의 변화 의지를 높이고 지속 가능한 변화를 가능하게 한다.

관계적 요인의 예로는 사회적 지지와 공감을 들 수 있다. 사회적 지지는 가족, 친구, 동료, 사회복지사 등 주변 사람들의 지지와 도움을 의미한다. 사회적 지지는 개인의 동기 수준과 변화 의지를 높이는 데 큰 영향을 미친다. 사회복지사는 개인의 사회적 지지 체계를 파악하고 지지 네트워크를 강화하도록 도우며, 필요한 경우 새로운 지지 체계를 구축하도록 지원할 수 있다. 공감은 개인의 감정을 이해하고 공유하는 능력이다. 공감적인 태도는 개인의 고통과 어려움을 이해하고, 개인의 감정을 존중하며, 비판적이 아닌 수용적인 태도를 유지하는 것을 의미한다. 사회복지사는 개인에게 진심으로 공감하는 태도를 보여주고, 개인의 감정을 인정하며, 개인의 입장에서 문제를 바라보는 것이 중요하다.

(3) 환경적 요인

환경적 요인은 개인이 처한 환경과 관련된 요소이다. 시설과 자원의 접근성, 사회적 환경, 문화적 요인 등이 이에 속한다. 개인이 변화를 위한 시설이나 자원에 쉽게 접근할 수 있고, 변화를 지지하는 사회적 환경에 둘러싸여 있다면 동기 수준이 높아질 수 있다.

환경적 요인으로는 시설과 자원의 접근성을 들 수 있다. 시설과 자원의 접근성은 개인이 변화를 위한 시설이나 자원에 쉽게 접근할 수 있는 정도를 의미한다. 개인이 변화를 위한 프로그램, 교육, 상담, 치료 등에 쉽게 접근할 수 있으면 동기 수준이 높아질 수 있다. 사회복지사는 개인에게 필요한 시설과 자원에 대한 정보를 제공하고, 접근성을 높이기 위한 지원을 제공해야 한다. 사회적 환경은 개인이 살고 있는 사회적 환경이다. 사회적 환경은 개인의 가치관, 신념, 태도, 행동에 영향을 미칠 수 있다. 사회복지사는 개인의 사회적 환경을 분석하고, 변화를 지지하는 사회적 환경을 조성하도록 노력해야 한다.

(4) 문화적 요인

문화적 요인은 개인이 속한 문화적 배경이다. 전통과 관습뿐만 아니라 놀이 및 예술과 같은 문화적 요인은 개인의 가치관, 신념, 태도, 행동에 영향을 미칠 수 있다. 사회복지사는 개인의 문화적 배경을 고려하고, 문화적 차이를 이해하며, 개인의 문화적 요구에 맞는 지원을 제공해야 한다.

3. 주요 개념

동기강화모델을 적용할 때 상담이나 치료라고 하지 않고 면담 혹은 협력적 대화라고 강조하는 것은 사회복지사와 클라이언트 간의 권위의 차이가 없음을 보여주는 것이다. 흔히 정신과 치료나 상담 현장에서는 지위, 지식, 능력, 권위를 더 많이 가지고 있는 전문가가 그렇지 못한 또는 병리적인 클라이언트에게 무엇인가를 해준다는 의미가 내포되어 있지만 사회복지실천 현장에서 적용할 수 있는 동기강화모델에서는 클라이언트를 자신의 문제에 대해서 가장 잘 알고 있는 파트너로 존중한다.

동기강화모델은 개인이 스스로 변할 동기를 찾고 그 변화를 위한 준비와 행동을 촉진하는 데 중점을 둔다. 동기강화모델은 클라이언트가 변화에 대한 내적 동기를 발견하고 강화할 수 있도록 지원함으로써 실질적이고 지속 가능한 변화를 이끌어 내는 데 중요한 역할을 한다. 사회복지실천 현장은 상담현장과는 달리 동기 수준이 낮고 비자발적인 클라이언트가 많음을 고려할 때 사회복지실천 현장에서 더욱 유용하게 활용될 수 있는 기술이라고 할 수 있다.

동기강화기법은 개인의 내적 동기를 증진시켜 변화를 이끌어 내는 다양한 전략과 기술을 포함한다. 사회복지사는 개인의 상황과 필요에 따라 적절한 동기강화기법을 활용하여 개인의 변화를 촉진할 수 있다.

1) 변화동기

동기강화모델에서는 내적 변화 동기를 강조한다. 변화 동기는 클라이언트로부터 나오는 것이지, 외부로부터 부여되는 것이 아니라는 것이다. 동기강화모델은 칼 로저스의 클라이언트 중심 모델에 영향을 받은 인간중심적인 상담이자 클라이언트의 현재 관심과 염려에 초점을 맞춘다. 변화 동기를 강화하기 위해 외부적인 설득이나 보상 등을 사용하기보다 클라이언트의 내적 가치관과 목표를 탐색하고 이를 활성화함으로써 행동변화를 자극한다.

현재 상태와 자신이 원하는 상태 또는 개인의 가치와 실제 행동 간에 불일치감을 인식할 수 있도록 원조함으로써 내적 변화 동기를 증진시킨다. 동기강화모델은 클라이언트의 가치관과 신념에 맞지 않는 변화를 강요하지 않는다. 이는 어떤 식으로든 클라이언트가 변화에 대한 관심이 없으면 변화는 일어나지 않을 것이고, 클라이언트 자신의 가치관이나 관심이 변화와 관련이 있을 때 변화가 생기게 된다는 가정을 가지고 있다.

클라이언트가 변하려면 정서적인 요소만으로는 부족하고 지적인 이해와 아울러 체계적인 현실 검증이 있어야 함은 인지행동치료가 보여주는 통찰이다. 클라이언트가 변하기 위해서는 정서적 지지나 이성적 판단만으로는 쉽게 변화가 일어나지 않는다. 변화에 대한 뚜렷한 동기가 있어야 하고 클라이언트의 의지가 더해져서 실행에 옮겨질 때 큰 효과를 발휘할 수 있다. 하지만 클라이언트는 자기 스스로 살아온 방식, 자기의 세계관, 자기의 익숙한 행동들을 포기하고 새로운 것을 채택하는 것을 굉장히 어려워한다. 따라서 인지적 혹은 정서적으로 상당한 효과를 보았음에도 불구하고, 변화에 있어서는 미온적 태도를 쉽게 보이곤 한다.

사회복지사의 판단에 따라서 클라이언트에게 변화의 필요성을 절감하게 하는 설득이나 문제에 직면시키는 적극적인 개입 등이 주어지는 것이 옳다. 강조해서 말하자면, 정서적 지지와 공감을 통해서 그와 친밀감을 형성한 다음에 인지적 분석을 통해서 그 스스로 자신의 문제에 대한 통찰력을 키울 수 있도록 도와줄 뿐만 아니라 그것을 어떻게 개선하고 현실의 문제를 어떻게 극복할 것인지 그 방법을 모색해 주고 변화에 대한 의지를 촉발시키는 등 사회복지사가 가지고 있는 모든 자원을 총동원하여 클라이언트를 적극적으로 도와주는 것이 사회복지사의 역할이라고 할 수 있다.

2) 저항과 함께 구르기

동기강화모델에서는 의식적으로 지시적인 방법을 사용한다는 점에서 로저스의 방법과는 다르다. 동기강화상담은 양가감정의 해결방안을 모색하기 위한 의도를 가지고 진행되며 가끔은 특정한 방향으로 변화가 일어나게 하기 위해 클라이언트로부터 변화와 대화를 이끌어 내어 이를 선택적으로 강화하는 지시적 방법을 활용하기 때문이다.

또한 클라이언트의 저항을 감소시키기 위하여 의도적인 방법으로 저항에 반응한다. 클라이언트는 변화하고 싶기도 하고 그렇지 않기도 한 양가감정에 사로잡히는 경우가 많이 있다. 동기강화모델에서는 이러한 양가감정 갈등을 이용해서 변하지 않으려고 버티는 힘을 이겨낼 수 있을 때까지 불일치감을 더욱 경험하도록 자극하고 증폭시켜야 변화로 나아갈 수 있다고 강조한다.

동기강화모델은 클라이언트의 양가감정 해결방안을 모색하기 위해 사회복지사가 클라이언트의 말에 선택적으로 반응하여 변화를 향하여 나아가도록 돕는다. 양가감정을 분명히 인식하고 해결하는 것은 사회복지사의 몫이 아니라 클라이언트의 몫이다. 동기강화모델과 전통적인 클라이언트 중심 상담의 차이는 여기서 나타나기 시작한다.

동기강화모델에서는 변화에 앞서 해결해야 할 문제가 양가감정이므로 양가감정을 해결하는 방향으로 의도적이고 지시적으로 상담이 이루어진다. 전체적으로 탐색을 주로 하는 클라이언트 중심 상담은 변화 동기의 문제보다는 사람들이 자신의 삶을 정리한다든지 혹은 어려운 결정 때문에 고민할 때 적합하다. 그러나 동기강화모델은 의도적이며 지시적으로 양가감정에 묶여 꼼짝 못하고 있는 사람을 움직일 수 있게 하는 쪽으로 지원한다. 즉, 클라이언트의 관점에서 본 자신의 현재 행동과 가치관 사이에 불일치감을 찾아서 이를 증폭시키는 것이다. 이는 '저항과 함께 구르기'라고 표현되기도 한다. 클라이언트의 저항, 주저와 망설임 등을 그대로 인정하고 존중하라는 의미이다. 저항에 직면하는 것이 중요하며 문제를 회피하지 말고 있는 그대로 받아들이고 개입함으로써 방어 상태를 감수하면 된다.

동기강화모델에서는 저항을 변화에 대한 양가감정이 외부로 표현되는 자연스러운 행동 기제로 받아들이기 때문에 저항하는 클라이언트를 직면시키거나 논쟁하는 대신 클라이언트의 인식 틀과 동기를 이해하기 위해 반영적으로 경청하면서 저항을 다루고 변화에 대한 양가감정을 해결한다.

3) 받아주기

사회복지사의 설득이나 좋은 충고는 양가감정을 해결하는 데 효과적이지 않다. 오히려 클라이언트의 생각과 감정을 수용해 주는 것이 효과적이다. 수용이란 클라이언트 행위를 무조건 허용해야 한다거나 현재 상태로 머물러 있으려고 하는 것을 묵인함을 의미하는 것이 아니다. 수용은 절대적 가치 인정, 자율성 지지, 정확한 공감을 표현한다. 클라이언트에게 절대적 가치가 있고 변화의 주도권과 책임이 있으며 클라이언트의 장점과 노력을 인정하고 클라이언트 관점에서 정확한 공감이 필요함을 뜻한다. 클라이언트의 상황을 잘 이해하고 있으며 이에 공감하고 있음을 충분히 전달함으로써 신뢰관계를 만들어 내고 이를 기반으로 개입이 원활하게 진행될 수 있게 된다. 이는 공감의 정신이나 동기강화의 목적이 클라이언트의 복지 추구에 있으며 전문가의 이득을 위하여 동기강화가 이루어져서는 안 됨을 의미한다.

여기서 공감은 동정이나 동일시와 같은 사적인 감정이나 경험과는 구별되어야 하고 전문적으로 추구하는 전문성을 갖춘 공감을 의미한다. 클라이언트가 말하는 표면적인 내용 속에 담겨있는 의미와 감정을 깊이 살필 줄 알아야 한다. 증상에 휘둘리는 것이 아니라 그 증상을 야기했던 근본적인 문제가 무엇인가를 재빨리 파악할 수 있어야 한다. 클라이언트가 처음부터 자세하게 자신의 문제나 증상에 대해서 일일이 다 고백하지 않더라도 사회복지사는 그것을 재빨리 눈치채고 클라이언트가 사회복지사와 말을 나누면 나눌수록 통쾌함을 느끼고 그동안 클라이언트 스스로가 잘 알지 못했던 것을 선명하게 알려준다면 계속해서 상담을 하고자 할 것이다. 따라서 사회복지사는 클라이언트의 한마디 한마디 말 속에서 그의 상황을 이해하고 그의 문제 해결책을 찾는, 또한 그의 문제에 대해서 함께 공감할 줄 아는 여러 가지 능력들을 키워야 한다.

4) 자기 효능감

자기 효능감은 어떤 행동이나 활동을 수행하며 특정 목표를 성공적으로 해낼 수 있다는 자신의 능력에 대한 신념이다. 클라이언트는 스스로를 변화시키기 위해 필요로 하는 많은 내부 자원들을 이미 가지고 있다. 사회복지사가 해야 할 일은 그 내적 자원을 클라이언트가 발견하고 인식하도록 유발해 내는 것이다. 즉, 클라이언트 안에 내재되어 있는 동기를 유발하고 강화하는 역할을 해야 한다.

사회복지사는 클라이언트에게 스스로 자신의 일을 선택하고 결정할 수 있는 선택의 자율권과 능력이 있다는 점을 끊임없이 상기시켜야 한다. 그리고 이 선택에 대한 자율권을 촉진시킴으로써 자율성을 강화하는 것을 중요시해야 한다. 클라이언트의 강점과 자원을 강조하고, 성공 경험을 공유하며, 작은 목표를 설정하여 성취감을 느끼도록 도와 자기 효능감을 높여주어야 한다. 또한 과거 성공 경험을 되새겨 보고, 앞으로도 성공할 수 있다는 믿음을 심어주는 것이 중요하다.

5) 협 력

동기강화모델에서 가장 중요한 개념은 바로 협력이다. 협력의 정신이란 실천가와 클라이언트가 동등한 파트너로서 상호협동해서 변화를 위한 최선의 선택을 해 나가야 함을 의미한다. 동기강화모델은 상담 기술이라기보다 의사소통 방법 중 하나이다. 동기강화모델은 근본적으로 사회복지사와 클라이언트가 함께하는 협력을 강조하며 클라이언트들에게서 자연적인 변화가 일어날 수 있도록 사회복지사가 효율적인 의사소통으로 접근하는 방법이다. 사회복지사 자신의 열망뿐만 아니라 클라이언트의 열망을 잘 관찰하고 그의 열망과 사회복지사의 열망을 조화시켜야 한다. 클라이언트 행동 변화라는 목표는 클라이언트의 협력 없이는 달성할 수 없기 때문이다. 따라서 동기강화모델에서 사회복지사와 클라이언트의 관계는 파트너십 혹은 동반자의 관계라고 할 수 있다.

클라이언트와의 관계에서 가장 중요한 것은 상호 신뢰를 바탕으로 클라이언트와 관계를 만들어 나가는 것이다. 일찍이 공자는 제자인 자공과 나눈 짧은 대화에서 정치의 본질을 "백성이 먹고 살 수 있는 풍족한 먹을거리, 외부의 위협을 막을 수 있는 튼튼한 군사력, 그리고 백성의 신뢰"라고 정의하였다. 공자는 마지막 요소인 신뢰를 셋 중 가장 중요한 덕목으로 꼽았다.

협력의 관점에서 동기강화모델을 설명할 때 사회복지사가 중점적으로 해야 할 일은 무엇일까? 사회복지사의 임무라 함은 클라이언트가 찾아와서 자신의 갈등이나 문제를 말로 표현할 수 있도록, 또 대화 중 그의 문제를 드러낼 수 있도록 격려함으로써 클라이언트 스스로가 자신의 문제를 이해하고 극복할 수 있도록 여러 측면에서 도와주는 역할을 하는 것이다. 따라서 사회복지사는 일반인이 친구를 만나 대화하듯 체계 없이 그저 남의 말을 잘 들어주는 것으로 동기강화모델의 목적을 달성했다고 생각하면 큰 오산이다. 오히려 자신이 행하는 일이 전문 영역이라는 사실을 스스로가 명확하게 인식하고 그 직책을 수행하는 데 있어서 필요한 모든 자질을 익혀야만 한다.

사회복지사라고 하는 전문가적 집단에 걸맞은 작업을 수행하기 위해서는 먼저 사회복지사 자신이 훈련되어 있어야 한다. 사회복지사는 쉽게 상황에 휘둘리지 않고 어떤 상황에서나 일관성을 견지하는 능력을 가지고 있어야 하며 클라이언트 혹은 타인에 대하여 우호적이고 친절을 베풀되 때로는 단호함을 보이는 사람이어야 한다. 클라이언트에게 한결같은 태도를 유지하면서 클라이언트에 대한 존중을 보여주어야 한다. 따라서 사회복지사는 지식, 수련, 기술 등의 전문적인 측면에서 그가 가지고 있는 자질을 최대한 끌어올리는 데 노력해야만 한다.

그러나 이 모든 것의 이전에 클라이언트와의 라포(rapport) 형성이 가장 중요하다. 사회복지사가 여러 가지 문제들에 대처하는 전문적인 지식을 잘 구비하고 있다 할지라도 클라이언트의 말에 경청하고 공감해 주는 따뜻한 마음을 가지고 있지 않다면 사회복지사로서의 역할을 감당할 수 없다. 사람에 대한 관심과 따뜻한 마음은 사회복지사가 기본적으로 갖추어야 할 소양임을 명심해야 한다.

4. 개입기술

사회복지사는 여러 가지 기술을 사용하여 클라이언트의 문제에 개입할 수 있는데, 대표적으로 경청, 질문, 반영, 명료화 같은 기술을 들 수 있다. 하지만 이런 기술은 잘 들어주기만 해도 스스로 난관을 이겨낼 수 있고 자신의 문제를 해결할 수 있는, 비교적 자신의 내적 자원이 많은 클라이언트에게는 적용할 수 있지만 적극적으로 사회복지사가 개입해야 하는 상황에서는 통하지 않는다.

하지만 실제 상황에서 클라이언트에게 어떤 기술을 가지고 다가가느냐에 따라서, 즉 사회복지사가 어떤 개입 방식을 채택하느냐에 따라서 만남의 결과는 크게 달라진다. 전문적인 상담의 현장에서 대개 경청, 질문, 반영, 명료화와 같은 부드러운 기술을 사용하는 통찰 지향적 상담은 사회복지사가 클라이언트에게 지시하거나 클라이언트의 문제에 개입하지 않고 비교적 중도에 서서 클라이언트 스스로가 자신의 문제를 파악할 수 있도록 지지하고 도와주는 개입 방식이다. 반면 지지 상담은 해석 또는 지시와 판단을 통해 클라이언트를 문제에 직면시키는 것, 또 때때로 클라이언트의 행동을 통제하는 것 같은 기술을 많이 사용하면서 적극적으로 상담에 개입하는 기술이라고 볼 수 있다. 사회복지사는 동기강화모델을 바탕으로 클라이언트의 문제에 접근할 때 통찰 지향적 상담과 지지 상담을 적절하게 사용할 수 있다(신성자, 2013).

1) 개방형 질문 하기

클라이언트가 자신과 연관된 이야기를 하면 사회복지사는 클라이언트의 이야기 속에서 더 많은 정보를 얻어내기 위해서 질문을 던진다. 이때 던지는 질문은 정보 수집을 위한 것이라기보다 클라이언트가 자신이나 스스로의 문제에 대해서 더 주의를 기울이고, 혹 빠뜨리는 문제가 없이 더 자세하게 말할 수 있도록 하는 목적을 가지고 행해지는 것이다. 즉, 클라이언트에게 어떤 것에 집중하도록 질문하면서 경청이 가지고 있는 수동적인 태도보다는 조금 더 적극적으로 클라이언트에게 다가가는 것을 의미한다.

개방형 질문 하기란 문제의 어려움에 대해서 사회복지사의 시각이 아니라 클라이언트의 시각에서 정보를 수집하는 데 유용한 질문 형태이다. 사회복지사가 클라이언트의 문제를 미리 짐작하거나 제한하지 않고 클라이언트에게 자신이 도움을 받고자 하는 내용과 필요 목적에 대한 선택권을 부여함으로써 클라이언트 스스로 다양하고 광범위하게 자신의 문제에 대해 서술할 수 있도록 도와주는 것이다.

예를 들면, 다음과 같은 질문의 형식을 들 수 있다. 사회복지사를 방문하는 클라이언트는 적극적으로 자신의 문제를 토로하기보다 주저하며 선뜻 자신의 문제를 털어놓지 못하는 경우가 많다. 이때 사회복지사가 긴장과 낯섦에 대한 두려움을 덜어주는 질문 "오늘 어떻게 오셨습니까?, 고민이 있으신가요?, 저랑 이야기하고 싶은 내용이 있나요?" 등의 말을 먼저 시작함으로써 클라이언트의 문제를 이끌어 낼 수 있다. 사회복지사가 개입을 하지 않아도 자신의 문제를 술술 털어놓는 클라이언트도 있지만 다수의 클라이언트는 자신의 문제를 먼저 털어놓기를 꺼리는 경향이 있으므로 이런 질문은 유용하다.

2) 경청하기

경청이라 함은 단순히 듣는 것을 의미하는 것은 아니다. 경청이라고 하는 단어 속에는 듣는 사람의 능동적인 청취 과정이 들어감을 의미한다. 사회복지사가 클라이언트의 이야기를 들을 때에 그 마음속에서는 수많은 정신 활동이 일어나고 있다. 사회복지사는 경청을 통하여 클라이언트가 직면하고 있는 어려움과 문제, 그리고 증상의 실체를 이해하고 그것이 지니는 여러 가지 의미를 찾아내어야 한다. 클라이언트의 심리와 성격이 어떤 식으로 조직되어 있고 나아가 어떤 식으로 클라이언트가 현실 세계와 타협하며 작용하고 있는지를 이해해야 한다. 따라서 사회복지사는 경청하는 동안 일시적으로 클라이언트를 이해하는 공감자와 인지적 사회복지사의 역할로 돌아오는 관찰자의 역할을 번갈아 가면서 수행해야 한다.

3) 인정하기

인정하기란 클라이언트가 가지고 있는 강점, 즉 과거에 했던 부정적인 행동이나 태도 중에서 긍정적으로 바뀌거나 좋아진 점, 개선된 점에 대해 인정함으로써 지지하는 것이다. 인간은 누구에게나 사랑받고 싶고 인정받고 싶은 욕구가 있다. 인간의 가장 근본적인 욕구라고 할 수 있는 인정하기를 통해 대인관계나 사회 생활에 어려움을 겪고 있는 클라이언트의 자존감을 높일 수 있고 치료적 관계 형성에도 도움을 줄 수 있다.

인정하기 기법의 실례는 다음과 같다. "그동안 여러모로 어려움이 많았을 터인데 여기까지 잘 버텨 오셨습니다. 대단합니다", "이런 상황에서 좌절하지 않고 여기까지 오신 것, 정말 잘하셨습니다", "저라도 견디기 힘든 상황이었을 텐데 지금 잘 견뎌내고 계십니다." 사회복지사의 격려와 인정은 클라이언트의 변화에 대한 동기를 강화하는 데 도움을 준다.

4) 반영하기

반영하기란 사회복지사가 클라이언트의 말을 바꾸어 말하거나 혹은 생각이나 감정 상태에 대해 언급함으로써 상담자가 경청하고 있고 공감, 이해하고 있음을 전달하는 것이다. 동기강화모델의 가장 핵심적인 기술이다. 클라이언트가 어떤 말이나 행동을 할 때에 그 말과 행동에서 드러난 감정이나 태도 등을 사회복지사가 간파하면서 그것을 다시 클라이언트에게 간단한 말로 되돌려 주는 것을 반영이라고 한다. 이러한 과정을 거치면서 클라이언트로 하여금 자기 스스로 문제를 새롭게 직시할 뿐만 아니라 자신이 이해받고 있다는 느낌을 줄 수 있기 때문에 반영은 상담에서 가장 중요한 기술 중의 하나이다.

5) 요약하기 혹은 명료화

명료화란 사회복지사가 클라이언트에게 클라이언트가 호소하는 증상이나 문제에 대해서 조금은 더 자세히 말해줄 것과 또 설명할 수 있도록 클라이언트를 독려하고 지지하는 것을 의미한다. 때때로 명료화는 클라이언트가 말한 것을 사회복지사가 그에게 그대로 돌려줌으로써 클라이언트로 하여금 좀 더 명확하게 자신의 문제를 이해할 수 있도록 돕는 행위를 뜻한다. 명료화를 요약하기라는 용어로 표현하기도 하는데, 결국 그 의미는 상담회기 동안에 사회복지사가 클라이언트와 대화 도중 클라이언트의 말을 되물으며 명료하게 하거나 상담이 끝날 시간의 말미에 요약하여 전달하는 것이다. 상담의 주요 내용을 정리하고 클라이언트가 자신의 문제에 대해 객관적으로 인식할 수 있도록 도울 뿐 아니라 사회복지사가 클라이언트의 상황을 잘 이해하고 있음을 전달하는 기능도 있다.

예를 들면, "지금 ○○씨의 직장에서 직장 상사와 이런저런 문제가 있다고 말씀하셨는데 이 부분이 ○○씨를 힘들게 한다는 것이지요?"라고 클라이언트의 어려움을 분명하게 되물어 주는 것이다. 또는 "방금 제가 이야기한 내용이 당신이 말한 내용과 맞지요?"라고 확인함으로써 클라이언트의 주 호소 문제를 요약해 주는 것을 말한다.

6) 해 석

해석은 클라이언트의 말과 행동 가운데 분명하게 그 의미를 찾을 수 없는 부분에 대하여 사회복지사가 개연성 있는 이야기를 만들어서 클라이언트에게 들려주는 것이다. 다시 말하면 해석이란 사회복지사가 클라이언트에게 그가 지금 직면하고 있는 어떤 행동, 사고나 감정, 생각 등이 스스로에게 어떤 의미를 지니고 있는지 명확하게 제시해 주는 것이라고 할 수 있다.

따라서 해석이란 클라이언트 자신이 인식하고 있는 부분, 그 부분을 출발점으로 삼아서 아직은 클라이언트가 채 의식하지 못하고 있는 부분으로까지 클라이언트의 생각과 인지를 끌고 가는 것으로, 그 해석에 대하여 클라이언트가 어떤 식으로 반응을 보이는가를 보면서 사회복지사는 해석의 적합성 여부를 스스로 판단할 수 있다.

7) 직 면

직면이라 함은 사회복지사가 클라이언트에게 어떤 것을 지적해 주는 행위라고 할 수 있다. 사회복지사가 관찰하고 들었던 클라이언트의 말이나 비언어적인 행위에 대하여 클라이언트가 자각하거나 인정하기를 두려워하는 측면이 있을 수 있으므로 직면은 클라이언트로 하여금 자기 스스로의 행동을 더 잘 알 수 있도록 자극하는 행동이다. 사람은 누구나 자신의 행동에 대해서 지적을 받으면 부끄러움과 불편한 감정을 느끼게 되는데 이러한 감정이 생겨나면 그 자리에서 벗어나고자 하는 것이 또한 인간의 마음이다. 이때 자연스럽게 일어나는 변화에 대한 동기는 간혹 수치심을 통하여 드러나는 경우가 많은데, 수치심을 자극하는 직면은 그 파급 효과나 영향력이 커 때때로 클라이언트에게 위협적인 것으로 받아들여질 수도 있다.

따라서 직면이 가능한 클라이언트는 내적인 자원을 가지고 있는 클라이언트라고 할 수 있다. 사회복지사는 클라이언트가 그것을 받아들일 수 있는 내적 자원이 있는지 여부를 살핀 다음에 그것을 토대로 진행할 필요가 있다.

8) 통제와 대행

통제와 대행은 클라이언트가 어떤 행동이나 결정을 해야 할지 모르고 불편한 상황에 놓여 있을 경우 사회복지사가 매우 적극적으로 클라이언트의 입장과 형편에 관여함으로써 클라이언트를 마치 부모와 같이 보호해 주는 역할을 하는 것이다. 여러 가지 상담의 기술 가운데 가장 적극적인 것으로서 위급상황에 처한 클라이언트를 보호하기 위해서 사회복지사가 취할 수 있는 보호의 조치이다. 사회복지사는 때때로 클라이언트를 직접 통제하기도 하면서 클라이언트의 보호자로서의 역할을 수행해야만 한다. 일반적으로 이러한 개입 기술은 클라이언트의 생활에 깊이 관여하여 통제함을 목적으로 하고 있다.

5. 유용성과 한계점

1) 유용성

사회복지사가 실천 현장에서 만나는 클라이언트 가운데는 특히 부정적 정서나 낮은 치료 동기를 가지고 있는 사람이 많다. 동기강화모델을 주창한 밀러가 알코올 중독자 치료에서 이 개입 방법을 도입하기 시작했음을 상기한다면 동기강화모델은 비단 알코올 중독자뿐 아니라 행동 변화가 요구되는 흡연 중독이나 마약류와 같은 약물 남용, 도박 등의 다양한 유형의 중독자에게 반드시 필요한 치료모델이라고 할 수 있다. 더 나아가 폭력 가해자 등의 비자발적 클라이언트와 일상생활에서 규칙적인 관리가 필요한 만성질환자에게도 적용될 수 있다.

사회복지실천에 있어서 클라이언트의 복잡한 문제를 다루는 데 효과적인 도구로 사용되고 있는 동기강화모델은 클라이언트 스스로 변화할 수 있는 동기를 찾고 이를 촉진하는 데 초점을 맞추고 있다. 변화에 대한 자발적인 동기를 강조하기 때문에 클라이언트의 저항을 줄이고 변화에 대한 내적 동기를 강화하는 전략을 사용한다. 이러한 접근 방식, 즉 동기강화모델은 클라이언트의 삶의 질을 개선하고 개인의 강점을 활용하여 긍정적인 변화를 촉진하는 데 기여할 수 있다.

이러한 관점에서 동기강화모델의 유용성을 살펴보면 다음과 같다.

- 3개월 이내 단기 개입으로, 장기간 클라이언트에 대한 개입이 어려운 사회복지실천 현장에서 유용하다.
- 사회복지실천 기법이 적용되는 개입 시기는 보통 10회기인 데 비해 동기강화모델은 2~3회에 걸친 단기적 개입만으로도 장기적 심리치료의 효과를 가져올 수 있다.
- 동기강화모델은 단독으로 활용되기도 하지만 인지행동모델이나 해결중심

모델과 같은 다른 모델과 통합적으로 시행될 수도 있다.

- 동기강화모델에 기반을 두어 집중적인 단기 계획을 실시한 후에 사후 개입으로 전화 면담이나 추수 관리로 연결할 수 있고 필요에 따라서는 개별 및 집단을 활용한 개입이 모두 가능한 열린 모델이다.

2) 한계점

동기강화모델은 개인의 내적 동기를 증진시켜 지속 가능한 변화를 이끌어 내는 데 효과적인 접근 방식이다. 연구 결과에 따르면 동기강화모델은 개인의 자기 효능감, 문제 해결 능력, 목표 달성 능력을 향상시키는 데 도움이 되는 것으로 나타났다. 또한 동기강화모델은 개인의 만족도와 삶의 질을 향상시키는 데 기여할 수 있다. 그러나 동기강화모델이 모든 상황에 적용될 수 있는 만능 해결책은 아니다. 동기강화모델은 개인의 의지와 노력에 크게 의존하는데 모든 개인이 변화에 대한 동기를 가지고 있는 것은 아니기 때문이다. 또한 동기강화모델은 개인의 문제를 해결하기 위한 구체적인 전략이나 기술을 제공하지 않기 때문에, 다른 치료적 접근 방식과 함께 사용해야 한다.

사회복지사는 동기강화모델의 효과성과 한계점을 이해하고, 개인의 상황에 맞는 적절한 지원을 제공해야 한다. 동기강화모델은 개인의 잠재력을 발휘하고 긍정적인 변화를 만들어 내는 데 도움을 주는 유용한 도구이지만, 다른 치료적 접근 방식과 함께 사용해야 효과를 극대화할 수 있다.

CHAPTER

09 사회복지실천 모델 VI : 위기개입모델

1. 기본 개념

1) 위기의 의미

우리는 위기의 시대를 살아가고 있다. 세계 어디서나 극단적인 경제적 불평등과 불안정이 대다수 사람들의 삶을 짓누르고 있다. 나아가 인종주의와 성차별주의로 인한 혐오정서의 분출, 저항 이데올로기의 위축과 종교 근본주의의 부상, 절멸적 수준으로 확산되기 직전에 달한 전쟁과 폭력의 위기, 또 인간과 생명체 전체를 위협하는 기후 온난화에 이르기까지, 현재의 사회는 총체적 위기의 시대로 진단할 수 있다.

그러나 사람은 위기를 겪어야 성장하고, 위기를 통해 배우기도 한다. 이렇듯 어디서나 사용하는 '위기'라는 말은 어떤 위험한 상황을 초래하거나 초래할 수 있는 돌발적 상황에 대한 표현이다. 영어의 위기(crisis)는 희랍어(크리네인, krinein)에서 유래한 말이다. '크리네인'은 '판결, 판단'이라는 뜻이다. 의학의 아버지 히포크라테스는 '환자의 운명을 위해 중요한 결정을 내리다'라는 그리스어 '크리네인'에서 '크리시스(krisis)'라는 단어를 만들어 냈다고 한다. 그 이후 위기는 갑작스럽고 결정적인 병세의 악화를 가리키는 의학용어로 사용되었다.

펩(PEP : The Positive Energy Program)의 창시자이자 미국 최고의 긍정에너지 전문가인 존 고든은 2008년 출간한 그의 책 『에너지 버스』에서 이렇게 말한다.

"불행히도, 대부분의 사람들은 위기를 겪고 나서야 비로소 변화해요. 이유는 잘 모르겠어요. 하지만 그렇게 경험을 한 사람들이라면 누구나 '다른 사람들은 그런 위기를 겪기 전에 한 번이라도 자신의 인생에 대해서, 자신이 원하는 바에 대해서 진지하게 생각해 보았으면...' 하고 바라죠. 어떻게 되겠지 하고 마냥 기다려서는 안 돼요. 그래서 때로 위기가 필요하기도 해요."

우리는 위기 앞에서 뒤를 돌아보고 앞으로의 삶에 대해서도 주의를 기울이게 된다. 갑작스럽게 닥친 인생의 수많은 '위기'는 마주칠 때마다 갑작스럽고 결정적인 악화 상태에서 인간은 당황하고 두려움을 느낄 수 있다. 그러나 해결할 수 있는 어려움이기에 의학용어로까지 사용된 것 아닐까. 환자의 운명을 위해 중요한 결정을 내리는 어원에서 파생된 '위기'라는 말은, 그래서 그 안에 희망도, 가능성도 포함되어 있다. 이런 의미에서 본다면 위기(危機)는 위험과 기회가 합쳐진 말이다. 위기가 나쁜 것이라고 생각하지만 꼭 그런 것은 아니다. 그저 문제가 되는 상황이 위기는 아니라는 말이다. 위기 속에는 항상 해결책이 있다. 위기가 지나고 나면 더 큰 성취를 이룰 수 있다. 따라서 위기는 해결책과 나아갈 방향을 포함하고 있는 희망의 단어이다.

위기는 대개 위험사건에 의해 시작되는데 위험사건은 외부적인 스트레스 사건일 수도 있고 혹은 내부적인 압력일 수도 있으며 하나의 재앙사건일 수도 있고 혹은 연속적으로 축적된 사건일 수도 있다. 또한 위기는 위험사건으로 항상(恒常)적 균형을 잃으면 취약 상태가 되며 긴장과 불안을 최고로 올려놓음으로써 취약 상태를 불균형 상태로 만드는 촉발 요인이 된다.

2) 위기개입모델이란

사회복지실천기술의 일환인 위기개입모델은 자연재해나 갑작스러운 생활상의 사건으로 고통의 감정을 일시적으로 경험하고 이로 인해 압도당하거나, 혹은 발달 과정에서 유발되는 스트레스로 인해 일상생활에서 수행의 어려움이 발생하는 경우 이에 대처할 능력과 자원이 부족하여 문제가 생기는 사람들을 돕기 위한 모델이며, 위기 상황에 즉각적으로 개입하여 전문적인 원조를 제공하기 위한 모델이다(이영실 외, 2022). 이 모델은 극심한 스트레스 상황에서 즉각적으로 필요한 서비스의 지원과 격심한 고통 이후에 발생할 수 있는 심각한 심리적 붕괴 현상의 예방에 관심이 있으며 따라서 긴박한 스트레스 상황 속에 개인이나 가족을 진단하는 이론적 준거 틀과 방법을 제시해 준다.

이처럼 위기개입모델은 개인이 심각한 위기 상황에 처했을 때 적절한 도움과 지원을 제공하여 안전을 보장하고 심각한 결과를 예방하는 데 필수적인 역할을 한다. 위기는 다양한 상황을 포함하지만 특정 위기 상황은 단계를 거치며 진행되고 각 단계마다 예측할 수 있는 정서적 반응과 행동을 드러낸다. 위기는 오랫동안 지속되는 것이 아니라 시간 제한적이며, 일반적으로 4~6주 동안 지속되는 경우가 많아 위기개입은 실제 위기 기간을 넘기지 않는 4~6주 내에 이루어진다. 위기 상황은 개인의 정신적·육체적 건강에 심각한 영향을 미칠 수 있으며, 극단적인 선택을 유도하기도 한다. 따라서 전문적인 개입을 통해 위기 상황을 조기에 인지하고 적절한 조치를 취하는 것이 중요하다.

위기개입모델은 개인에게 필요한 지원을 제공하여 위기를 극복하고 안정적인 상태로 회복할 수 있도록 현장 실무자나 조사자 그리고 이론가들이 공동으로 만들어 낸 체계적인 접근 방식이다. 위기에 관한 지식들, 스트레스 및 대처 이론, 병리적 위기 및 역기능적 결과들에 관한 임상조사 등의 영향을 받아 형성되었으며 보호 및 민간 서비스에 종사하는 실무자들이 위기를 예방하고 심리적 병리나 가족 해체 등을 미연에 방지하고자 하는 노력을 통해 이 모델이 형성되었다.

2. 목 적

1) 위기의 종류

위기를 정의할 때 접근 방식에 따라 여러 가지 정의가 있을 수 있다. 본 서에서는 개개인의 발달 단계와 심리적 변인, 또 개인을 둘러싼 사회적 상황 등을 고려하여 발달적 위기, 상황적 위기, 실존적 위기, 환경적 위기로 나누어 정의하고자 한다(최선화, 2007).

(1) 발달적 위기

인간의 정신적, 정서적, 기질적, 행동적 특성 등을 연구하는 발달심리학자들은 인간은 끊임없는 발달의 과정을 거친다고 한다. 따라서 인간이 성장하고 발달해 나가는 가운데 비정상적인 반응을 일으키는, 즉 인간이 성장하고 발달하면서 성숙하는 과정에서 발생하는 극적인 변화나 전환 때문에 겪게 되는 현상을 발달적 위기라고 규정한다. 발달이 어떻게 이루어지는가에 대한 체계적인 이론을 확립한 사람은 에릭 에릭슨이다. 덴마크계 독일인으로 미국에서 활동한 발달심리학자인 그는 인간의 심리 사회적 발달이론을 연구하여 '정체감 위기(Identity Crisis)'라는 말을 만들어 냈다(정옥분, 2023). 그의 주요 업적은 인간의 전 생애에 걸친 발달 심리학(life span developmental psychology)을 다룬 것이다. 에릭슨의 심리 사회적 성격 유형 이론에 의하면 인간은 각 시기마다 성취해야 할 심리적 과제가 있는데 이를 성취하지 못하면 발달적 위기가 온다고 하였다. 개인의 모든 발달적 위기는 독특한 방식으로 다루어져야 하는데, 예를 들어 청소년의 정체성 위기, 중년의 위기, 노년의 위기 등 개인의 생애주기에 따른 위기와 결혼, 자녀의 출생 등으로 인한 가족의 생애주기에 따른 위기를 포함한다.

(2) 상황적 위기

상황적 위기는 우발적 위기라고도 부른다. 클라이언트가 자신의 욕구 충족의 본질적인 요소, 즉 가장 안정감을 느끼는 관계나 사람을 비정상적인 상황으로 인해 상실하게 되는 경우에 찾아오는 위기이다. 상황적 위기는 클라이언트가 예견하거나 통제할 수 없는 드물고 극히 이례적인 사건이 발생할 때 나타난다. 예를 들어, 자동차 사고나 갑작스러운 질병, 사별, 이혼, 실업, 자살, 폭력 범죄 등과 같은 사건에서 초래되는 위기이다. 상황적 위기는 대비할 수 없이 급작스럽게 닥치기 때문에 더욱 충격적이며 대부분 비극적이라는 점에서 다른 위기와 차이가 있다.

(3) 실존적 위기

실존적 위기는 인간이 태어난 목적, 자유, 불안, 죽음 등 인간 존재에 필연적으로 동반되는 갈등이나 불안과 관련된 위기이다. 덴마크의 철학자인 키에르케고르나 프랑스의 철학자인 사르트르 등이 실존적 위기의 토대를 마련했다(정유진 외, 2023). 이들에 따르면 인간이 실존적으로 가지는 몇 가지 불안한 존재조건이 있는데 그것은 자신을 둘러싸고 있는 타자로부터의 소외, 죽음으로 끝나는 삶에 대한 불안, 허무, 공포, 절망, 부조리 등 정서적 문제이다. 이에 더하여 실존적 위기의 핵심 문제는 개인의 삶의 단계와 개인 발달에 따라 다르다는 생각, 즉 10대의 위기, 중년의 위기, 노년의 위기 등을 말하기도 한다. 그들은 모두 자신의 삶의 의미와 목적에 대해 갈등을 겪고 있다는 공통점이 있다. 인생 초기의 위기는 미래 지향적인 경향, 다시 말하면 개인은 인생에서 어떤 가치관을 가지고 살아야 할지에 대해 불안하고 혼란스러워하며, 특히 교육과 직업은 물론 사회적 관계에서의 개인의 정체성과 독립성과 관련하여 정체성 위기를 경험한다. 인생 후반의 위기는 과거 지향적인데 인생의 정점을 지났다는 느낌에 의해 촉발되는 경우가 많으며 죄책감, 후회, 죽음에 대한 두려움 등이 위기감을 경험하게 한다. 실존적 위기는 불안과 스트레스를 동반하며, 종종 일상생활에서 정상적인 기능을 방해하고 우울증을 유발할 정도로 심각하게 나타나기도 한다.

(4) 환경적 위기

환경적 위기는 기후 위기로 인한 자연재해라든가 대규모 교통사고나 건물 및 다리 붕괴, 코로나19와 같은 전염병의 유행 등이 가져오는 위기라고 할 수 있다. 홍수, 지진, 폭풍 등의 자연재해는 인간의 힘으로는 막을 수 없어 이러한 위기 앞에서 인간은 속절없이 무너지고 만다. 또한 여객기 추락 사고나 백화점 붕괴 사고와 같은 인간이 만든 재난, 즉 인재 앞에서 망연자실하는 것이 인간의 삶이다. 환경적 위기는 이러한 위기를 뜻한다.

2) 위기개입모델의 목적

위기개입은 매우 초점화된 단기개입으로 위기 상황과 관련된 구체적 문제 해결에 초점을 두기 때문에 목표가 제한적이다. 위기개입은 즉시 이루어져야 하는데, 일반적으로 위기 상태에 들어간 때부터 6주 내에 어떤 형태로든 해결되어야 한다. 클라이언트의 과거를 탐색하는 데 비중을 두지 않고 위기와 그 위기에 대한 행동에 초점을 둔다. 위기개입모델의 목표는 직접적으로 위기 상황과 관련된 구체적 문제에 초점을 두고 설정되어야 한다. 사회복지사는 다른 어떤 실천 접근에서보다 적극적이고 직접적인 역할을 수행한다. 위기에 처한 클라이언트에게 무엇보다 희망을 고취하는 것이 중요하며 실제적 정보를 제공하거나 정서적으로 지지하고 사회적 체계를 개발하고 형성하도록 해야 한다. 대부분의 클라이언트는 자기 자신을 실패자로 인식하고 있기 때문에 사회복지사는 클라이언트와 신뢰관계를 조성하여 클라이언트의 자기상을 보호해 주고 더 나아가 건전한 자기상을 확립하도록 원조한다.

위기개입모델의 목표는 다음과 같다.

- **위기 상황에서의 안전 확보** : 위기 상황에 처한 개인에게 필요한 안전 조치를 취하고 자해나 타해 행위를 예방한다.
- **심각한 결과 예방** : 위기 상황에서 발생할 수 있는 심각한 결과를 예방하고 개인의 건강과 안전을 보호한다.
- **긍정적인 대처 전략 개발** : 위기 상황에 효과적으로 대처할 수 있는 전략을 개발하고, 스트레스 해소 및 정신건강 증진을 돕는다.
- **지속적인 지원 제공** : 위기 상황 이후에도 지속적인 지원을 제공하여 안정적인 상태로 회복되도록 돕는다.

3. 개입과정

위기개입모델의 개입 단계는 크게 초기 단계, 사정 단계, 계획 단계, 개입 단계, 평가 및 종결 단계로 나눌 수 있다.

1) 초기 단계

초기 단계는 사회복지사와 클라이언트가 처음으로 만나는 장이다. 만남의 첫 회기에서 사회복지사는 처음 대면하는 클라이언트의 위기 상황에 즉각적으로 초점을 맞추고 현재 클라이언트의 곤경에 대해 평가하며 앞으로의 활동에 대해 의견을 교환한다. 특히 이 단계에서 클라이언트의 주관적인 반응을 이끌어 내는 것이 중요하며 반응에 대한 해석이나 직면보다는 클라이언트가 감정을 표현함으로써 보다 합리적, 이성적으로 위기 상황에 대처할 수 있도록 원조하는 것이 중요하다. 위기개입모델은 클라이언트에게 즉각적인 안정감을 제공하여 심리적·정서적 혼란을 완화시키고 클라이언트의 위기 대처 능력을 강화하여 눈앞에 닥친 위기를 해결함과 동시에 장기적인 안목에서 이와 유사한 위기 상황에 직면했을 때 잘 대처할 수 있도록 클라이언트의 위기 대처 능력을 배양시키는 모델임을 사회복지사는 명심해야 한다.

2) 사정 단계

위기 상황에 처한 개인의 현재 상태를 파악하는 단계이다. 개인의 심리적·신체적 상태, 위기 상황의 원인, 위기 수준, 자해나 타해 위험성 등을 평가한다. 사회복지사는 사정 단계에서 클라이언트의 정서적 고통을 완화하거나 경감시키는 것과 동시에 개인과 문제에 대한 사정을 수행하게 된다. 사정 단계는 초기 단계와 더불어 위기개입모델의 가장 중요한 단계이다.

위기 상황을 극복하기 위해 찾아온 클라이언트에게 사회복지사가 취할 태도는 가장 먼저 클라이언트와 라포(rapport) 형성을 신속하게 만들어 가는 것이다. 신속한 라포 형성을 위한 기본 자세는 클라이언트에 대하여 한 사람의 인간으로서 존중감을 가지고 대하는 것이다. 위기를 호소하는 클라이언트가 다소 현실성이 떨어진다 하더라도 사회복지사는 그 클라이언트를 존중해야 한다. 사람에 대한 애정은 관심, 연민, 동정, 배려, 또 그가 겪는 고통에 대해서 같이 고민해 주는 인간적인 자세를 의미한다.

이러한 기본 마음가짐을 통하여 클라이언트로 하여금 사회복지사에 대한 경계를 낮추도록 유도하며 치료적 관계를 형성하여 클라이언트가 위기 상황을 벗어날 수 있도록 최선을 다하겠다는 사회복지사의 의도를 잘 전달해야 한다.

라포 형성 이후에는 클라이언트의 위기 상황에 즉각적으로 초점을 맞추고 그의 주관적 경험을 경청한다. 클라이언트의 행동 촉진을 위해서는 경청으로 인한 감정 이입을 통해 지지적인 태도를 보여야 한다. 또한 클라이언트가 위기와 선행 사건을 어떻게 인식하는지, 대처 기술이 있는지 등의 정보를 파악하고 탐색하는 관점에서 문제를 검토하고 정의한다. 이때 사회복지사는 적극적인 태도로 개방형 질문을 자주 사용함으로써 많은 정보를 파악한다. 클라이언트의 언어적·비언어적 표현을 관찰하며 적극적인 경청을 통해 클라이언트가 존중받고 있음을 느끼도록 충분한 관심을 기울인다.

사정 단계에서는 다음과 같은 질문들을 통해 정보를 수집할 수 있다.

- 위기 상황의 원인은 무엇인가요?
- 현재 어떤 어려움을 겪고 있나요?
- 자해나 타해 생각이 있나요?
- 지금 어떤 도움이 필요하다고 생각하시나요?
- 과거에 유사한 위기 상황을 경험한 적이 있나요?
- 사회적 지지 시스템은 어떻게 되나요?
- 신체적 건강 상태는 어떻게 되나요?
- 약물이나 알코올 사용 여부는 어떻게 되나요?

사정 단계에서는 개인의 말을 주의 깊게 경청하고 비난하거나 판단하지 않는 태도를 유지하는 것이 중요하다. 또한 개인의 안전을 최우선으로 고려하고, 필요한 경우 안전 조치를 취해야 한다.

3) 계획 단계

사정 단계에서 얻은 정보를 바탕으로 개인에게 필요한 개입 전략과 목표를 설정하는 단계이다. 개입 목표, 개입 방법, 개입 기간, 개입 담당자 등을 구체적으로 계획한다. 이러한 목적을 달성하기 위해 사회복지사는 현재 클라이언트의 손상 정도와 수행 능력 회복의 수준, 회복을 도와줄 주변 자원 현황 등을 파악해야 한다. 이러한 과정은 클라이언트의 위기 상황에서 클라이언트가 어떤 방법을 사용하여 어떻게 위기에 대처하고 극복할 수 있을까에 대한 대안적 대처방법을 탐색하는 데 도움을 준다. 사회복지사는 가능한 대안들을 고려하고 이들의 장단점을 파악하여 무엇을 수행할 것인지 행동 계획을 세운다.

계획 단계에서는 다음과 같은 질문들을 고려하여 개입 계획을 수립할 수 있다.

- 개입의 목표는 무엇인가? (안전 확보, 위기 극복, 심리적 안정, 지속적인 지원 제공 등)
- 어떤 개입 방법을 사용할 것인가? (상담, 치료, 정보 제공, 사회적 지원 연계 등)
- 개입 기간은 얼마나 될 것인가? (단기, 중장기)
- 개입 담당자는 누구인가? (사회복지사, 가족, 친구, 전문 기관 등)

계획 단계에서는 개인과의 협력을 통해 개입 계획을 수립하는 것이 중요하다. 그러기 위해서는 개인의 동의를 얻고, 계획에 대한 질문과 의견을 경청해야 한다. 또한 개입 계획은 유연하게 조정될 수 있어야 한다. 위기 상황은 예측 불가능하게 변화하기 때문에, 개입 계획을 유연하게 조정하여 상황에 맞게 대처해야 한다.

4) 개입 단계

계획된 개입 전략을 실제로 수행하는 단계이다. 개인에게 필요한 정보, 상담, 치료, 지원 등을 제공한다. 개입 단계에서 중요한 것은 개인과의 신뢰관계 구축이다. 개인을 존중하고 공감하며, 비난하거나 판단하지 않고, 솔직하고 진솔하게 소통해야 한다. 또한 개인의 자기 결정권을 존중하고, 스스로 문제를 해결할 수 있도록 돕는 것이 중요하다.

사회복지사의 위기 개입이 시작되면 클라이언트는 점차 자율성을 회복하게 된다. 클라이언트의 자율성 회복은 사회복지사가 소극적인 역할로 전환할 필요가 있음을 의미한다. 사회복지사는 클라이언트가 일상생활에서 활용할 수 있는 자원과 지지체계를 찾아내어 적극 활용할 수 있도록 지원한다. 결국 사회복지사의 역할은 클라이언트가 자신이 처한 위기에 대해 지적으로 이해할 수 있도록 하고 그가 표현하기 힘들어하는 감정을 표현하도록 도우며 대처 기제를 탐색하는 것이다. 또한 클라이언트가 행동으로 옮기는 과정에서 겪는 두려움에 대해서 협력적·지시적 개입을 통해 클라이언트로 하여금 이 위기 상황을 잘 벗어날 수 있도록 도와야 한다.

개입 단계에서 사용할 수 있는 방법은 다음과 같다.

- 위기 상황에 대한 정보 제공
- 심리적 안정 및 스트레스 해소 기술 교육
- 문제 해결 능력 향상을 위한 상담
- 정신건강 치료 연계
- 사회적 지원 시스템 연계
- 자살 예방 교육 및 상담
- 약물 및 알코올 중독 치료 연계
- 긴급 상황 발생 시 신속한 대처

개입 단계에서는 개인의 안전을 최우선으로 고려해야 한다. 자해나 타해 위험성이 높은 경우, 안전 조치를 취하고 전문가의 도움을 받아야 한다.

5) 평가 및 종결 단계

평가 및 종결 단계는 개입과정을 정리하고 개인의 회복을 위한 다음 단계를 계획하는 중요한 단계이다. 개인의 목표 달성을 돕고, 지속적인 성장을 위한 토대를 마련하는 데 도움이 된다. 이 단계에서는 개인의 상태 변화, 목표 달성 여부, 개입 과정의 만족도 등을 종합적으로 평가한다. 또한 종결에 대한 클라이언트뿐만 아니라 사회복지사의 저항을 다루며 목표 변화와 성취하지 못한 것들을 점검하며 클라이언트의 활동 계획에 대해 논의한다. 무엇보다 중요한 것은 클라이언트가 사회복지사에게 의존하지 않도록 격려함과 동시에 필요한 경우에 클라이언트가 활동할 수 있는 지지원으로 사회복지사를 인식할 수 있도록 하는 것이다.

위기개입의 마지막 단계에서 사회복지사는 클라이언트가 위기를 다루는 과정을 통해 무엇을 배웠는지 정리해 주어야 한다. 이러한 과정을 거쳐야 나중에 클라이언트가 비슷한 위기에 봉착했을 때 스스로 해결할 능력을 배양할 수 있게 된다. 또한 위기가 종결되었다고 해서 관계마저 종결되는 것이 아니라 클라이언트가 도움이 필요할 때 언제든지 소통할 수 있다는 점을 상기시켜야 한다. 어떤 문제이건 도움을 받을 수 있고 서로 상의하며 해결해 나갈 수 있다는 든든함을 제공해야 한다. 사회복지사는 클라이언트와 진솔한 대화를 통해 상담 과정에 대한 피드백을 주고받고 평가하며, 클라이언트에 대한 사후 관리는 꼭 진행되어야 함을 명심해야 한다.

평가 및 종결 단계에서는 다음과 같은 질문들을 고려할 수 있다.

- 개입목표를 달성했는가?
- 클라이언트의 상태가 개선되었는가?
- 클라이언트는 안정적인 상태로 회복되었는가?
- 개입과정에서 어떤 어려움이 있었는가?
- 클라이언트는 개입에 만족하는가?

평가 결과에 따라 개입을 종결하거나 추가적인 개입 계획을 수립할 수 있다. 또한 개입이 종결되었다고 해도 개인의 필요에 따라 지속적인 지원을 제공할 수 있다(이영실 외, 2022).

4. 개입기법

위기개입모델에서 사회복지사의 역할은 전문가로서의 역할이 두드러진다.

즉, 사회복지사는 상담 및 적극적인 개입을 통해 클라이언트의 위기 상황을 개선시킬 수 있는 전문가로서의 자질을 갖추어야 한다. 사회복지사가 클라이언트와 하는 상담은 발달적, 사회적, 심리적인 문제에 대해서 전문적인 조언을 듣는 행위를 일컫는다. 사회복지실천 현장에서 상담이란 도움을 필요로 하는 사람이 전문적인 훈련을 받은 사람과의 대면 관계에서 생활 과제 해결과 사고, 행동 및 감정 측면의 인간적 성장을 위해 노력하는 학습과정임을 기억해야 한다.

도움을 필요로 하는 클라이언트와 도움을 주는 전문적인 사회복지사 간의 관계 형성을 통해 클라이언트의 문제 해결과 삶의 질 향상 등 바람직한 인간적 성장과 변화를 조력하는 과정이 위기개입모델이다. 지금, 여기에서 문제를 겪고 있는 클라이언트는 본인의 요청 혹은 제3자의 의뢰에 의해 사회복지사를 만나게 된다. 사회복지사는 위기를 호소하는 클라이언트에 대해 인간적 관계를 형성하고 그의 문제를 경청하고 공감하고 분석하는 등의 전문적 기법을 통해 클라이언트의 문제를 다룸으로써 궁극적으로 클라이언트가 행복한 삶을 영위하고 심리적 성장과 발달을 이룰 수 있도록 도와야 한다.

사회복지사는 클라이언트의 문제와 그 문제의 근원이 된 개인적 특성, 관계적 특성, 환경에 대한 대처방식 등에 대한 이해와 분석을 세밀하게 하여야 한다. 또한 클라이언트의 숨겨진 자원과 역량을 발견하여 그것을 지렛대 삼아 클라이언트의 행동과 사고를 수정하기 위해 여러 가지 기법과 기술을 구사할 수 있어야 한다.

위기개입모델에서 사회복지사의 개입기술을 살펴보면 다음과 같다.

1) 지금과 여기(Here & Now)에서 작업하기

위기개입상담이 클라이언트에게 가장 효과적이려면 지금, 여기에 초점을 두어야 한다. 지금, 여기에 초점을 두는 일은 하나가 없이는 나머지 것도 치료적인 힘을 갖지 못한다는 것을 의미한다. 즉, 지금과 여기는 둘 다 있어야 한다. 클라이언트들은 지금, 여기에서 살고 있다. 먼 과거의 일까지 거슬러 올라가 해결책을 찾기보다 지금, 여기에 초점을 맞추면 각 클라이언트가 경험하고 있는 위기 상황이 보다 선명하게 드러난다. 또한 피드백, 정화, 의미 있는 자기개방, 사회화 기술의 습득을 수월하게 한다.

클라이언트의 1차적 과업은 아주 단순한 것으로 일상의 본래적 목적을 달성하는 것이다. 즉, 고통에서 벗어나고 다른 사람들과 보다 좋은 관계를 가지며 충실하게 삶을 사는 것이 그 목적이다. 이러한 목적을 달성하기 위해 사회복지사는 지금, 여기의 측면에서 그가 가지고 있는 위기에 집중해야 한다.

2) 증상 파악하기

위기개입모델은 심각한 병리적 증상을 호소하는 클라이언트보다 일상에서 맞이하는 부적응 문제 혹은 발달적, 심리적, 환경적 위기를 극복하는 데 도움을 받고자 하는 경우에 이루어지는 모델이다. 따라서 사회복지사는 전문적인 지식과 기술은 물론이거니와 다양한 유형의 클라이언트를 돕기 위해서 사회복지사 스스로가 폭넓은 경험, 균형 잡힌 관점의 안목을 갖추고 있어야 클라이언트가 호소하는 여러 가지 문제들에 대응할 수 있다.

사회복지사를 찾아오는 클라이언트는 어떤 증상을 호소하게 된다. 그러나 사회복지사는 클라이언트가 보이는 과도한 불안이나 혹은 그가 반응하는 불편한 상황이 있다면 표면적으로 드러나는 증상으로만 이해할 것이 아니라 오히려 클라이언트의 깊은 사고에 자리 잡은 내부의 심리적 갈등, 불안 혹은 가족관계, 해결하지 못한 문제들과 증상을 연결하여 살펴보는 것이 타당하다.

클라이언트가 가지고 오는 현재 문제의 정황은 그 전부터 있었던 심리적 갈등이나 풀지 못한 문제들이 어떤 상황과 맞물릴 때에 거기서 촉발되어서 증상으로 변질할 수 있다. 따라서 증상은 클라이언트가 자신이 직면한 상황이나 자극에서

적절하게 반응하지 못하고 이상행동을 나타내고 있다는 방증이며, 클라이언트가 합당하게 기능하지 못하는 배후에는 불안이 있다고 볼 수 있다.

불안은 두려움을 내적으로 경험하는 것으로 위험한 외부 현실에서 비롯된 것이 아니다. 따라서 불안은 외부에서 오는 것이 아니라 그 사람의 내부에서 발생하는 것이다. 사람이 어떤 상황에 직면했을 때 불안을 느끼면 단순히 무방비 상태로 있는 것이 아니라 그 불안을 회피하기 위해서 그가 가진 여러 가지 자원들을 활용한다. 프로이트는 이것을 방어기제라고 설명하고 있다. 다시 말하자면, 사람은 어떤 위험 상황을 피하기 위해서, 그리고 그 상황이 야기하는 불안에 대처하기 위해서 나름의 방어기제를 사용하게 되는데, 이 방어기제는 그 사람이 가진 취약성과 결합하여 여러 가지 형태의 왜곡이나 증상을 만들어 낸다는 것이다(이무석, 2008). 사회복지사는 증상 이면에 있는 클라이언트의 본질적인 문제와 위기를 잘 살펴서 그가 직면하고 있는 위기 문제를 분명하게 인식할 수 있도록 하여야 한다.

3) 자기 개방하기

사회복지사는 자신의 이익을 위해 클라이언트를 이용해서는 안 된다. 사회복지사의 주요 임무는 클라이언트가 원하는 것을 얻도록 도와주는 것이다. 사회복지사는 클라이언트를 진심으로 존중하고 신뢰하며 가치 있는 존재로 대해야 한다. 클라이언트로 하여금 자신이 가치 있는 존재이며 일방적인 지시나 교정에 의해 지배받는 대상이 아님을 일깨워 주기 위해서 꼭 필요한 것이 사회복지사의 자기개방이다. 사회복지사가 자기개방을 하기 위해서는 먼저 자기수용이 이루어져야 한다. 자기수용이란 자신을 있는 그대로 받아들이며 인정하는 것을 의미한다. 자기수용적인 사회복지사는 자신의 강점뿐만 아니라 약점까지도 수용한다. 이를 통해 클라이언트와의 상호작용을 더 정확하게 이해하고 스스로 완벽하지 않은 존재라는 사실을 인정함으로써 클라이언트로 하여금 자기

개선을 촉진한다. 자신을 있는 그대로 수용하는 사회복지사는 사소한 실수에 낙심하지 않으며 때로 클라이언트에게 자신의 약한 부분을 기꺼이 드러내기도 한다. 사회복지사의 개방적 태도란 자신과 다른 삶의 유형과 가치에 대해 개방적인 것을 말한다.

사회복지사는 필요한 경우 자신의 경험과 감정을 그대로 드러낼 필요가 있다. 사회복지사의 이러한 태도는 클라이언트의 감정과 신념을 개방하는 촉매 역할을 하게 되어 위기 극복 과정에 활력을 불어넣는다. 개방적인 사회복지사는 클라이언트의 긍정적 피드백은 물론 부정적 피드백도 솔직하게 다룬다. 개방적 태도를 지닌 사회복지사는 쉽게 위협을 느끼지 않고 정서적으로 불안정해지지 않으며 부정적인 피드백에 지나치게 민감한 반응을 보이지도 않는다. 전문적인 집단 상담의 경우 클라이언트들은 지도자의 자기 개방에 대해 민감한 반응을 보이며 지도자가 자기 개방을 더 많이 해주기를 바라는 경향이 있다. 집단의 지도자가 자신이 집단을 이끄는 목적과 목표뿐만 아니라 한 개인으로서 개인적인 감정, 즉 고독, 슬픔, 분노, 걱정, 불안 등을 노출시킬 때 집단의 역동이 활발하게 일어난다는 보고도 있다.

이러한 예에서 볼 때 사회복지사의 자기개방은 클라이언트에게 매우 소중한 모델이 된다. 그러나 사회복지사는 모든 것을 다 개방해서는 안 된다. 사회복지사는 클라이언트를 치료해야 하는 책임감을 항상 가지고 있어야 한다. 사회복지사는 클라이언트에 대해서 그리고 치료과업에 대해서 특별한 유형의 책임감을 가지고 있다. 사회복지사가 존재하는 이유는 정직함이나 완전한 개방에 있는 것이 아니라 클라이언트로 하여금 자신의 숨겨진 잠재력을 깨닫고 위기 상황을 잘 극복하여 행복감을 맛보며 일상 생활을 할 수 있도록 이끄는 데 있음을 기억하자.

4) 조언 및 지시하기

조언 및 지시하기는 클라이언트 행동을 향상시키기 위한 기법으로, 이는 사회복지사의 의사를 관철시키는 하나의 방법이라고 볼 수 있다. 조언하기 위해서 주의할 점은 클라이언트가 가진 욕구를 명료화하여 조언해야 한다는 것이다. 조언하기 위해서는 충분히 경청하고 클라이언트가 서 있는 곳에서 출발해야 한다. 사회복지사의 역할을 한마디로 정의하자면 클라이언트로 하여금 그가 속한 가정, 사회, 공동체 안에서 상식적인 관계를 맺으면서 건강하게 살아갈 수 있도록 도와주는 것이다. 클라이언트가 호소하는 문제를 현실적인 각도에서 잘 조명하여 클라이언트에게 실질적인 도움을 주어야 한다. 또한 클라이언트가 삶의 주체가 되어 당당하게 자기 목소리를 내며 살아갈 수 있도록 도와야 한다.

사회복지사의 역량에 따라서 실천의 결과가 크게 달라지는 것은 주지의 사실이다. 클라이언트가 자신의 이야기나 증상을 털어놓는 것은 사회복지사의 조언이나 해결 방향을 기대하며 사회복지사가 자신에게 분명한 해결책을 건네주기를 바라고 있기 때문임을 명심해야 한다. 위기개입모델은 클라이언트 자신이 스스로 알아서 선택하도록 도와주는 것이 아니라 사회복지사가 문제에 대한 해결 방안을 적극적으로 함께 모색해 주는 작업임을 잊지 말아야 한다.

5. 활용과 과제

인간은 누구나 위기에 처하게 되며 이 위기로 인하여 파생되는 정서적 부적응의 문제를 해결하려는 시도는 사회복지사의 중요한 관심사가 되고 있다. 사회 속에서 주변의 사람들과 적절한 관계를 맺으며 일상을 살아가던 개인이 부적응 상태에 몰입하여 문제에 직면하게 되고 스스로 문제해결이 곤란하면 전문가의 도움을 필요로 하게 된다. 사회복지사가 대면하는 대부분의 클라이언트는 이런 과정을 거쳐 만나게 되는 사람들이다. 이러한 부적응 상태에 처해 있는 개인이나 가족, 혹은 동일한 문제로 고민하는 클라이언트가 모인 집단을 돕기 위하여 그들의 생활상황 속에서의 문제를 해결하도록 돕는 것이 위기개입모델이므로 다른 어느 전문 분야보다 사회복지 전문직에서 이론의 개발과 함께 그 실천 방법이 실효를 거두고 있다.

사회복지실천에서 위기개입모델은 초기에는 지역사회 정신건강 프로그램, 자살방지센터, 가족 서비스센터, 의료체계 등이 있었고, 점차적으로 아동복지체계, 학교 또는 성폭력 상담센터, 가정폭력 상담센터, 여성긴급전화 1366, 정신건강 증진센터, 자살예방센터, 다문화가족지원센터, 재난구조체계 등의 장으로 영역이 확대되어 사회복지실천 현장에서 광범위하게 활용되고 있다. 환언하자면 학교, 직장, 병원, 사회복지기관 등에서 위기 상황에 처한 개인에게 필요한 지원을 제공하는 데 효과적으로 활용할 수 있다는 것이다(김춘환 외, 2023).

이처럼 위기개입모델은 개인의 안전과 회복을 도울 뿐만 아니라 사회 전체의 안전과 건강에도 기여한다. 또한 위기개입모델은 개인의 문제를 개인의 책임으로 돌리는 것이 아니라 사회적 지원 시스템을 통해 문제를 해결하고자 하는 노력의 일환임도 명심해야 한다.

위기개입모델은 다음과 같은 과제들을 안고 있다.

- **전문 인력 부족** : 사회복지사의 적극적 역할이 필요한 모델이므로 위기개입 전문 인력의 부족은 위기 상황에 효과적으로 대처하는 데 어려움을 초래할 수 있다.
- **재정적 어려움** : 위기개입모델을 운영하기 위한 재정적 지원이 부족할 수 있다.
- **사회적 인식 부족** : 위기개입의 중요성에 대한 사회적 인식이 부족하여, 위기 상황에 처한 개인에게 필요한 지원이 제대로 제공되지 않을 수 있다.

- **개인의 문화적 배경과 가치관 고려** : 개인의 문화적 배경과 가치관을 고려하지 않고 일률적인 개입 방식을 적용할 경우, 효과적인 개입이 어려울 수 있다.
- **정보 공유 및 협력 부족** : 위기 상황에 대한 정보 공유 및 관련 기관 간의 협력이 부족할 경우, 효과적인 개입이 어려울 수 있다. 위기개입모델은 사회복지사의 적극적인 개입이 필요한 기술이기 때문에 클라이언트를 둘러싼 정보나 협력할 수 있는 자원이 신속 정확하게 전달되고 유관 기관 협조 활동이 잘 이루어져야 한다.

사회복지실천 현장에서 만나는 클라이언트들은 각각의 문제를 가지고 있다. 다른 실천기술과는 다르게 위기개입모델은 사회복지사의 활발한 활동을 전제로 하는 것이기에 위기개입모델의 활용과 과제에 대한 지속적인 연구와 지원이 필요하다. 위기는 누구에게나 예고 없이 찾아올 수 있다. 보다 진일보한 위기개입모델을 통해 사회 구성원 모두가 위기 상황에 효과적으로 대처하고 안전한 사회를 만들어 갈 수 있도록 노력해야 할 때다.

PART 03

대상별 사회복지실천기술

CHAPTER

10 개인대상 사회복지실천기술

1. 개인대상 사회복지실천기술의 개념

사회복지실천의 전통적 개입방법은 개별지도, 집단지도, 지역사회조직으로 분류된다. 개별지도(social casework)는 클라이언트와의 일대일 관계를 통해 이루어지며 가장 빈번히 활용되는 방법이다. 리치몬드(Richmond)는 이를 "개인과 사회환경 간의 조정을 통해 인격발달을 도모하는 과정"으로 정의하였다. 초기에는 개별화된 문제와 적응방식에 초점을 둔 미시적 접근이 주를 이루었으나 이후 통합적 접근이 강조되면서 개인의 문제를 사회적 환경과의 관련성 속에서 이해하고 다양한 수준에서 개입해야 할 필요성이 대두되었다. 이에 따라 개별지도는 심리 내적 적응 중심에서 벗어나 개인대상의 실천으로 확대되었고, 실천영역도 다양화되었다.

또한 도광조(2008)는 개인대상 사회복지실천은 사회복지사와 대상자가 직접 1:1로 만나서 대상자와 함께 대상자의 문제나 욕구를 분석하고, 그 해결책을 모색하며, 원조를 실행하는 것이라고 하였다. 이와 같은 내용을 정리해 보면, 개인대상 사회복지실천을 "개인의 인격 존중을 전제로 한 전문적인 대인관계의 기반 위에서 클라이언트가 직면하고 있는 문제 상황을 분석하고 검토하여 클라이언트의 생활상의 욕구를 조직적이고 체계적으로 충족시켜 나가는 전문적인 방법"이라고 할 수 있다.

1) 개인대상 사회복지실천의 개입목표

개인대상 사회복지실천기술의 궁극적인 목적은 클라이언트의 삶의 질을 향상시키는 것이다. 이를 위해 개입의 목표는 구체적이고 단순하며 세분화되어야 하며, 개입의 방향을 설정하는 역할을 하기 때문에 분명히 설정되어야 한다. 일반적으로 이러한 목표는 사회복지사가 개입을 통해 이루고자 하는 변화의 방향을 제시하며, 클라이언트가 원하는 변화를 실현하도록 돕는 데 중점을 둔다.

2) 개인대상 사회복지실천의 특징

첫째, 대상자 체계가 1인이라는 점이다. 개별 대상자와의 협력적인 문제해결과정에서 대상자의 선택권을 중요시하며 개인의 개별적인 욕구와 특성, 상황에 맞는 알맞은 방법과 전략을 활용한다. 이를 위해서는 개인의 존엄성, 자기결정권, 개별적 욕구와 특성, 상황에 맞는 방법과 전략을 선택해야 한다.

둘째, 대상자의 문제를 해결하기 위해 사회복지사와의 전문적인 관계를 도구로 활용한다는 점이다. 이는 사회복지사와 클라이언트가 일대일 관계 속에서 대인관계의 기술을 활용하여 클라이언트의 문제해결을 돕게 되기 때문이다.

셋째, 개인의 적응과 변화를 위한 다양한 모델과 개입방법을 활용한다. 역동심리이론, 자아심리, 행동주의심리학, 역량강화이론, 페미니스트이론, 정신치료 등 다양한 모델과 개입방법을 활용하여 개인의 변화 또는 개인과 환경의 상호작용을 변화시키기 위해 노력한다는 것이다.

넷째, 개별 대상자를 위한 개입활동은 대상자의 사회적 기능과 문제해결 능력을 향상시키는 것뿐만 아니라 개인과 환경 간 상호작용을 변화시키는 데 초점을 둔다. 개인대상 사회복지실천의 대상은 문제를 가진 개인이며, 주체는 전문적 지식과 기술을 갖춘 사회복지사이다. 개입 방법은 대상에 따라 달라지며 개인의 성장과 환경 적응을 지원하기 위해 사회복지사와 클라이언트 간 협동적 관계를 바탕으로 문제를 해결하고 재조정한다. 또한 클라이언트의 주체성을 인정한 측면적 도움으로 개인과 그의 사회환경과의 상호작용을 중요시하여 개인의 내면 강화와 환경조정을 한다(신성자, 2007).

2. 개인대상 사회복지실천기술의 개입과정

개인대상 사회복지실천기술의 개입과정은 학자에 따라 다양하게 분류되고 있으나 클라이언트와 주변 환경에 대한 변화를 모색하고 개입하여 효과를 기대하는 기본적 입장에서는 크게 차이가 없다. 따라서 개인대상 사회복지실천기술의 개입과정은 사회복지사가 대상자와 대상자를 둘러싼 다양한 환경 내의 체계들을 변화시키기 위해 그의 전문적 가치와 지식에 기초하여 개입하는 과정이다(양옥경 외, 2018).

1) 초기 단계

클라이언트를 돕기 위해서는 먼저 클라이언트의 개인적·사회적 상황과 여러 사실들을 파악하는 자료 수집 과정이 필요하다. 클라이언트의 상태를 이해하지 않고는 효과적인 개입이 어려우므로 초기 단계에서 접수, 자료 수집, 사정, 계획(목표 설정), 계약 등의 과정을 통해 개입 방향을 설정한다. 이는 클라이언트를 이해하고 적절한 개입을 위한 필수적인 절차이다

(1) 접수

접수(intake)는 문제가 있는 사람이 사회복지기관을 방문했을 때 사회복지사가 그의 문제와 욕구를 확인하고, 기관의 정책과 서비스에 부합하는지 판단하는 과정이다. 이 과정을 통해 해당 기관에서 적합한 서비스를 제공할 수 있다

고 판단되면 이후 자료 수집과 사정을 통해 클라이언트에게 적절한 서비스가 제공된다. 접수는 클라이언트를 수용할지 결정하는 첫 단계로, 전문적 관계 형성과 실천과정의 방향을 설정하는 중요한 절차이다. 제한된 시간 안에 효과적으로 수행되기 위해 사회복지사의 기술적 역량이 요구된다.

① 접수의 목적

접수 단계에서 달성해야 할 목적은 클라이언트가 직면하고 있는 문제를 기관의 도움을 이용하여 해결해 나갈 수 있는가의 적격성(eligibility) 여부를 결정하는 데 있다. 초기 단계의 목적을 구체적으로 살펴보면 다음과 같다(김충식 외, 2009).

- 대상자가 기관을 찾지 않으면 안 되는 상황을 명확히 이해하고 파악하는 것
- 대상자가 자기의 문제를 어떻게 보며, 그것에 관하여 어떻게 느끼고 있으며 그리고 어떻게 생각하는가, 또 장래에 대해 어떤 희망과 계획을 가지고 있는가 등을 파악하는 것
- 문제에 관하여 기관이 무엇을 할 수 있는가를 생각하고, 기관의 기능으로 클라이언트의 욕구에 따른 도움을 줄 수 있는지의 여부를 결정하는 것
- 기관이 클라이언트가 자신의 문제를 해결하기 위하여 제공하는 도움을 이용할 능력을 가지고 있는지의 여부에 관해 예비적 평가를 하는 것

접수 단계는 기관의 서비스와 기능에 대한 설명을 명백히 하여 적합한 사례인가를 결정하고 기관의 클라이언트로서 도움을 받기로 잠정적인 결정을 한다. 그리고 부적합한 사례에 대해서는 클라이언트와의 면접에 의하여 그의 문제해결에 적합한 시설이나 기관을 소개하고 의뢰(referral)한다. 이때 단순히 사무적으로 처리할 것이 아니라 의뢰의 의미를 서로 이야기하여 확실한 동기를 부여해야 한다.

② 접수단계의 과제

㉠ 관계 형성

관계 형성은 클라이언트의 두려움과 양가감정을 해소하고, 긍정적인 라포를 통해 의사소통을 가능하게 하는 과정이다. 사회복지사는 진실된 관심과 이해를 바탕으로 클라이언트에게 수용감과 존중감을 느끼게 하며, 신뢰는 전문성과 원칙 준수를 통해 형성된다. 이 과정은 경청, 감정이입, 저항 다루기 등의 기술을 활용하며 개입 초기부터 지속된다.

㉡ 문제 확인

클라이언트의 문제를 명확히 파악하는 단계로, 문제의 성질, 중요성, 원인, 문제해결 노력과 방법, 기관에 요구하는 해결책 등을 확인하는 과정이다. 이 단계에서 실제 문제를 정확히 이해하고, 기관이 해당 문제를 해결할 수 있는 서비스를 제공할 수 있는지를 평가하는 것이 중요하다.

㉢ 원조과정에 대한 안내

서비스 제공 결정 후 사회복지사는 클라이언트에게 서비스 제공 규칙, 조건, 그리고 각자의 역할을 설명해야 한다. 이때 서비스 세부사항인 시간, 장소, 빈도, 모임 횟수, 프로그램 진행 시간 등을 포함해 명확히 안내한다.

㉣ 의뢰

클라이언트가 서비스 정보를 얻은 후 사회복지사는 수혜 여부를 결정한다. 기관에서 문제를 해결할 수 없거나 더 적합한 기관이 있을 경우 다른 기관으로 의뢰한다. 이 과정에서 클라이언트의 동의가 필요하며, 의뢰 후에도 서비스가 적절히 제공되고 있는지 확인해야 한다.

(2) 자료 수집

자료 수집(data collection)은 클라이언트의 문제를 이해, 분석, 해결하기 위해 필요한 자료를 모으는 과정이다. 자료 수집은 사정을 위한 기반이 되므로 선행되어야 하지만 실제로는 자료 수집과 사정이 반복적으로 동시에 이루어지기도 한다. 자료 수집의 주요 목적은 클라이언트를 효과적으로 돕기 위해 문제와 클라이언트를 깊이 이해하는 데 필요한 정보를 얻는 것이다. 이를 위해 사회복지사와 클라이언트 간의 원활한 대인관계가 필수적이다.

① 자료의 출처

㉠ 클라이언트의 이야기

클라이언트는 대체로 상당한 정보 출처일 뿐 아니라 어떤 경우에는 거의 유일한 정보 출처이기도 하다. 그러나 클라이언트의 이야기가 왜곡되는 경우가 있는데 이를 대비해 객관성을 정확히 인지할 수 있는 능력이 필요하다.

㉡ 클라이언트가 작성한 양식

보통 첫 면접 이전에 기관의 간단한 초기 면접 시에 클라이언트가 직접 이름, 성별, 나이, 직업, 주소나 전화번호, 문제, 가족 구성원 등을 작성하기도 한다.

㉢ 부수 정보

클라이언트 외에 가족, 이웃, 친구, 친척, 다른 기관, 학교 등으로부터 얻게 되는 정보가 때에 따라서는 클라이언트로부터 얻지 못한 귀중한 정보가 된다. 이때 클라이언트의 동의 없이 정보를 얻어서는 안 된다.

㉣ 심리 검사

심리학자에 의해 실시되는 다양한 성격 및 지능검사 결과로부터의 정보이다. 이러한 검사는 전문적 지식 없이 함부로 사용해서는 안 된다.

㉤ 클라이언트의 비언어적 행동

언어적 표현 못지않게 중요한 제스처, 얼굴 표정, 손동작, 목소리 톤 등이 해당된다.

㉥ 중요한 사람과의 상호작용 및 가정방문

클라이언트와 그의 삶에 중요한 사람과의 상호작용을 관찰함으로써 많은 정보를 얻게 된다.

㉦ 직접 상호작용하면서 느끼는 사회복지사의 감정

클라이언트가 사회복지사와 상호작용하는 패턴은 그가 다른 사람과 어떻게 상호작용하는지에 대한 실마리를 제공한다.

② 자료 수집에 포함할 요소

- 접수 시 클라이언트에 대한 기본적인 정보
- 문제에 대한 깊이 있는 정보(개인적, 환경적 측면에서 찾아본다)
- 개인력(클라이언트가 살아온 역사)
- 가족력(가족관계, 가족구성 등)
- 클라이언트의 기능(지적 기능, 정서적 기능, 신체적 기능, 행동적 기능, 대인관계 기능, 업무능력, 문제해결 능력 등)
- 클라이언트의 자원(현재 이용하고 있는 서비스, 활용 가능한 자원 등)
- 클라이언트의 한계, 강점, 동기

(3) 사정

사정(assessment)은 클라이언트의 문제와 원인을 탐구하고 문제를 완화하거나 해결하기 위해 무엇이 변화될 수 있는지를 파악하는 사회복지실천의 핵심 단계이다. 사정은 클라이언트의 욕구와 문제해결을 위한 자원을 조사하고, 이를 기반으로 사회복지사의 개입 계획을 세우는 토대를 제공한다. 사정은 클라이언트 개인, 가족, 집단뿐만 아니라 지역사회와 각종 체계까지 포함하며, 개입 전 과정에 걸쳐 지속적으로 이루어진다. 주요 내용으로는 욕구 및 문제의 발견, 정보의 분석, 문제 형성이 포함된다. 이 과정은 자료를 수집, 분석, 종합하여 실천 가능한 프로그램을 결정하는 데 핵심적인 역할을 한다. 사정을 통해 목표를 설정하여 개입하게 되므로 개입의 효과는 사정의 정확성에 달려 있다고 볼 수 있다. 존슨(Johnson, 1995)은 사정의 특성을 다음과 같이 제시하였다.

- 사정은 계속적인 과정이다.
- 사정은 이중 초점을 가진다.
- 사정은 클라이언트와 사회복지사의 상호 과정이다.
- 사정에는 사고의 전개 과정이다.
- 수평적, 수직적 탐색 모두가 중요하다.
- 클라이언트를 이해하는 데는 지식적 근거가 필요하다.
- 사정은 생활상황 속에서 욕구를 발견하고 문제를 정의하며 그 의미와 유형을 설명한다.
- 사정은 개별적이다.
- 판단이 중요하다.
- 클라이언트를 완전히 이해하는 데는 한계가 있다.

① 사정 시 고려 사항

㉠ 발달 단계와 과업 파악하기

특정 클라이언트의 문제나 그가 처해 있는 상황을 이해하기 위해서 생애발달 단계에서 어떤 위치에 처해 있으며 이 시기의 발달상의 특성과 과업은 무엇인가를 파악하는 것이 중요하다.

㉡ 가족생활주기 파악하기

특정 클라이언트의 욕구가 가족생활주기의 단계와 어떻게 연관되어 있는지를 파악하고 가족주기상의 특성과 발달적 이슈와의 상호작용적 요소를 파악하는 것이 요구된다.

ⓒ 클라이언트의 강점사정

문제 상황에 처해 있는 클라이언트라 할지라도 많은 자원과 강점을 지니고 있다. 이러한 강점을 활용해서 욕구와 문제를 해결해 나갈 수 있다(최선화, 2009).

② 사정 내용

㉠ 문제의 발견

문제의 발견은 사정의 기초적인 단계이다. 문제는 클라이언트가 제시한 문제(presenting problem)에 초점을 둔다. 문제의 정의는 클라이언트 중심으로 그의 고유한 가치와 상황 속에서 정의되는 것이므로 사회복지사는 문제에 대한 클라이언트의 이해를 존중하고 그 문제를 잘 정의할 수 있도록 도와주어야 한다.

㉡ 정보의 발견

브라운과 레빗(Brown & Levitt, 1979)은 사정 시 정보를 수집하는 유용한 지침으로 다음과 같은 질문을 제시하였다.

- 누가 문제체계에 관여되어 있는가?
- 참여자들은 어떻게 관여하고 있는가?
- 클라이언트가 문제에 어떤 의미를 부여하는가?
- 어디서 문제행동이 일어나는가?
- 언제 문제행동이 일어나는가?
- 문제행동이 일어나는 빈도는 어느 정도인가?
- 문제행동은 언제부터 있어 왔는가?
- 문제와 관련하여 채워지지 않은 욕구는 무엇인가?
- 문제에 대한 클라이언트의 정서적 반응은 어떠한가?
- 클라이언트는 그동안 문제에 어떻게 대처해 왔으며, 문제 해결에는 어떤 기술이 필요한가?

- 클라이언트는 어떤 장점과 기술을 가지고 있는가?
- 필요로 하는 외적 자원은 무엇인가?

ⓒ 문제 형성

사정의 세 번째 영역은 수집된 정보를 분석하여 클라이언트의 문제를 전문적으로 판단하는 과정이다. 존슨(1995)은 충족되지 못한 욕구와 이를 방해하는 요인을 규명하는 것이 문제 형성의 핵심이라고 강조했다. 욕구는 기본적인 자원, 심리사회적 발달, 인간관계, 역할 수행 등으로 나뉘며, 방해 요인을 파악함으로써 문제 해결을 위한 구체적인 개입이 가능해진다.

③ 사정 도구

효과적인 사정을 위해 사정 도구를 활용하게 되는데, 대부분의 사회복지사들이 선호하는 가계도, 가족 구성원과 상호작용을 통해 개입계획을 세우는 데 유용한 생태도, 개인이나 가족의 사회적 지지체계를 사정하는 사회적 관계망 그리드, 삶의 중요한 사건을 시간의 흐름에 따라 체계적으로 표현하는 생활력 도표가 대표적이며 이는 제11장에서 자세히 다루도록 한다.

(4) 계획

계획 과정은 수집된 자료를 바탕으로 사회복지사와 클라이언트가 협력하여 문제를 정의하고 이를 해결하기 위한 목적과 중재 방법을 구체화하는 단계이다. 이 과정에서 핵심은 현실적이고 실현 가능한 구체적인 목표를 설정하는 것으로, 이는 클라이언트의 능력과 욕구를 고려하여 긍정적이고 측정 가능하며 기관의 기능과 일치해야 한다. 적절한 목표 설정은 개입 방향을 명확히 하여 방황 없이 진행하도록 돕고 개입 후 결과를 효과적으로 평가할 수 있게 한다.

① 목표설정의 원칙

㉠ 클라이언트에게 중요한 것을 목표로 정한다

클라이언트의 가치와 본인이 중요시하는 것에 따라 상담의 목표가 정해져야 한다. 모든 개입의 목표는 클라이언트를 돕기 위한 것이며 클라이언트 중심으로 클라이언트가 원하는 목표를 우선순위로 이루어져야 한다.

첫째, 클라이언트에게 가장 시급한 문제

둘째, 단기간에 성취 가능한 것

셋째, 클라이언트에게 강한 동기를 부여할 수 있는 것

넷째, 무리 없이 달성 가능한 것

이렇게 순위를 정하는 이유는 클라이언트에게 가장 필요하고 원하는 일을 조그마한 것부터 실시해서 일단 성공적으로 달성하게 되면 그 다음은 스스로 할 수 있다는 자신감을 회복할 수 있게 되기 때문이다.

㉡ 작고 쉬운 것을 정한다

작고 쉬운 것을 목표로 정하면 그 목표를 달성하기가 쉬워진다. 클라이언트가 상담을 통해서 성공적인 경험을 한다는 것은 스스로 문제를 해결할 수 있는 자신의 능력을 인정받는 것으로, 뒤이은 개입을 위한 자신감을 회복한다는 차원에서 큰 의미를 가진다.

㉢ 목표를 구체화한다

클라이언트들은 상담을 하러 올 때 복잡하고 추상적이며 모호한 목표를 가지고 온다. '우리 남편 술 마시지 않게 해주세요', '우리 아이 버릇 고쳐주세요' 등 모호하고 구체적이지 않은 목표를 작고 쉬운 것으로 구체화해서 구체적으로 어떤 변화를 원하는 것인지 명확히 할 필요가 있다. 바로 행동적으로 나타나는 것, 변화를 측정할 수 있고 수치화할 수 있는 것으로 목표를 정하는 것이 효과적이다.

㉣ 현실적이고 성취 가능한 것을 목표로 한다

개입의 목표가 비현실적이거나 성취 가능한 것이 아니라면 아예 목표가 될 수 없다. 상담자는 클라이언트의 비현실적이고 성취가 어려운 목표를 상담을 통해서 현실적이고 성취 가능한 목표로 바꿀 수 있도록 도와 나가야 한다. 만일 그렇지 못하다면 슈퍼바이저를 통해서 능력을 성장시키거나 다른 능력 있는 사회복지사에게 넘겨야 할 것이다.

㉤ 부정적인 것보다 긍정적인 목표를 정한다

예를 들면, 아이에게 '그렇게 하면 안 된다'라고 하면 다른 방법을 모르기 때문에 아이는 당황하게 된다. 그러므로 '그렇게 하지 마라' 대신 '이렇게 하라'고 하는 것이 더 효과적이다.

㉥ 선택의 폭을 넓혀 주며 스스로 선택하게 하고 선택에 대한 책임을 지게 한다

사티어(Satir)는 개입의 목표가 자기 스스로가 선택할 수 있고 결정자가 되는 것이라고 했다. 그래서 상황이나 다른 사람에 의해서 수동적으로 응하는 것이 아니라 스스로의 삶을 주도해 나가며 선택하고 책임지도록 도와 나가야 한다.

㉦ 목표가 사회복지사의 중요한 권리나 가치에 위배된다면 동의하지 않아야 한다

사회복지사는 클라이언트의 권리와 선택권을 존중한다. 그럼에도 불구하고 클라이언트가 정하는 개입의 목표가 사회복지사에게 받아들이기 힘든 권리나 가치에서 나온 것이라면 동의하지 말아야 한다. 마음으로는 동의하지 않으면서 겉으로는 동의하는 척하는 이중성을 가지면 안 된다.

㉧ 목표는 기관의 기능과 일치해야 한다

클라이언트나 사회복지사가 시도하는 변화를 위한 노력이 기관의 기능이나 설립목적과 일치하지 않거나 위배될 때 사회복지사는 클라이

언트를 다른 기관으로 의뢰해야 한다. 예를 들면, 미혼모가 임신중절을 원할 경우 특정 기관에서는 동의하지 않을 수 있다. 이럴 경우 다른 기관으로 의뢰하는 것이 요구된다(최선화, 2009).

(5) 계약

계약(contract)은 목표를 달성하기 위한 구체적인 계획에 대해 사회복지사와 대상자가 서로 동의하는 것을 말한다. 계약은 클라이언트에게 구체성과 참여감을 주기 때문에 문제와 과업을 수행하려는 클라이언트의 동기를 배양하고 강화시킬 수 있고, 클라이언트가 자신의 활동을 통해서 합의된 목적과 목표에 도달하는 것은 자아존중감을 향상시키고 상황에 영향을 미칠 수 있다는 자신감을 갖게 한다(양정남 외, 2003).

① 계약의 종류

㉠ 서면 계약

계약을 공식적으로 서명화하여 구체적 목표와 누가, 무엇을, 언제 할 것인지의 내용을 명확히 기재한다.

㉡ 구두 계약

모든 목표와 책임을 분명하게 한다는 점에서 서면 계약과 근본적으로 다를 바 없지만 서면화하는 대신 구두로 계약하는 것이다.

㉢ 암묵적 계약

실제로 언어화하거나 서면화하지는 않았어도 암묵적으로 합의한 계약을 의미한다. 암묵적 계약은 사회복지사는 클라이언트가 실제로 동의하지 않았는데 동의했다고 잘못 생각할 수 있으며, 사회복지사는 클라이언트가 모든 조건과 책임을 이해한다고 가정하지만 실제로 그렇지 않을 수 있다는 단점이 있다(김충식 외, 2009 재인용).

② 계약의 내용

㉠ 참여자의 역할

원조 과정에 대한 클라이언트의 기대감과 개념을 표현하게 하고, 기대감과 현실 사이의 불일치를 명확하게 밝혀야 한다. 또한 문제해결자는 사회복지사가 아닌 클라이언트 자신임을 인식시켜 주어야 하며, 사회복지사는 클라이언트의 어려움을 깊이 이해해 주어야 한다.

㉡ 개입기술

기술에는 이완훈련, 비합리적인 신념, 공포의 확인 및 제거 등의 인지재구조화, 역할극과 행동시연, 자기관리 기술, 의사소통, 자기주장, 문제해결 및 갈등해결 등의 발달기술이 있다. 사회복지사는 개입방법에 대해 간결하게 설명하고 클라이언트의 반응을 이끌어 내며 클라이언트의 동의를 얻어야 한다.

㉢ 시간의 조건

- 개입기간 : 최대한의 상담횟수를 정하는 형태의 시간제한 서비스와 시간을 구체화시키지 않는 형태의 시간제한이 없는 서비스가 있다.
- 상담의 빈도 : 일주일에 1회가 적절하나 필요에 따라 더 많은 상담을 할 수 있다.
- 상담의 길이 : 개인 클라이언트에게는 45분 정도가 적절하나, 초기면접이나 가족·집단일 경우 1시간 내지 1시간 반이나 2시간이 될 수도 있다.

이 모든 사항은 클라이언트의 상황과 기관의 상황을 고려하여 결정하나, 가능하면 클라이언트 상황에 적합하게 결정하는 것이 바람직하다(백은령 외, 2009).

2) 개입 단계

개입 단계는 사회복지사와 대상자가 상호 합의하여 결정한 목표를 달성하기 위한 실천 단계이다. 즉, 사회복지사의 원조활동이란 바로 개입활동을 의미하는 것으로 이 중간 단계가 바로 사회복지실천 과정의 핵심적인 단계이다. 이 단계는 심리치료, 옹호, 조정, 중재, 사회계획, 지역조직, 자원의 발굴 및 개발 등 기타 다양한 활동들을 포함하고 있다. 여기에서는 직접적 개입과 간접적 개입으로 나누어 살펴보고자 한다(남기민, 2004).

(1) 직접적 개입

직접적 개입은 클라이언트의 심리적, 내적 측면의 욕구나 문제 등에 초점을 두며 중재를 통하여 클라이언트가 생활에 필요한 대처능력을 향상시키는 데 목적이 있다. 즉, 문제되는 상황이 어떤 것이든지 긍정적이고 효과적인 방법으로 대응할 수 있도록 클라이언트의 감정, 주관적 사실, 사고와 행동적 방식에 초점을 두어 장애가 되는 태도와 행동, 그리고 인간관계의 왜곡을 수정하려고 하는 것이다(전재일 외, 2003).

① 정보 제공 및 의뢰

사회복지사는 대상자가 문제 해결에 필요한 정보를 가지고 있지 않거나 잘못된 정보를 제공받았을 경우 정확한 정보를 제공한다. 또한 대상자의 욕구를 현재 기관에서 충족할 수 없거나 더 적합한 서비스가 다른 기관에서 제공될 때 의뢰(referral)를 진행한다. 의뢰는 클라이언트의 확인된 문제나 욕구를 해결하기 위해 다른 자원으로 연결하는 과정이다. 이는 클라이언트에게 적절한 서비스 자원을 알리고 그 자원에 접촉할 수 있도록 돕는 것을 포함한다. 의뢰는 사회복지사가 소속된 기관의 서비스만으로는 클라이언트의 욕구를 충족할 수 없거나 보다 적합한 자원이 다른 기관에 있을 때 사용된다.

② 가용자원을 활용할 수 있게 하는 개입

많은 대상자가 자원의 결핍으로 인해 욕구 충족에 어려움을 겪거나 필요한 자원이 존재하더라도 이를 알지 못하거나 사용 방법을 모르는 경우가 있다. 따라서 사회복지사는 대상자가 가용한 자원을 효과적으로 활용할 수 있도록 지역사회복지 서비스 전달체계와 의뢰과정에 대한 지식과 기술을 갖추는 것이 중요하다. 이를 위한 지식과 기술은 다음과 같다(전재일 외, 2003).

- 사회복지사들이 실천하는 장소인 지역사회의 서비스 전달체계와 클라이언트가 생활하고 기능하는 지역사회에 대한 충분한 지식을 가지고 있어야 한다.
- 의뢰과정에 관한 활용지식과 기술을 획득해야 한다.
- 중개적 역할과 대변적 역할의 적절한 활용과 이러한 역할들을 충족할 수 있는 기술들을 획득해야 한다.
- 클라이언트가 자기들의 생활 상황을 책임질 수 있도록 그들에게 권한부여를 해주는 방법을 알아야 한다.

③ 역량강화 접근

역량강화란 대상자로 하여금 자기 자신도 유능한 개인으로서 지역사회체계와 협상하는 데 필요한 기술을 가질 수 있으며 나아가 건전한 사회적 기능의 수행에 필요한 자원을 받을 가치가 있는 존재라는 사실을 믿을 수 있도록 동기를 불어넣고, 교육시키고, 자존심을 고양시키는 것이다.

(2) 간접적 개입

간접적 개입은 클라이언트와 직접 상호작용하지 않는 체계에서 변화를 일으키는 활동으로 표적체계에서 변화를 유도하기 위해 수행된다. 이는 클라이언트나 가족을 대신하여 다른 개인, 집단, 조직, 지역사회를 대상으로 간접적으로 개입하는 활동을 포함하며, 클라이언트의 문제 해결과 목표 달성을 지원하는 중요한 역할을 한다. 간접적 개입은 사회복지사들에게 매력적이면서도 가장 어려운 개입 형태 중 하나로 다양한 활동이 포함된다.

① 영향력 있는 사람들을 관련시키는 활동

지역사회나 조직에서 권력과 권위를 가진 사람들을 관여시키는 활동은 사회복지사가 변화를 촉진하기 위한 중요한 전략이다. 사회복지사는 이들과 협력하여 조직과 지역사회의 변화를 유도하며, 이들이 특정 행동을 설득하거나 바람직하지 않은 행동을 차단하고, 필요한 자원에 대한 통제력을 발휘할 수 있도록 돕는다. 영향력 있는 사람들을 확인하기 위해 먼저 체계를 잘 아는 사람에게 질문하여 정보를 얻고, 협력 시 바람직한 변화와 그 이유를 설득력 있고 논리적으로 설명해야 한다. 또한 사회복지사는 개방적이고 유연한 태도를 지니고 적절한 투입을 이끌어 내는 기술과 기회를 포착하는 능력을 발휘해 이들이 긍정적인 행동에 참여하도록 유도하는 것이 중요하다.

② 서비스 조정활동

조정활동은 둘 이상의 서비스 제공자가 협력하여 클라이언트를 위한 공동의 목표를 달성하는 과정으로, 공공서비스 기관, 정신건강센터, 직업재활기관 등 다양한 기관이 참여한다. 조정이 효과적으로 이루어지려면 협력 정신과 공동 목표에 대한 합의가 필요하다. 그러나 조정을 방해하는 요인으로는 상호 존중과 신뢰 부족, 정보 공유 부족, 문제 해결에 대한 상이한 관점과 가치, 협력 능력 부족, 시간 부족, 그리고 기관의 인가 및 지지 부족 등이 있다. 이러한 요인들은 조정의 생산성과 만족도를 저해할 수 있다. 따라서 사회복지사는 조정활동에 앞서 다른 전문가들의 관점을 이해하고, 이를 기반으로 협력할 준비를 해야 한다.

③ 프로그램 계획 및 자원개발

사회복지사는 새로운 자원을 개발 또는 동원하기 위해 프로그램을 계획할 필요가 있다. 프로그램의 계획은 기존의 사회복지기관의 구조 내에서 일어나기도 하지만 지역사회 기반에서 나오기도 한다. 따라서 가능한 한 프로그램 계획과정 초기부터 관여하는 것이 필요하다.

로스만(Rothman, 1995)은 새로운 자원개발 혹은 동원 프로그램을 계획할 때 유용한 세 가지 지침을 다음과 같이 제시하였다.

첫째, 좋은 관계를 발달시키고 그 관계에 의존한다.

둘째, 프로그램을 개발하는 목표와 계획을 명료화한다.

셋째, 프로그램에 이용되는 자원은 현실적이어야 한다.

④ 옹호

옹호(advocacy)는 기존 제도로부터 대상자가 불이익을 받을 때 그 집단을 위해 정보를 수집하고 요구사항을 분명히 하여 제도에 도전하도록 지도력을 발휘하는 역할이다. 옹호는 특정 제도를 비난하거나 비판하는 것이 아니라 정책의 개선 및 변화를 이끌어 내기 위한 것이다(양옥경 외, 2005). 따라서 정치적 과정에 영향력을 행사하거나 또는 사람들을 조직하여 사회행동을 일으키는 것이다.

옹호 활동 시 다음과 같은 방법들을 활용한다(Johnson & Yanca, 2002).

- 현실의 사회복지 문제들에 대한 정책진술을 사려 깊게 준비한다.
- 현안에 대해 신중히 분석한다.
- 주요 입법가와 개별적인 협의를 한다.
- 현안을 지지 혹은 거부하기 위해 복지 분야 외의 영향력 있는 조직들을 설득한다.
- 영향력이 큰 대표자들로 시민위원회를 구성한다.
- 사회적 욕구에 대한 해석을 계속한다.

3) 평가 및 종결단계

(1) 평가

평가(evaluation)란 사회복지실천에서 사용되는 중재 또는 개입의 결과를 사정하기 위한 기술이다. 넓은 의미에서 평가과정은 개입이 효과적, 효율적이었는가를 사정한다. 평가를 통해 변화가 일어났는지 아닌지, 변화가 얼마나 일어났는지를 설명할 수 있는 측정도구를 활용하여 측정절차를 선택하고 설계하는 것이 필요하다. 이것으로 평가는 종결과 관련된다. 변화를 위한 활동을 끝내는 시점에서 원만하고 만족스러운 원조과정을 종결할 수 있는 능력은 효과적인 실천의 핵심적인 요인이다(김충식 외, 2009). 평가의 자세한 과정과 의의는 제15장에서 다루도록 한다.

(2) 종결

종결 단계는 사회복지실천 과정의 최종 단계이다. 종결작업은 대상자의 사회적 기능을 강화시키는 동시에 사회복지사와 대상자가 개입의 전 과정을 통해 같이 발전시켜 온 성과를 이해시키는 과정이기도 하다. 사회복지사는 대상자가 종결을 준비할 수 있도록 개입의 후반에서부터 종결 준비를 해야 한다. 대상자는 안정적이고 우호적인 관계가 끝난다는 데에 기쁨과 서운함, 두려움, 불안 등 다양한 감정을 경험하게 된다. 사회복지사는 이러한 대상자의 정서적 반응을 이해해야 하며 잘 감지하여 적절한 케어를 해주어야 한다(남일재 외, 2007).

① 종결 유형

㉠ 일방적인 조기종결(계획되지 않은 종결)

- 클라이언트의 일방적 종결
  - 클라이언트가 약속을 어기거나 자기 문제를 노출시키지 않으면서 종결을 원하는 경우
- 사회복지사의 일방적인 종결
  - 클라이언트가 사회복지사에게 물리적 위험을 주거나 지속적으로 욕설을 퍼붓는 경우
  - 클라이언트가 사회복지사에 대해 소송을 일으키거나 공식적인 불만을 표명했을 때

- 클라이언트가 적절한 이유 없이 서비스에 대한 요금지급과 관련한 재정적 동의를 위반했을 때

㉡ **시간제한에 의한 종결**(계획된 종결)

종결을 미리 알고 있으므로 이별에 대한 감정을 처리할 수 있는 시간을 줄 수 있다. 사회복지사는 필요한 경우 추가 서비스를 위해 적절한 기관에 의뢰를 해야 하는 이중 과제를 수행해야 한다. 문제점으로는 시간제한 때문에 서비스 제공이 완료되지 못할 수도 있다는 것이다.

㉢ **시간제한이 있는 양식**(modalities)**과 관련된 종결**(계획된 종결)

종결 시기는 처음부터 클라이언트와 함께 정한다. 개입 초기부터 종결 시간을 알게 되는 경우 정서적인 집착과 의존성의 정도를 제한함으로써 클라이언트의 상실 정도를 제한할 수 있다. 이때 사회복지사는 과업성취에 초점을 두고 적극적으로 역할을 수행할 수 있다.

㉣ **시간제한이 없는**(open ended) **양식을 포함한 종결**(계획적 종결)

대부분 만성적인 장애나 정신장애·인격장애가 있는 장기적인 서비스가 필요한 클라이언트를 대상으로 할 때 이루어진다. 장기간의 개입과정에서 클라이언트의 의존심이 증가되고 원조관계에서 만족감을 포기하지 못하도록 만들 수 있다(백은령 외, 2009).

전형적으로 나타나는 종결의 반응은 다음과 같다.

- 사회복지사에게 매달리는 반응
- 과거의 문제가 재발했음을 보고하는 경우
- 새로운 문제를 가지고 오는 경우
- 사회복지사를 대치할 대상을 찾는 경우

㉤ **사회복지사의 이동으로 인한 종결**

사회복지사의 이동으로 인한 종결은 클라이언트와 사회복지사 모두에게 어려운 과정이다. 특히 이전에 거부당한 경험이 있는 클라이언트는 상처받기 쉽고 자존감이 약해질 수 있다. 사회복지사가 죄책감으로 지

나치게 잘 대해주면 클라이언트는 부정적인 감정을 표현하기 어려워질 수 있다. 따라서 사회복지사는 시간을 허락하는 한 클라이언트가 감정을 표현하도록 돕고, 새로운 사회복지사로의 의뢰를 수용할 수 있도록 지원해야 한다.

② 변화의 지속 및 강화 전략

긍정적 결과를 지속시키는 것은 종결에서 다루어야 할 중요한 사항이다. 변화를 안정화시킴으로써 사회복지사는 클라이언트에게 사회복지사의 도움 없이 기능할 수 있다는 현실적 희망을 심어주며 클라이언트에게 클라이언트 자신이 성취감과 능력 있는 존재라는 사실을 인지시켜 줄 수 있다. 긍정적인 결과를 지속시키기 위한 방법은 다음과 같다.

- 클라이언트의 긍정적 효과의 유지에 중요한 타인들을 관여시킴으로써 이들이 바람직한 역할을 하도록 한다.
- 새로운 기술의 지속은 클라이언트의 지각과 관련이 있으므로 행동변화의 중요성을 인식시킨다.
- 토큰과 같은 인위적 보강물이 변화를 가져오기 위하여 사용되었다면 점차적으로 줄여야 한다.
- 접촉을 종결한 후에 클라이언트에게 적절한 개입을 선정하여 독자적으로 수행할 수 있는 기술을 배워야 한다.
- 접촉을 점차적으로 줄여 일주일에 두 번에서 한 번, 격주, 월별, 전화접촉 등의 순으로 한다.
- 이득을 지속시키는 데 도움이 되는 지역사회 환경적 자원을 제공한다.
- 클라이언트가 스트레스와 부정적인 상황을 미리 예측하고 적절히 대처하도록 한다.

③ 의뢰

종결 과정에서는 클라이언트가 지속적으로 필요한 서비스를 받을 수 있도록 다른 자원으로의 의뢰(referral)가 이루어질 수 있다. 특히 시간이 제한된 서비스의 경우 현재 기관이나 사회복지사가 제공하지 않는 자원을 클라이언트와 연결하는 것이 중요하다. 이는 클라이언트의 미해결된 물리적・정서적・사회적 욕구를 해결하기 위해 다른 기관의 서비스가 필요할 때 이루어지며, 클라이언트가 필요한 지원을 지속적으로 받을 수 있도록 돕는 데 초점을 둔다.

- 클라이언트는 도움이 더 필요하거나 원하지만 현재의 사회복지사가 계속 담당할 수 없을 때
- 클라이언트가 현재의 기관에서 용이하지 않은 특정한 서비스를 필요로 하고 원할 때
- 클라이언트와 사회복지사가 함께 문제를 해결함에 있어 막다른 상황에 처하게 될 때

이때 사회복지사는 의뢰에 대한 설명을 하고 어떤 자원이 클라이언트에게 가장 유용한가를 추천하되 클라이언트의 자기결정을 존중해야 한다.

④ 사후관리

개입이 종료된 이후 성취된 바람직한 행동을 계속 유지하는 것은 많은 클라이언트들에게 쉽지 않다. 이러한 변화유지상의 문제들을 효과적으로 다루기 위해 사후관리가 이루어져야 한다. 사후관리는 개입이 실제로 종결한 이후 사회복지사가 클라이언트와 갖는 접촉이다. 사후관리의 장점은 다음과 같다.

- 클라이언트가 개입 없이도 기능을 하고 있는가의 여부를 알게 함
- 클라이언트가 종결 이후 문제를 겪고 있을 경우 필요한 어떤 도움이라도 제공
- 개입의 효과성 여부를 결정하는 데 도움

- 이전 개입의 효과성을 증대시켜 주는 촉진적 역할
- 클라이언트가 일시적 곤란을 극복하도록 도움을 주거나 부가적 개입의 필요성 제기

종결이 원만하게 이루어지지 않으면 지금까지 성취되었던 좋은 결과들이 상실되거나 감소될 수 있으며, 장차 좋지 않은 결과를 가져올 수도 있다. 그러나 성공적인 종결은 대상자들에게 보다 나은 적응과 성장의 기회가 될 수도 있기 때문에 사회복지사는 원조를 시작할 때부터 종결을 염두에 두고 전체적인 원조과정을 구성해야 한다.

CHAPTER

11 가족대상 사회복지실천기술 I

1. 사회복지실천 대상으로서 가족의 이해

사회복지실천에서의 가족에 대한 이해는 과거와 현재에 걸쳐 큰 변화를 겪었다. 과거에는 경제적 지원과 가족 구성원의 의존성이 강조되었다면, 현대의 사회복지실천은 다양한 가족 형태와 심리적 지원 및 사회적 지원을 고려하여 가족 구성원이 자율적이고 지속 가능한 삶을 살아갈 수 있도록 보조하는 방향으로 발전하고 있다. 이는 현대 가족이 겪는 다양한 문제와 욕구를 반영하여 가족 복지의 방향을 구체화하고 가족이 안정적으로 기능할 수 있는 기반을 제공하고자 하는 사회복지실천의 변화라고 볼 수 있다.

1) 가족의 정의

가족은 우리가 속해 있는 사회에서 가장 작은 집단이면서 인류가 만들어 낸 가장 오래되고 기본적인 사회 단위로 불리고 있지만 시대와 문화 등 사회적 변화의 영향을 받아 달라지므로 가족에 대한 정의는 한마디로 규정하기 어렵다.

(1) 사전적 정의

국립국어원(2024)의 사전적 정의는 가족을 "주로 부부를 중심으로 친족 관계에 있는 사람들의 집단 또는 그 구성원, 혼인, 혈연, 입양 등으로 이루어진다"

라고 정의한다. 이러한 정의는 주로 혈연과 혼인 등 전통적인 요소를 기반으로 가족의 기본적인 구조를 설명하고 있다.

(2) 법적 정의

대한민국 민법에서는 가족을 혼인, 혈연, 입양을 통해 형성된 관계로 정의한다. 민법 제779조(가족의 범위)에서 가족은 "1. 배우자, 직계혈족 및 형제자매 2. 직계혈족의 배우자, 배우자의 직계혈족 및 배우자의 형제자매이며 이 경우에는 생계를 같이하는 경우에 한한다"라고 제시되고 있다(법제처, 2024). 법적으로 인정된 가족은 상속, 친권, 부양 등 여러 법적 권리와 의무를 가진다.

(3) 일반적 정의

일반적으로 가족은 혈연이나 혼인뿐만 아니라 감정적 유대와 상호 부양이 이루어지는 사회적 집단으로 이해된다. 현대사회에서는 전통적 가족의 틀을 넘어 동거 가구, 비혼 커플, 입양 가족 등도 가족으로 인정되는 경향이 강해지고 있다(김홍석, 2022). 즉, 가족은 사회적인 관점에서 각 구성원들이 상호 책임성과 서로의 역할을 통해서 서로에게 안정적인 지지를 제공하는 다양한 형태의 관계망이라고 볼 수 있다.

2) 현대사회와 가족의 변화

현대사회에서 가족의 변화는 사회적·경제적·문화적 요인의 영향을 받으며 다양하게 나타난다. 이러한 변화는 가족의 형태, 기능, 역할 등의 측면에서 뚜렷하게 드러난다.

(1) 가족 형태의 변화

전통적으로 한국 사회에서는 조부모를 포함한 부모와 자녀, 그리고 형제자매 등 3대가 함께 사는 대가족 형태가 대부분이었다. 그러나 현대사회에서는 이런 모습의 대가족은 급격하게 감소한 반면, 핵가족 형태가 지배적인 가족 형태로 자리를 차지하고 있다. 또한 최근에는 1인 가구, 동거 가구, 비혼 가구 등 좀 더 다양한 가족 형태들이 더욱 증가 추세를 보이고 있다. 이는 현시대 속 젊은 세대의 결혼 기피 현상과 출산을 꺼리는 새로운 현상들이 장기적인 경제적 불황과 맞물려 나타나는 시대적인 요인이다.

(2) 가족 기능의 변화

과거 한국 사회에서 가족은 경제적 부양뿐만 아니라 교육, 돌봄, 정서적 지지의 역할을 전반적으로 담당하는 중요한 사회적 단위였다. 그러나 현대사회에서는 이러한 기능 중 일부가 외부로 분산되고 있다(김영호, 2023). 예를 들어, 보육 서비스를 실시하는 기관과 교육 서비스를 실시하는 기관이 부모가 해야 할 돌봄 영역의 역할들을 대신하고 노인 대상의 돌봄 서비스를 제공하는 제도가 확장되면서 그동안 가족이 부담해 온 돌봄 기능이 약화되었다.

(3) 가족 관계 및 역할의 변화

전통적 가족 내에서는 남성이 대부분 생계를 책임지고 여성들은 가정에서 가사와 육아 등 돌봄 영역을 담당하면서 성별에 따라 역할이 구분되어 있었다. 그러나 현대사회에서는 성 평등에 대한 인식이 증가하면서 과거보다 여성들의 사회 진출이 늘어나고 사회적 지위 또한 향상되었다. 그러한 시대적인 배경에 힘입어 맞벌이 부부의 비중이 크게 늘어났으며, 과거와 다르게 남성과 여성이 함께 육아와 가사를 공동으로 분담하는 경향성이 더욱 강해지고 있다.

(4) 가족 가치관의 변화

가족에 대한 가치관도 변화하고 있다. 전통적으로 가족은 "함께 살아가야 하는 필수적인 존재"로 여겨졌지만, 현대에서는 개인의 행복을 포함한 자아실현

이 중요한 가치로 떠오르며 가족보다 개인의 삶을 중시하는 경향이 커지고 있다(이현지, 2023). 이로 인하여 결혼에 대한 강박적인 생각으로부터 자유를 선택하면서 결혼도 출산도 인생의 목표에 따라 선택할 수도 있고 안 할 수도 있다는 방향으로 가치관이 변화하고 있다. 비혼이나 싱글족 또한 꾸준히 증가 추세를 보이고 있다.

(5) 노인 및 아동의 위치 변화

우리나라는 사회적으로 저출산과 고령화가 압축적으로 빠르게 진행되면서 노인 가구가 급증하고 있으며 이와 함께 노인에 대한 사회적 지원 또한 중요한 화두가 되고 있다. 전통적으로 자녀들이 노부모를 부양해 오던 것이 일반적인 풍습이었지만, 급속한 고령화와 더불어 1인 가구 증가, 자녀 없이 혼자 살아가는 노인 인구 증가는 더 이상 돌봄의 역할을 가족이 부담해 낼 수 없는 가족구조를 뜻한다고도 볼 수 있다. 이에 따라 돌봄 체계의 공백을 채울 수 있는 공공복지 정책과 서비스에 대한 필요성은 더욱 높아지고 있다.

현대사회에서 가족은 전통적인 대가족 중심의 경제적 돌봄 기능에서 벗어나 점점 더 다양한 형태와 역할을 가지게 되었다. 이러한 변화는 개인주의의 확산, 성 평등 인식의 증가, 경제적 변화, 그리고 저출산 고령화와 같은 여러 요인으로 인해 촉진되었으며 가족이 수행하는 기능은 점차 사회적으로 분산되고 있다.

2. 가족 사회복지실천의 시각

1) 가족생활주기

가족생활주기는 한 가족이 형성되어 발전하고 변화하는 과정을 의미한다.

이 과정은 결혼과 자녀 출산, 그리고 자녀의 양육으로부터 자녀의 독립, 노년기와 같이 여러 단계로 나뉜다. 가족 사회복지실천에서는 각 가족이 특정 주기에 속해 있음을 고려하여 개입 전략을 수립한다(김영호, 2023). 각 단계마다 가족이 겪어야 하는 문제 및 도전 과제는 각기 다르며 그에 따라 개별적인 맞춤 지원을 필요로 한다. 예를 들어, 자녀 출산과 양육 시기에는 경제적인 부담이 늘고 자녀 양육 스트레스가 주요 논점이 될 수 있다.

(1) 듀발(Duvall)의 가족생활주기

니콜스와 슈워츠(Nichols & Schwartz, 2001)의 가족치료이론에 따르면, 가족생활주기는 가족의 성장과 변화 과정에서 각 구성원이 적응해야 할 발달적 과업을 제시하며 단계별로 다른 도전과 요구가 존재한다. 발달과업은 가족 내에서 변화하는 역할, 관계, 그리고 책임을 수반하며 이러한 과업을 성공적으로 수행하는 것이 다음 단계로 원활하게 넘어가는 데 필수적이다.

〈표 11-1〉 듀발(Duvall)의 가족생활주기 단계와 발달적 과업

단 계	주요 발달과업
1. 결혼 전 단계(독신기)	• 자율성 확립 • 성인으로서의 독립된 정체성 형성 • 직업적, 정서적 안정 구축
2. 신혼기(결혼 초기)	• 부부 관계 형성 • 서로의 역할기대 조정 • 독립적인 가족 체계 구축
3. 자녀 출산 및 양육기	• 부모 역할 수용 및 학습 • 자녀의 신체적, 정서적, 사회적 요구 충족 • 부부 관계의 재조정과 자녀 중심의 생활 적응
4. 학령기 자녀 양육기	• 자녀의 학교 생활과 학업 지원 • 자녀의 사회화 과정 및 외부와의 관계 형성 지원 • 부모 역할의 강화 및 가족 내 의사소통 증진
5. 청소년기 자녀 양육기	• 자녀의 독립성 지원과 청소년기의 도전적 행동 관리 • 자녀와 부모 간의 새로운 관계 재구성 • 부모의 자기 정체성 재확립 및 미래 계획 수립

6. 자녀 독립기	• 자녀의 독립과 자립 지원 • 부부 관계 재정립 및 개인적 목표 재구성 • 부모로서의 역할에서 벗어나 개인적 성취와 자아실현 추구
7. 중년기	• 노년 준비와 은퇴 계획 • 부부간 새로운 관계 재정비 및 생활 패턴 조정 • 자녀의 독립 수용 및 손자녀와의 관계 형성
8. 노년기	• 은퇴 후 새로운 삶의 방식 적응 • 신체적 변화와 심리적 수용 과정 관리 • 삶의 회고와 가족과의 정서적 연결 유지

출처 : Duvall, Evelyn Millis(1957); Nichols et al.(2001), 김영호(2023) 재인용.

(2) 가족 문제의 개념 및 유형

① 가족 문제

가족 문제는 가족의 구성원이 일상의 모든 생활 속에서 겪는 갈등과 어려움의 다양성을 의미한다. 가족 문제는 이러한 가족 구성원 간 상호작용을 비롯해서 발생하며 경제적인 요인과 심리 및 정서 요인, 그리고 사회적 요인들로부터 발생한다. 이와 같은 문제들은 가족이 갖는 기능에 부정적인 영향력을 끼치게 되며 해결되지 못하고 방치되었을 때 보다 해결하기 버거운 장기적인 갈등의 양상으로 발전된다.

가족 문제는 단순한 사건으로부터 일시적 상황의 갈등을 초과하여 지속적이면서 반복적으로 갈등과 가족 간 상호작용의 여러 가지 왜곡 현상과 정서적인 단절 현상으로 발전된다. 가족 문제는 다음과 같은 특성을 가진다.

첫째, 가족 문제는 하나의 원인 때문에 발생하는 경우보다 여러 가지 복합적인 요인들이 뒤섞여 작용하는 경우가 많다. 의사소통의 부족, 경제적인 어려움, 역할의 불만 차원에서 오는 갈등, 그리고 정서적인 불안정, 가정폭력 등에서 오는 스트레스로 인해 더욱 심각한 문제로 발전된다.

둘째, 가족 구성원 간 상호작용을 부정적으로 인식함으로써 문제가 발생되며 그러한 문제를 해결하기 위해서는 의사소통과 협력이 필요하지만 가족 구성원 간 관계가 소원해지면서 가족 내 갈등은 더욱 심화된다.

셋째, 가족 문제는 가족의 기능과 역할뿐 아니라 전반적인 기능까지 저하시킨다. 자녀 양육에 필요한 정서적 지원과 경제적 필요와 관리 등 가족 구성원들이 수행해야 하는 기능과 역할이 불협화음으로 점철되면서 가족들 모두에게 부정적인 영향을 미친다고 볼 수 있다.

가족 문제는 사회적 문제로도 확장될 수 있다. 가족 문제로 인해 발생하는 스트레스나 정서적 불안정성은 개인뿐 아니라 1차적인 직장과 사회 전반에 걸쳐 영향을 미칠 수 있으며 문제 해결을 위해 사회적 지원과 개입이 필요할 뿐 아니라 이를 해결하기 위해서는 가족 간 더욱 건강한 방향의 의사소통과 가족 내 역할의 재정립, 그리고 가족 간의 심리적 지원 등이 필요하다.

② 가족 문제의 유형

가족 문제의 유형은 사회적·심리적·경제적으로 다양한 요인에 의해 발생되며 가족 내 상호작용이나 개인적 상황에서 비롯될 수 있다. 문제의 특성에 따라 가족의 구조, 기능, 의사소통, 역할 분담 등 여러 가지 측면에서 영향을 미친다고 볼 수 있다.

대표적인 가족 문제의 유형을 다음과 같이 분류할 수 있다.

- **의사소통 문제** : 가족 내에서 의사소통이 원활하게 이루어지지 못하면 오해와 갈등과 정서적인 단절이 발생한다. 의사소통의 문제는 부모와 자녀뿐 아니라 부부간, 형제자매 간에도 다양하게 나타날 수 있으며 감정 표현의 부족으로 인한 오해와 비난, 그리고 서로에 대한 경청의 부족 등으로 인해 갈등이 더욱 심화될 수 있다.
- **역할 갈등** : 가족 내 담당하고 있는 역할이 분명하지 않거나 적절하지 못할 때 발생되는 문제이다. 전통적인 역할에서는 부모가 경제적인 부분과 자녀 양육에 대해서 전적으로 책임을 담당했지만, 현대사회에서는 맞벌이 가정이 늘어나면서 가사 분담의 균형이 깨어지고 불균형이 초래되어 역할 갈등이 발생한다.

- **부부 갈등** : 부부간의 갈등은 가족 문제에 있어서 가장 중요한 원인으로 나타난다. 부부 갈등은 경제적 문제뿐 아니라 성격 차이와 의사소통의 부재, 그리고 외도 또는 불신과 의심으로 나타나는 가정폭력 등 다양한 원인에 의해 발생한다. 이러한 부부간의 불협화음과 갈등이 계속될 경우, 자녀들에게도 정서적인 악영향을 미치며 가족 전체의 기능이 약화된다.
- **부모-자녀 간 갈등** : 부모와 자녀 사이의 갈등은 주로 자녀의 성장과정을 지나면서 많이 발생한다. 자녀가 청소년기로 접어들면 독립과 자율을 요구하게 되는데, 부모가 이를 허용하지 않고 통제가 강할 경우 세대 간의 갈등이 발생하게 된다. 주요 발생 요인으로는 교육과 진학 문제, 진로 선택 문제, 규율에 대한 선택과 자율성 문제 등이 있다.
- **경제적 문제** : 가족의 경제적 어려움은 가족 구성원 모두에게 긴장과 스트레스를 증가시키는 주요 요인이 된다. 직장에서의 실직, 사업의 파산과 채무 문제 등은 가족 전체의 갈등으로 심화되며 이러한 현상들로 인해 부부 관계는 물론, 자녀들의 정서적인 안정에도 커다란 부정적 영향을 끼친다.
- **가정폭력** : 가정 안에서 신체, 정서, 성적인 학대가 발생하는 경우에 심각한 가족 문제로 이어지게 된다. 가정폭력은 피해자와 더불어 그 순간을 목격하게 된 다른 가족들에게도 심각한 심리적 외상과 스트레스를 유발하게 된다. 가정폭력은 가족 안에서의 신뢰는 물론 가족의 안정성을 파괴하는 주범이 되며 더 나아가 가족 해체로 이어질 가능성이 더욱 크다고 할 수 있다.
- **중독 문제** : 알코올, 도박, 게임, 인터넷 중독과 약물 남용 등은 가족 문제를 더욱 심화시키는 중요한 요인이다. 가족의 구성원 중 한 명이 중독 문제를 겪고 있다면, 그로 인해 가족들이 겪는 여러 가지 경제적 문제와 심리적 문제, 그리고 신뢰감 문제 등이 가족 전체에 영향을 미치게 된다.
- **가족 해체** : 가족 해체는 이혼이나 별거, 또는 사망 등으로 인하여 가족 구성원들이 서로 분리되면서 발생하는 문제를 말한다. 가족 해체로 인해 가족 구성원들은 경제적인 안정뿐 아니라 정서적인 유대감 또한 약화 현상을

겪게 되며 자녀가 특히 어릴수록 심리적인 충격을 받는다. 가족 해체는 또한 가족 기능의 손상이 일시적으로 끝나지 않고 장기적 현상으로 이어질 가능성이 아주 높다.

2) 체계로서의 가족

가족을 체계로 해석하는 시각은 가족이 갖는 여러 요소를 서로 상호작용하는 통합된 하나의 구조로 이해하는 것을 의미한다. 가족 구성원 간 서로의 관계 및 상호작용이 단절되지 않고 지속적으로 변화되면서 전체의 가족 체계에 영향력을 미치게 되며, 가족의 건강성과 기능은 이러한 상호작용의 결과에 따라 그 질이 달라진다.

(1) 경계

경계(boundary)는 가족 내 하위체계와 가족과 외부 환경 사이의 상호작용에 중요한 개념이 된다. 경계가 너무 단단하게 굳어져 있으면 가족 구성원 간 발생하는 소통이 단절될 수 있으며 반대로 경계가 너무 부실하면 가족 구성원 간 개인적인 차원에서 침범을 당하는 경우가 발생한다. 가족 사회복지실천 측면에서는 이러한 가족의 경계를 적절하게 조절하는 것으로 가족 기능을 보다 굳건하고 건강하게 유지하도록 돕는다.

(2) 하위체계

가족은 여러 하위체계(subsystems)를 가지고 있다. 부부간 하위체계, 부모와 자녀 간 하위체계, 형제와 자매 간 하위체계가 있으며 각각의 하위체계는 고유한 역할 및 규범을 가지고 있다고 볼 수 있다. 예를 들어서, 부부간 하위체계는 의사소통과 협력이 무엇보다 중요하며 부모와 자녀 간 하위체계에서는 양육과 보호의 역할이 가장 핵심이 된다.

(3) 순환적 인과성

순환적 인과성(circular causality)은 가족 내 사건이나 행동이 직선적인 원인과 결과의 관계가 아닌, 상호적인 인과관계를 가지고 있다는 개념이다. 즉, 가족 구성원 간의 행동은 서로 영향을 주고받으며 순환하는 방식으로 이루어진다(박은경, 2022). 가족 사회복지실천에서 이러한 방식을 이해하는 것은 특정한 문제가 가족 내 구성원 중 어느 한 사람만이 원인을 가지고 있지 않음을 인식하게 하고 가족 구성원 간 상호작용 방법을 개선하는 데 매우 중요하다.

(4) 비총합성

비총합성(non-summativity)은 가족 전체가 가지는 의미가 그 구성원들이 가지는 단순한 합보다 더욱 커다란 의미를 가진다는 개념을 말한다. 즉, 가족이 갖는 특성이나 기능들은 가족 구성원들 개인의 특성으로만 설명되지 않으며 가족 구성원 간의 상호작용 속에서 나타나게 되는 독특한 성질의 가족 체계의 결과로 본다. 이러한 시각은 가족을 대상으로 하는 개입 시 그들 가족 전체를 묶어서 이해하고 개입하는 것이 무엇보다 중요하다는 관점으로 강조된다.

(5) 환류

환류(feedback)는 가족 체계 안에서 정보와 여러 가지 행동이 다시 되돌아오는 과정 및 현상을 의미한다. 이러한 현상은 가족 구성원들의 행동 모두가 다른 구성원에게까지 영향을 미치게 되고 그러한 결과가 다시 환원되어 원래의 구성원에게 순환되는 과정을 말한다. 이와 같은 환류는 긍정적인 환류와 부정적 환류로 구분되는데, 긍정적인 환류는 가족이 적응하도록 돕고 부정적인 환류는 가족이 안고 있는 문제를 지속시킨다. 사회복지실천 과정에서는 이러한 환류를 면밀히 분석하여 문제를 해결하는 데 있어 유용한 개입점으로 활용한다.

3. 가족 사정의 이해

1) 가족 사정의 개념

가족 사정은 가족이 가지고 있는 구조와 기능, 그리고 역동성을 분석하여 그 가족 전체가 직면한 문제를 이해하고 그 문제에 대한 적절한 개입방법을 설계하는 과정을 말한다. 가족들이 가지고 있는 서로 간의 상호작용 패턴과 의사소통 방식, 그리고 가족 구성원들의 역할을 분석한 후 가족 문제의 원인을 파악한다. 또한 그들 가족이 가지고 있는 강점과 약점을 발견하면서 이것을 기반으로 하여 개입에 대한 새로운 계획을 세우게 된다.

2) 가족 구조

가족 구조는 가족 구성원이 가지고 있는 서로의 관계와 그들 간의 상호작용 방식 등에서 나타나는 여러 가지 규칙성과 패턴을 말한다. 가족 구성원이 누구이며 각 구성원들이 어떠한 하위체계에 속하는지, 그리고 이들이 가지고 있는 경계는 어떠한 방식으로 설정되어 있는지를 우선 파악하게 된다. 이러한 관계와 규칙성 파악은 매우 중요하다. 예를 들어, 부모와 자녀 간의 관계가 어떻게 형성되어 있는지, 부모와 자녀 간의 상호작용이 단절 또는 원활한 상태인지 등을 살피는 것은 가족 구조를 파악하는 중요한 요소이다.

3) 가족 기능

가족 기능은 가족 구성원들이 수행하는 다양한 역할과 더불어 가족 전체의 책임을 의미한다. 가족은 구성원 개개인의 여러 기초적인 생리적 욕구와 심리 및 정서적 욕구를 충족시켜 주는 기능을 담당한다. 이것은 경제적인 지원과 자녀의 양육과 정서적인 지지와 사회화 등의 역할들을 포함하고 있으며 가족의 기능이 원활하게 수행되지 않으면 가족 간 갈등과 문제 행동이 발생할 수 있다.

4) 가족 사정의 내용

(1) 가족 구성원 간 경계

가족 안에서 구성원들 사이의 경계는 각자 맡은 역할 또는 책임으로 구분한다. 경계가 지나치게 모호한 경우는 구성원 사이에 간섭이 지나치거나 갈등 상황이 발생할 수 있고 역으로 경계가 너무 경직된 경우는 구성원 사이의 의사소통이 단절될 수 있다. 예를 들어보면, 자녀의 사적인 생활에 지나치게 개입할 경우, 자녀들은 올바른 자아 형성에 혼란과 어려움을 겪을 수 있다. 하지만 반대로, 부모와 자녀들 사이에 경계가 지나치게 단절되어 있으면 부모와 자녀 간 감정이나 생각이 소통되지 못해서 정서적 단절이 나타나게 된다. 그러므로 가족 간 적절한 경계의 설정과 관리는 무엇보다 중요하다.

(2) 가족 외부와의 경계

가족이 외부와 맺는 관계 역시도 사정에서 중요한 부분을 차지한다. 가족이 여러 사회적 지원들과 어떻게 서로 연결되어 왔는지, 외부와의 경계가 지나쳐 강한 상황이거나 반대로 약한 상황인지를 분석할 필요가 있다. 외부와의 경계가 적절할수록 가족이 여러 사회적 자원을 용이하게 활용하고 외부로부터 받을 수 있는 부정적 영향을 단호하게 차단하는 데 도움이 된다. 예를 들면, 가족이 외부와 지나치게 경계를 강화하면 이웃, 또는 친척들과의 관계가 차단될 수 있으며 어려운 상황이 발생하더라도 여러 사회적 지원을 받지 못한 채 고립된다. 그러나 반대로, 외부와 너무 빈약한 경계를 가지고 있으면 가족 내 일어나는 문제 및 사생활들이 쉽게 외부로 노출되어 가족의 정서적 안정을 그르칠 수 있다.

(3) 의사소통

가족 안에서의 의사소통은 가족 구성원들 간 서로의 감정과 생각들을 소통하고 이해하는 방식을 말한다. 의사소통이 원활하지 않을 경우 오해 및 갈등 상황이 발생할 수 있으며 이것은 가족 기능에 부정적 영향을 미치게 된다. 의사소통이 원활하지 못한 상태가 되면 가족 구성원들 간의 신뢰가 약해질 뿐 아니라 문제 해결도 어려운 상태가 된다. 예를 들면, 부모가 자녀들의 말을 듣거나 믿지 않고 일방적으로 지시만 내릴 경우에 자녀들은 자신들의 감정을 표현하는 것을 포기하고 부모와 멀어질 것이다. 따라서 의사소통의 요소인 명확성과 개방성, 그리고 빈도를 점검하고 관리하는 것은 매우 중요하다.

(4) 가족규칙

가족규칙은 가족 안에서 발생하는 행동과 의사결정을 통제하는 규칙을 말한다. 이러한 명시적·암묵적 규칙은 가족 구성원들의 행동에 크거나 작게 영향을 미치며 규칙이 지나치게 유연하거나 엄격할 경우 가족 안에 문제가 발생한다. 예를 들면, 가족 안에서 자녀들의 외출 통제 시간을 엄격하게 다룰 경우 자녀들의 독립과 자율은 통제되고 억압될 수 있으며 그로 인하여 부모와 자녀들 간 갈등이 발생한다. 그러나 반대로 규칙이 너무 허술하거나 유연해서 지침 자체가 없을 경우, 가족 내 구성원들은 혼란이 생기고 책임감으로부터 이탈될 수 있다.

(5) 가족역할

가족 안에서 개별 구성원들은 특정 역할들을 수행하게 된다. 예를 들면, 부모들은 경제적 책임과 자녀 양육을 담당한다. 이에 반해 자녀들은 사회화 과정과 학습을 진행한다. 이러한 역할이 정확하게 분담되어 있지 않거나 적절하게 수행되지 못했을 경우, 가족 안에서의 갈등이 발생한다. 예를 들면, 부모 중 한 사람이 모든 경제적인 비용 부담을 혼자 떠맡고 다른 부모는 참여하지 않고 방관할 경우 부부간의 불균형뿐만 아니라 갈등이 발생할 수 있다. 또한 자녀가 부족한 부모 역할을 대리하게 되는 '역할 전도' 현상이 발생하는데, 이러한 상황에 처한 자녀는 지나친 스트레스를 받는다. 가족 사정은 개별 구성원들의 역할이 잘 수행되고 있는지 점검하고 평가한다.

4. 가족 사정의 도구

가족 사정 도구는 가족 내에서의 관계와 상호작용을 시각적으로 구분이 가능하도록 표현하고 분석할 수 있도록 돕는다. 이러한 가족 사정 도구는 또한 가족의 문제들을 진단하거나 개입에 필요한 전략을 세우는 데에도 중요한 정보를 제공해 준다. 주요 가족 사정 도구는 다음과 같다.

1) 가계도

가계도(genogram)는 가족 구성원과의 관계와 가족의 구조를 3세대에 걸쳐 도식화하여 표현하는 도구이다. 이는 주로 자녀와 부모, 그리고 조부모를 표시하며, 3세대의 가족 구성원들과 그들 간 주요 관계, 즉 결혼이나 이혼, 사망과 출생 등을 기록하여 표시한다. 이를 통해 가족 구성원 간 상호작용하는 패턴 분석이 가능하며 또한 가족의 특별한 상황이 유전 또는 세습되는지 문제 행동의 영향력을 행사하는 요소 탐색이 가능하다.

가계도를 통해 분석할 수 있는 주요 가족 상호작용 패턴은 다음과 같이 설명된다.

- 세대 간 관계 패턴 : 가계도를 통해서 가족 구성원 간의 세대에 걸쳐 나타나는 관계를 패턴으로 분석 가능하다. 부모와 자녀 관계, 조부모와 손자

녀 간의 관계에 대해 어떻게 이어지고 있으며 어떻게 영향을 주고받는지 특별히 세대 간에 반복해서 나타나는 행동이나 문제점은 없는지 파악이 가능하다.

- **가족 내 정서적 관계** : 가계도는 가족 구성원 간의 정서적 관계, 즉 친밀감이나 갈등, 단절 등을 표현하고자 할 때 도움이 된다. 가족 구성원 간의 애착과 지지, 긴장과 적대감 등이 시각적으로 도식화하여 표현되며 가족 간의 교류가 정서적으로 어떻게 이루어지고 있는가를 분석할 수 있다.
- **반복되는 가족 패턴** : 가계도는 가족 안에서 반복적으로 표현되는 패턴 분석이 가능하다. 가족 구성원의 특정적인 행동과 이혼 문제, 정신질환 문제, 중독 문제 등이 반복되는지 확인이 가능하다. 이를 통해 세대를 건너 유사 문제가 계속되는 현상을 파악한 후, 해결 방법을 찾을 수 있다.
- **가족 역할과 권력 구조** : 가계도를 통해서 가족 안의 중요한 역할을 담당하고 있는 사람이 누구인지, 의사결정과 권력을 가진 사람이 누구인지 파악이 가능하다. 가족 간 특정 구성원이 부당하게 많은 책임을 감수하거나, 또는 다른 구성원이 자신의 역할을 올바르게 수행하지 못하여 발생하는 갈등 상황의 경우도 시각적으로 표현이 가능하다.
- **가족 간 경계와 의사소통 패턴** : 가계도는 가족 간의 경계와 의사소통의 방향 패턴을 분석할 수 있다. 가족 간의 경계가 너무 강하거나 경직되어 정서적인 단절이 발생되는지, 또는 지나치게 약해서 서로의 간섭으로 갈등 상황을 겪고 있는지 분석이 가능하다. 이것을 통해 가족의 의사소통 방식의 개선 방안을 찾을 수 있다.
- **가족의 주요 사건과 그 영향** : 가계도를 통해 가족 구성원이 그동안 경험한 주요 사건들, 이를테면 결혼이나 이혼, 사망 또는 질병 등과 그러한 사건들이 가족에게 미치는 영향을 파악할 수 있다. 중요한 사건들로 인하여 가족의 정서뿐 아니라 의사소통과 서로의 관계에 어떤 영향을 미쳤는지를 파악하고 분석하여 현재 가족이 겪는 문제를 진단할 수 있다.

가계도를 분석하여 얻을 수 있는 주요 효과는 가족 간 상호작용 상태를 시각화하여 보여주므로 가족 구성원 간 어떤 패턴 현상이 주로 반복되고 있는지, 그리고 문제의 흐름이 어느 방향으로 흐르고 있는지를 파악할 수 있다는 점이다. 이것을 바탕으로 가족 상담 또는 개입을 위한 전략 등을 세울 수 있다.

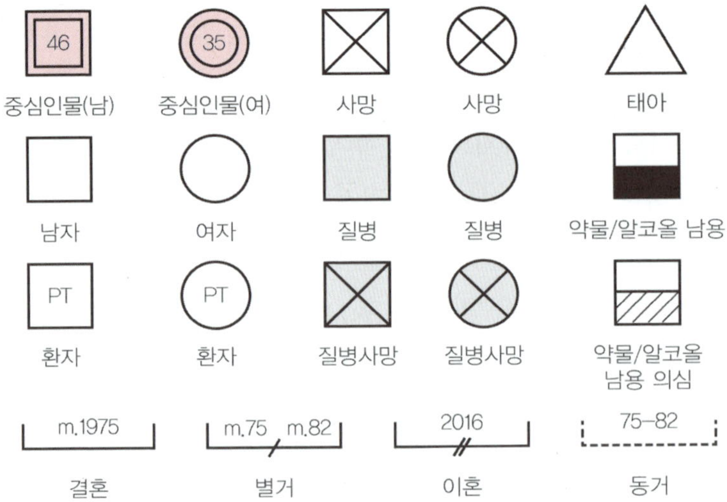

| 그림 11-1 | 가계도 상징 기호

출처 : McGoldrick, Gerson & Petry(2020); 김혜란 외(2023) 내용 참고하여 재구성.

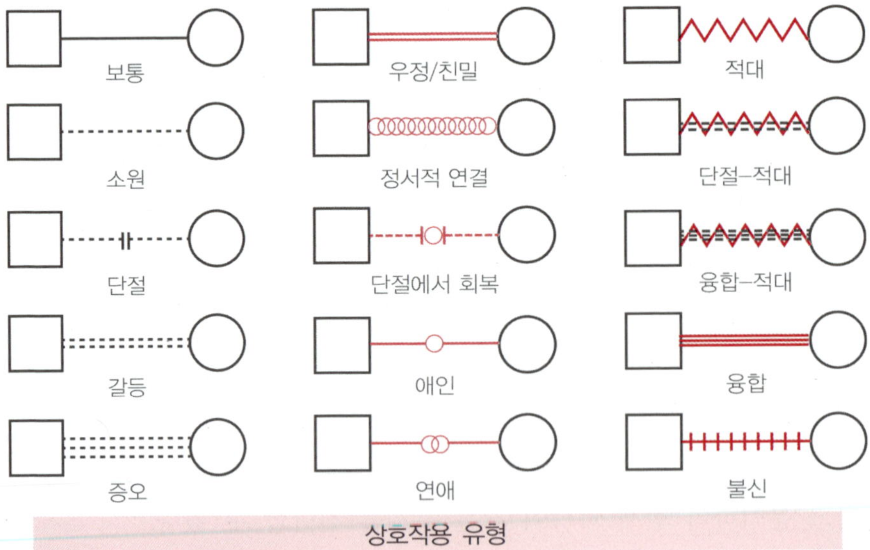

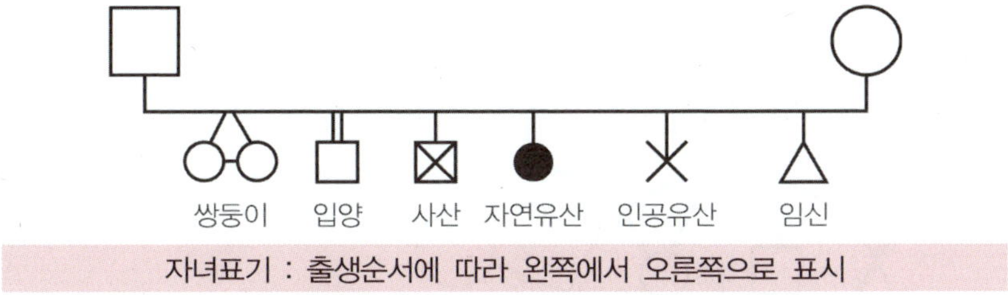

| 그림 11-2 | 가계도 사용 기호

출처 : McGoldrick, Gerson & Petry(2020); 김혜란 외(2023) 내용 참고하여 재구성.

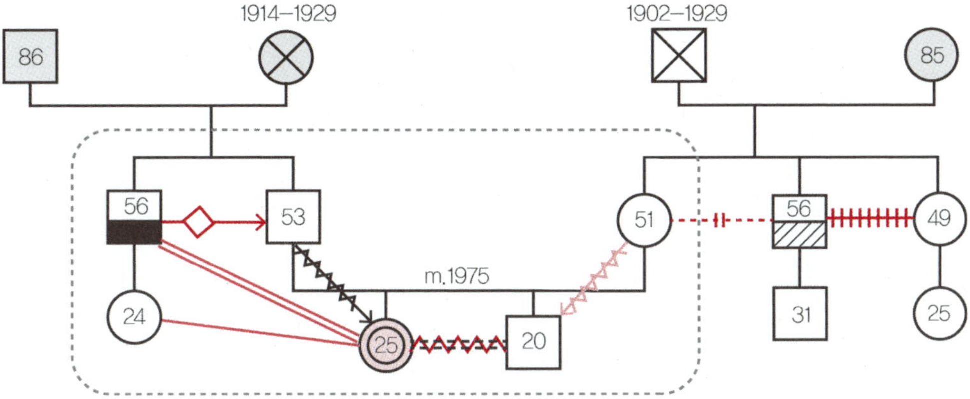

| 그림 11-3 | 가계도 예시

출처 : McGoldrick, Gerson & Shellenberger, S.(1999); 김혜란 외(2023) 내용 참고하여 재구성.

2) 생태도

생태도(ecomap)는 가족과 외부 환경과의 상호작용하는 현상을 시각적으로 표현한 도구이다. 가족이 어떤 외부 자원과 서로 연결되어 관계를 형성하고 있는지, 그 관계의 강도를 분석하는 데 매우 유용하다. 생태도를 통해서 가족들이 관계하고 있는 자원들과 여러 가지 스트레스 요인을 분석할 수 있다.

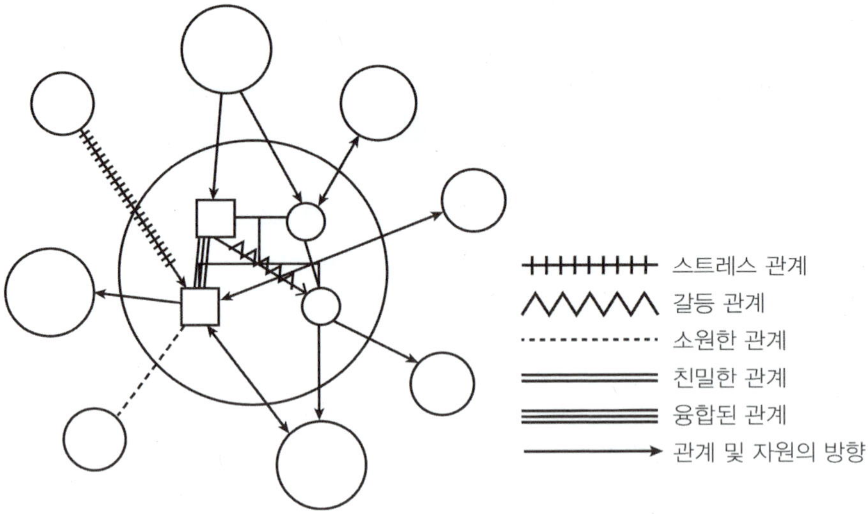

| 그림 11-4 | 생태도 기호 및 예시

출처 : Hartman & Laird(1983); 김혜란 외(2023) 내용 참고하여 재구성.

3) 가족조각

가족조각(family sculpture)은 가족 내에 자신의 위치를 신체적인 행동으로 표현함으로써 가족 구성원 간의 역동성을 도식화하는 기법이다. 구성원들이 서로의 역할과 관계를 공간적으로 표현함으로써 가족 안에서 발생하는 관계의 갈등과 힘의 균형 및 감정적 거리를 탐색할 수 있다. 이는 가족들 간의 관계를 단시간에 직관적으로 이해하고 변화를 위한 실천 방법을 마련하는 데 도움을 준다.

가족조각 기법을 통해서 가족 구성원이 서로에게 느끼는 감정적 거리와 관계, 힘의 균형과 거리감을 자유롭게 표현할 수 있다.

가족조각 기법을 활용하여 감정적 거리를 시각화하는 방법은 다음과 같다.

- 공간적 배치 : 가족 구성원들은 실제 방에 모여 각자가 서는 위치를 정한 다음, 가족 구성원 서로에 대해 얼마만큼의 거리를 느끼는지를 물리적인 거리로 표현한다. 예를 들면, 한 구성원(아들)이 다른 가족(아버지)과 멀리 서

있는 경우, 그만큼의 감정적 거리가 멀다는 것으로 해석된다. 반대로 가까운 거리에 배치되어 있다면 감정적 거리도 가깝다는 의미로 해석한다.

- **신체적 표현** : 가족 구성원이 자신이 가지고 있는 감정을 신체 자세로 표현하는 것을 말한다. 비스듬히 앉거나 팔짱을 끼고 앉아 있는 자세는 방어적인 태도, 또는 거리를 두려고 하는 심리적인 상태를 나타낸다. 반대로, 열려 있는 적극적인 자세, 즉 앞으로 기울이거나 팔을 벌리는 것과 같은 자세는 친밀감을 나타내고 열린 소통을 나타낸다.
- **상대적 높이** : 가족조각 기법에서는 가족 구성원의 위치를 비롯해 신체적 높이의 차이도 상호작용의 감정선을 나타내는 중요한 요소로 작용한다. 의자에 앉는 행동과 바닥에 앉아 있는 자세로 표현되는 구성원들은 자세를 낮춘 만큼 그들의 낮은 무력감과 자존감을 행동으로 표현할 수 있다. 반면 다른 구성원을 서 있는 상태로 표현한 상태라면 그 구성원은 더욱 커다란 권력과 영향을 가진 것으로 표현된다.
- **시선의 방향** : 가족 구성원들이 서로를 바라보는 시선의 방향도 서로의 감정적 거리를 나타내는 중요한 방법이 된다. 서로 마주 보고 있는 상황은 서로 간 소통하고자 하는 의지가 있음을 의미하며, 시선을 돌려 다른 곳을 바라보고 있거나 외면하고 있는 경우는 갈등 상황과 감정적인 단절을 나타낸다.
- **상징적 의미 부여** : 가족 구성원들에게 자신의 감정과 서로의 관계를 시각적 또는 상징적으로 표현하도록 요청할 수 있다. 예를 들면, 어떤 구성원(어머니)은 "벽이 있다"라는 표현으로 대화의 단절이나 소통의 차단을 표현할 수 있고 어떤 구성원(아버지)은 "손을 내밀거나 팔을 벌리고 있다"라는 상징으로 표현하여 감정적 상태를 표시할 수 있다.

가족조각 기법의 장점은 추상적으로 느끼는 감정과 관계 성향을 구체적인 시각화를 통하여 가족 구성원들의 감정 상태를 표현함으로써 인식할 수 있게 하고 갈등의 원인이 되는 요인을 탐색할 수 있다는 점을 들 수 있다. 이를 통해서 서로의 감정적인 거리와 갈등을 이해하고 드러난 가족 내 문제를 해결해 나가기 위한 구체적인 시각을 꾀할 수 있다.

4) 생활력 표

생활력 표(life history grid)는 가족의 주요 사건과 그 사건이 가족 구성원에게 미친 영향을 시간순으로 기록하는 도구이다. 이를 통해 가족의 발달과정에서 중요한 전환점이나 위기를 시각적으로 파악할 수 있다. 이는 가족 구성원이 경험한 중요한 사건(결혼, 이혼, 사망 등)과 그에 따른 정서적 변화를 평가하는 데 유용하다(최민정, 2020).

〈표 11-2〉 생활력표 예시

연도	관계	연령	장소	주요 사건	문제
1968	CT	27	충북 청주	결혼	양가의 반대가 심한 이유로 결혼 예식 못함
1970	CT	29	충북 청주	출산	첫아이 출산 / 미숙아로 태어나 몸 약함
1972	배우자	32	충북 청주	사고	건설현장 사고로 장애 2급 판정을 받음
⋮					

출처 : Sheafor, et al.(1997); 엄명용 외(2024) 내용 참고하여 재구성.

5) 생활주기표

생활주기표(life cycle matrix)는 가족 구성원들이 생애주기를 통해서 겪게 되는 다양한 발달 단계들을 시각적으로 표현하여 그리는 도구이다. 결혼 및 자녀 출산과 자녀 독립, 또는 은퇴 등의 여러 단계에서 가족들이 수행해야 하는 발달 단계와 과업을 직접 파악할 수 있고 가족들이 현재 어떤 주기에 속해 있는지와 그 주기에 따른 발달 과제는 무엇인지 이해하는 데 도움이 된다.

〈표 11-3〉 생활주기표 예시

가족 관계	발달 단계							
	0~3세	3~7세	7~13세	13~15세	15~18세	18~34세	34~60세	61세~
조모								
부								
모								
CT								

출처 : Sheafor, et al.(1997); 엄명용 외(2024) 내용 참고하여 재구성.

6) 사회적 지지망 그리드

사회적 지지망 그리드(social support network grid)는 가족들이 속한 사회의 관계적인 지원망을 시각적으로 표현한 도구이다. 가족이 서로 의지하고 있는 외부 자원, 예를 들면 친구나 이웃, 또는 지역사회 및 기관 등을 파악할 수 있고 가족들이 겪는 문제, 즉 사회적 고립 현상이나 지원의 부족 등을 분석하는 데 용이하다. 이를 통해서 가족들의 사회적인 자원과 관계의 스트레스 요인들을 파악하는 것이 가능하며 그에 따른 적절한 개입 전략의 계획을 세울 수 있다.

〈표 11-4〉 사회적 지지망 그리드 예시

성명	생활	물질	정서	정보 및 조언	비판	도움	친밀감	접촉빈도	지속기간
구분	1.가족 2.친척 3.직장/학교 4.조직 5.친구 6.이웃 7.전문가	1.월 1회~ 2.주 1회~ 3.매일	1.월 1회~ 2.주 1회~ 3.매일	1.월 1회~ 2.주 1회~ 3.매일	1.월 1회~ 2.주 1회~ 3.매일	1.양방향 2.내가 그에게 3.그가 나에게	1.양방향 2.내가 그에게 3.그가 나에게	0.못 봄 1.1년 2.한 달 3.1주일 4.매일	1.1년 미만 2.1~3년 3.3년 이상~
1. 김○○	1	1	3	2	2	1	1	3	3
2. 서○○	3	1	2	2	1	2	2	2	2
3. 박○○	5	1	1	1	1	3	3	2	2

출처 : Tracy, E., & Whittake. J.(1990); 엄명용 외(2024) 내용 참고하여 재구성.

CHAPTER

12 가족대상 사회복지실천기술 II

1. 가족 문제의 유형과 특성

가족 문제의 유형과 특성은 매우 다양하다. 이러한 문제들은 가족 구성원 간의 생활환경이나 상호작용과 사회적 관계와 활동 등에 따라 복합적으로 발생한다. 대표적인 유형은 다음과 같다.

1) 부부간의 갈등

부부 사이에 일어나는 의사소통의 부족과 갈등이 시간이 지나면서 점점 악화되어 발생하는 문제로, 이는 가정 내 다른 여러 구성원들에게도 좋지 못한 영향을 미친다.

2) 부모-자녀 간의 갈등

부모의 양육 방식이나 자녀들이 성장하는 과정에서 발생하게 되는 세대 간의 갈등으로, 특별히 청소년기와 청년기의 자녀들과 부모 간 갈등이 두드러지게 나타난다.

3) 가족 성원들 간의 문제

가족 성원들 중 어느 한 사람이 겪고 있는 심각한 문제, 즉 우울증이나 게임 및 알코올 중독 등의 문제 상황에 따라 개인의 문제를 넘어 전체 가족의 기능에도 크게 영향을 미치며 이로 인하여 서로의 관계 악화가 최고조에 달할 수 있다.

4) 확대 가족 세대 간 갈등

부모와 조부모, 부모와 자녀, 또한 조부모와 자녀 사이의 대를 넘어서 발생하는 세대 차이는 갈등으로 번질 수 있으며 특히 생활 방식의 차이, 양육 방식의 차이와 가치관 및 의견 충돌 등이 중요한 원인으로 발전될 수 있다.

5) 경제적 문제

현대사회는 경쟁이 심화되면서 실업 문제와 소득의 불안정성으로 인한 경제적인 어려움은 가족 안에서 스트레스의 주요 원인으로 작용하며 이러한 현상으로 말미암아 경제적 문제는 차츰 더 증가하고 이에 따른 가족 기능의 약화로 나타난다.

6) 가족 내 폭력

가족 내 폭력은 배우자 학대, 아동학대, 노인학대 등 심각한 가족 문제로서, 신체적·정신적·정서적 피해를 수반하게 되며 한번 상처를 입으면 평생 씻을 수 없는 트라우마로 남기 때문에 긴급한 개입이 절실히 요구된다.

7) 외부 환경 문제

가족이 겪는 어려움 중에 외부 환경으로 인하여 발생하는 경제적 어려움, 또는 이웃 및 친지와의 갈등, 사회적 낙인 등은 가족이 아닌 외부 요인으로 인해 가족 간의 갈등이 심화되는 현상을 지칭한다. 이러한 외부 환경 문제는 가족 내 스트레스를 가중시키게 되고 그로 인하여 가족 구성원들의 긴장감 또한 높일 수 있다.

이 외에도 다양한 가족 문제는 사회와 문화적인 요인과도 서로 깊이 연관되어 있으므로 문제의 상황과 특성에 맞는 개별화된 적합한 개입이 필요하다.

2. 가족대상 사회복지실천 모델

1) 다세대 가족치료

(1) 주요 개념

다세대 가족치료(multigenerational family therapy)는 보웬(Bowen) 이론에 기반한 모델로, 가족 간의 감정적인 관계의 패턴들이 세대를 거쳐서 반복된다는 점을 중시한다. 감정적 밀착(enmeshment)과 감정적 분화(differentiation)의 문제를 통해 가족 내에서 개인이 독립적인 자아를 형성하지 못하면 갈등이 생긴다고 본다(Bowen, 1978).

(2) 개입 목표

가족 구성원들이 감정적인 독립과 자율적인 의사를 바탕으로 자아를 형성하는 것을 목표로 한다. 특히 세대 간에 전이될 수 있는 불안한 감정과 감정적인 반응들을 다루게 되며 가족 구성원들의 문제를 보다 분화된 시각에서 명확하게 해결할 수 있도록 도울 수 있다.

(3) 개입 기법

① 치료적 삼각관계

삼각관계는 가족 안의 두 사람 사이에 제3자가 개입하게 됨으로써 갈등 상황을 피하거나 강화되는 관계를 말한다. 치료자는 이 삼각관계를 해결하기 위해 감정적인 고리를 끊고 분화를 촉진시킨다.

② 과정질문

가족 구성원이 자신이 가지고 있는 감정의 반응과 행동에 대한 패턴을 질문을 통해서 이성적으로 분석할 수 있도록 돕는다.

③ 코칭

가족 구성원이 감정적인 압박 상태에서 벗어나 자율적이며 독립적인 사고를 스스로 재현할 수 있도록 돕는 역할을 의미한다.

④ 나의 입장

문제의 상황에서 자신의 역할을 분리하여 독립적으로 인식하도록 하고 특정한 사람과의 관계에서 감정에 몰입되어 휘말리게 되는 것을 방지할 수 있도록 한다.

2) 구조적 가족치료

(1) 주요 개념

구조적 가족치료(structural family therapy)는 미누친(Minuchin)에 의해 발전되었으며 가족을 하위 체계(subsystems)로 나누고 그 구조와 경계를 중시한다. 가족의 문제는 비기능적인 가족 구조나 경계에서 비롯된다고 본다(Minuchin, 1974).

(2) 개입 목표

가족 구성원 간 구조를 재구성하고 그들 하위 체계의 경계 또한 명확하게 설정함으로써 가족 구성원들의 건강한 상호작용이 촉진되도록 하는 것이 목표이다. 부모-자녀의 관계, 부부의 관계와 같이 하위 체계 사이에서 발생되는 상황에 대해 경계를 적절히 유지하는 것이 무엇보다 중요하다.

(3) 개입 기법

① 실연

가족 구성원 간의 상호작용을 재현해서 기능적이지 못한 관계 패턴을 인식시키고 이를 개선하도록 돕는다.

② 경계 만들기

하위 체계 간의 경계를 재구성하거나 새롭게 설정하도록 하여 가족 구성원이 적절한 역할을 서로 이행할 수 있도록 돕는다.

③ 합류하기

치료자가 가족 구성원과 자연스럽게 소통하면서 그들의 문화를 선제적으로 이해하고 가족 시스템에 합류해 가는 과정을 말한다.

④ 과제 부여하기

가족 구성원에게 변화를 유도하기 위한 특정 행동을 지시하거나 과제를 부여한다.

⑤ 균형 깨뜨리기

기존에 이루어졌던 각자의 상호작용 방식을 과감히 깨트려서 새로운 방식의 상호작용 패턴을 형성할 수 있도록 돕는다.

3) 경험적 가족치료

(1) 주요 개념

경험적 가족치료(experiential family therapy)는 휘태커와 사티어(Whitaker & Satir)에 의해 발전된 모델로, 가족 구성원들이 억눌린 감정과 경험을 표출하고 이를 통해 가족 관계를 개선하는 데 중점을 둔다(Satir, 1983).

(2) 개입 목표

감정적인 경험을 통해 가족 구성원들은 보다 자신을 이해하고, 가족 내 구성원들과의 관계에서 보다 효율적인 관계의 전환과 더욱 큰 감정적 연결을 이루는 것이 목표이다.

(3) 개입 기법

① 가족 조각

가족 구성원들이 자신들 간의 관계를 물리적 거리로 표현하도록 지시하여 가족 구성원들 간의 감정적 거리를 시각화하여 표현하는 방법이다.

② 가족 그림

가족 구성원 각자 자신들이 지니고 있는 감정을 그림으로 표현하게 하며, 이를 통해서 억눌렸던 무의식 속 감정이나 갈등을 탐구하는 방법이다.

③ 모의 가족

가족 관계에서 발생할 수 있는 다양한 감정과 갈등 상황을 탐색하고 표현하기 위해 상징화 또는 비유적 방법과 통찰을 활용하는 접근법이다.

4) 해결중심 가족치료

(1) 주요 개념

해결중심 가족치료(solution-focused family therapy)는 문제보다는 해결책에 초점을 맞추며 과거보다는 미래에 중점을 두고 현재에서 변화 가능한 방법을 모색한다(de Shazer, 1985).

(2) 개입 목표

가족 구성원들이 문제에 대해 회피하지 않고 직면하여 해결 가능성에 대한 스스로의 능력을 발견하고, 이를 통해 긍정적인 변화가 이루어지도록 유도하는 것이 목표이다.

(3) 개입 기법

해결중심 가족치료의 개입기법은 제7장 해결중심모델의 개입과정과 기법에서 자세히 제시하였으므로 이를 참조하기 바란다.

5) 이야기 가족치료

(1) 주요 개념

이야기 가족치료(narrative family therapy)는 화이트와 엡스톤(White & Epston)이 개발한 방법으로, 가족이 문제중심의 이야기에서 벗어나 긍정적인 이야기를 만들어 가도록 돕는 치료법이다(White & Epston, 1990).

(2) 개입 목표

가족 구성원들이 지금 발생하고 있는 문제의 상황과 자신을 서로 분리하여 새로운 각도에서 긍정적인 이야기를 형성하는 것이 목표이다.

(3) 개입 기법

① 문제의 외현화

문제를 구성원과 서로 분리하여 외부 상황 속에서 다루게 함으로써, 그 문제에서 벗어나 객관적으로 바라보고 해결하도록 돕는다. 문제를 내재화시키는 사고 형식과 외현화하는 사고 형식을 비교하고 가족 구성원들이 문제의 본질적인 상황을 재구성할 수 있도록 한다.

② 내러티브 재구성

가족 구성원들은 자신들이 지금 겪고 있는 문제에 대해 이야기를 새롭게 다시 작성해 보면서 긍정적인 방향으로 재구성하도록 한다. 이것을 통해 가족 구성원들은 과거 겪었던 부정적인 경험과 상황을 또 다른 관점으로 해석해 보고 스스로의 문제점이 무엇인지 그 해결점에 대한 자율성을 높일 수 있게 한다.

③ 대안적 이야기 만들기

지금 현재의 문제와 별도로 자신이 가지고 있는 능력과 강점을 중점적으로 이야기를 새롭게 구성하여 만들어 가는 과정을 말한다. 예를 들어, "난 늘 실패를 거듭해 왔다"라는 이야기를 표현함에 있어 "나는 때때로 실패도 있었지만 성공의 경험들을 차곡차곡 쌓아가고 있다"로 재구성하여 이야기를 만든다.

④ 협력적 관계 형성

이야기 치료에서는 치료자와 가족 구성원 서로 간의 협력적 관계를 강조한다. 치료자는 전문가로서 가족 구성원에게 지시를 내리기보다 가족 구성원과 함께 협조하며 문제 해결 방안을 모색해 가는 동반자로서의 관계 형성 역할을 수행한다.

6) 전략적 가족치료

(1) 주요 개념

전략적 가족치료(strategic family therapy)는 헤일리와 에릭슨(Haley & Erickson)이 개발한 방법으로, 의사소통 패턴과 권력 구조를 변화시키기 위한 전략적 개입을 통해 가족 문제를 해결한다(Haley, 1976).

(2) 개입 목표

가족 내 비기능적인 상호작용의 패턴들을 변화시켜서 가족 구성원들이 지금까지와는 다른 새로운 방식으로 소통하게 함으로써 문제 해결을 돕는 것이 목표이다.

(3) 개입 기법

① 역설적 지시

가족 구성원들이 외현화된 문제를 고착시키는 행동에 대해 역설적인 방법으로 더 심화시켜서 본 문제의 본질을 각성하게 하고 변화할 수 있도록 유도한다.

② 시련 기법

가족 구성원들에게 더 어려운 문제 상황에 대한 과제를 부여함으로써 문제를 직시하여 해결할 수 있도록 동기를 강화시킨다.

③ 순환적 질문

가족 구성원들이 서로 간의 생각과 감정을 더 잘 이해하도록 유도 질문을 통하여 관계의 상호작용을 재구성하도록 돕는다.

④ 재구성

가족 안에서 발생되는 문제를 지금까지와는 다른 새로운 상황의 관점으로 재해석하여 긍정적인 의미를 부여한다.

⑤ 긍정적 의미 부여

긍정적인 의미 부여는 가족 구성원들의 문제적 행동과 부정적인 상황들을 새로운 긍정 상황으로 재해석하게 하는 전략적 가족치료의 기법을 말한다. 이 기법은 가족 구성원 내에서 발생되는 갈등과 문제를 부정적으로만 해석하지 않고 그 문제의 이면 속에 숨겨져 있는 긍정적인 의도와 목적의 뜻을 재발견하여 문제를 지금까지와는 다른 각도를 통해 바라보게 하는 것에 그 목적이 있다.

위의 내용을 요약하면 다음과 같다.

〈표 12-1〉 가족 치료모델 학자 및 주요 내용

치료모델	주요 개념	치료목표	주요 기법	치료자 역할
다세대 가족치료 (Bowen)	세대 간 반복되는 관계 패턴 분석 및 감정적 분화 촉진	감정적 독립성과 자아 분화를 통해 가족 내 갈등을 해결	치료적 삼각관계, 과정질문, 코칭, 나의 입장	감정적 중립을 유지하며 가족의 삼각관계를 해체하고 분화를 촉진
구조적 가족치료 (Minuchin)	가족 내 하위 체계와 경계를 재구조화하여 건강한 상호작용 유도	비기능적 가족 구조와 경계를 개선하여 가족 내 상호작용 강화	실연, 경계 만들기, 합류하기, 과제 부여하기, 균형 깨뜨리기	가족 내 경계를 재구조화하고 새로운 상호작용을 유도
경험적 가족치료 (Satir & Whitaker)	감정 표현을 통해 억눌린 감정과 갈등을 해소하고 자율성 증진	억눌린 감정을 표현하여 가족 내 감정적 연결과 자율성 증진	가족 조각, 가족 그림, 모의 가족	감정적 표현을 촉진하여 가족 구성원 간의 자율성과 연결성을 강화
해결중심 가족치료 (de Shazer)	문제보다는 해결책에 집중하여 긍정적 변화를 이끌어 내는 접근	가족 구성원이 문제 해결 능력을 인식하고 긍정적 변화를 촉진	치료 전(변화, 관계, 척도, 대처, 기적, 예외) 질문	긍정적인 변화와 해결책을 찾을 수 있도록 대화를 유도

이야기 가족치료 (White & Epston)	문제를 외현화하고 내러티브를 재구성하여 긍정적인 이야기 형성	문제를 객관화하여 가족 구성원이 새로운 이야기를 형성하도록 유도	문제의 외현화, 내러티브 재구성, 대안적인 이야기 구성, 협력적 관계형성	문제를 객관화하여 긍정적 내러티브를 만들어 가도록 돕는 역할
전략적 가족치료 (Haley & Erickson)	가족 내 의사소통 및 권력 구조를 변화시키기 위한 전략적 개입	비기능적 의사소통 패턴과 권력 구조를 바꾸어 문제 해결	역설적 지시, 시련기법, 순환적 질문, 재구성, 긍정적 의미부여	가족 간 역동성을 분석하고 문제 해결을 위한 전략적 개입을 설계

출처 : Bowen, M.(1978); Minuchin, S.(1974); Satir, V.(1983); Tracy et al.(1990); de Shazer, S.(1985); White et al.(1990); Haley, J.(1976); Erickson et al.(1976) 내용 재구성.

3. 가족대상 사회복지실천 사례

1) 가정폭력 사례

한 가정 안에서 아버지가 반복적인 가정폭력을 행사하는 상황으로, 어머니는 경제적인 자립이 어려운 상황이다. 자녀들은 아버지로부터의 신체적·정신적 학대에 노출되어 시달리고 있다. 어머니는 남편의 폭력으로부터 탈출하고 싶어 하지만, 경제적인 지원과 법적인 보호를 받는 방법에 대해 모르는 상황이다.

- 접근 방향

  사회복지사는 가장 먼저, 가정폭력 피해자를 안전하게 보호할 수 있도록 쉼터를 제공하고 폭력 가해자인 아버지와 피해자인 아이들과 어머니를 분리시킨다. 이후 어머니에게 경제적 자립이 가능하도록 취업 지원을 위한 방안과 재정 상담을 제공한다. 자녀들에게는 심리 상담 지원과 가정폭력 후유증을 극복하기 위한 치료 프로그램을 제공한다. 동시에 가해자인 아버지에게는 폭력 재발을 방지하기 위하여 상담과 치료를 실시하도록 한다.

2) 청소년 자녀 갈등 사례

한 가정 안에서 청소년 자녀가 부모와의 의사소통 문제로 갈등을 겪고 있다. 자녀는 부모의 통제에 반발하고 부모는 자녀의 반항적 태도를 문제시하며 갈등이 지속된다(이수정, 2015).

- 접근 방향

  사회복지사는 청소년과 부모 사이의 상호작용 방법을 분석하고 부모가 자녀의 자율성을 존중할 수 있는 방법과 적절한 규율을 설정할 수 있도록 돕는다. 가족 상담을 통해서 부모는 자녀의 심리적인 변화 상황을 이해할 수 있고, 자녀 또한 부모의 기대를 수용하는 방법을 배울 수 있다. 부모와 자녀가 함께 소통하며 목표를 설정하고 서로 소통을 강화하는 것이 중점 사항이 된다.

3) 이혼 요구 부부 사례

결혼한 지 10년 된 부부가 오랜 시간 동안 갈등을 겪어오다가 이혼을 요구한다. 부부는 서로의 감정적 소통이 단절된 상태이며 자녀의 양육 문제로 갈등을 겪고 있다(박성은, 2018).

- 접근 방향

  사회복지사는 부부 상담을 통하여 감정적인 소통 관계를 회복하는 데 초점을 맞추고 자녀의 양육 문제와 관련하여 중재적인 역할을 하며 부부가 이혼을 한 이후에도 자녀들의 안정적인 생활 보장을 협의하도록 돕는다. 필요시 법적 지원 절차와 방법에 대한 정보를 제공한다.

4) 한부모 가족 사례

한부모 가족인 어머니가 자녀를 혼자 양육하며 경제적인 어려움과 더불어 사회적인 고립 상황을 겪고 있으며, 자녀는 정서적 지원이 부족한 상태로 학교에서 문제적 행동을 보이고 있다.

- 접근 방향
  사회복지사는 한부모 가족에게 우선, 경제적 지원 서비스를 연결하여 경제 문제를 해결하고 어머니의 자립을 위한 방안으로 직업 훈련을 받을 수 있도록 한다. 자녀에게는 정서적 안정뿐만 아니라 사회성을 향상시키기 위한 상담 서비스를 제공하며 지역사회 내에서 자조모임 등의 활동을 통해 어머니가 다른 한부모 가족들과 사회적 교류를 이어나갈 수 있도록 지원한다.

5) 다문화 가족 사례

외국인 부인과 한국인 남편으로 꾸려진 다문화 가족이 언어 장벽과 문화적 차이로 인하여 갈등 상황을 겪고 있다. 자녀들은 학교에서 동급생으로부터 따돌림을 당하고 있고 외국인 아내는 한국 사회 적응이 쉽지 않아 심한 스트레스와 소외감을 느끼고 있다.

- 접근 방향
  사회복지사는 다문화 가족에게 가장 먼저, 한국어 교육 서비스와 문화 적응 프로그램을 제공한다. 그리고 자녀에게는 학교생활 적응을 위해 필요한 상담과 지원을 연계한다. 또한 가족 상담을 통해서 부부간의 문화적 차이에 대해 이해를 높이고 지역사회 내 운영되고 있는 다문화 가족들과 소통 채널을 확보하여 연결함으로써 사회적 지지 체계를 강화시킨다.

6) 빈곤 가구 사례

한 가정이 실직과 질병으로 인해 심각한 경제적 어려움으로 고통받고 있으며 자녀는 기초적인 생활 환경조차 제공받지 못해 학업을 중단할 위기에 처해 있다(김민정, 2019).

- 접근 방향

  사회복지사는 빈곤 가구가 지금 겪고 있는 기본적인 생활의 어려움을 해결하기 위한 긴급 생계 지원을 제공한다. 이후 부모들에게는 고용 창출을 위한 직업 재훈련과 고용 연계 프로그램에 참여하도록 연계한다. 그리고 자녀에게는 학습을 지원할 수 있는 프로그램과 심리 상담 서비스를 제공하여 정상적인 학업 생활을 할 수 있도록 한다.

7) 치매 노인 가족 사례

한 가정에서 노부모가 치매 진단을 받았고 주 양육자인 딸은 치매 노인을 돌보느라 신체적·정신적 스트레스를 받고 있다. 가족은 경제적 부담과 감정적 소진을 겪고 있다(이정수, 2020).

- 접근 방향

  사회복지사는 가족에게 여러 가지 정보 제공과 더불어 교육을 제공하고 돌봄에 필요한 사회적 지원체계를 연결한다. 주 양육자에게는 우선, 돌봄 부담 경감을 위해 일시적인 휴식 서비스와 심리 상담을 제공한다. 이어서 가족 모두가 치매 노인 돌봄에 관하여 긍정적인 태도와 참여를 유지해 갈 수 있도록 돕는다.

8) 장애 가족 사례

자녀가 중증 장애를 가지고 태어난 가정에서 부모가 장애 자녀에 대한 돌봄의 어려움과 경제적인 부담을 함께 겪고 있다. 부모는 장애 자녀를 쉽게 받아들이지 못하고 감정적인 극복에도 어려움을 호소하고 있으며 사회적 지원 체계에 대한 여러 가지 정보도 부족하다. 또한 자녀의 다른 형제들은 장애 아동에 대한 부모들의 집중된 관심과 희생 강요로 정서적인 소외감을 느끼고 있는 것으로 나타났다.

- 접근 방향

  사회복지사는 장애 자녀를 둔 부모들이 장애 자녀에 대해 수용할 수 있도록 심리 상담과 더불어 정서적인 지원 프로그램을 연결하여 서비스를 제공한다. 그리고 가족 구성원들이 자신이 맡은 역할을 재정립하고 자녀 돌봄에 대한 여러 가지 의무와 책임을 나눌 수 있도록 돕는다. 부모에게는 장애와 관련된 지원 서비스와 경제적인 지원 방안에 대해 안내하고 형제들에게는 정서적 필요에 따라 별도의 상담과 지원 프로그램을 연계하여 제공한다.

9) 우울증 가족 사례

부모 중 한 명이 우울증을 앓고 있고 그 영향으로 가족 전체가 어려움을 겪고 있다. 우울증을 앓고 있는 부모는 제대로 일상생활을 유지하지 못하게 되므로 가족 구성원들은 부모에게 점점 더 감정적 거리감이 발생하는 상황에 놓여 있다(이정은, 2018). 자녀들은 부모의 무기력한 모습에 대한 불안과 혼란으로 감정적 불안이 심한 상태이며 다른 가족 구성원 역시 신체적·정신적 부담을 크게 느껴 스트레스를 받고 있다.

- 접근 방향

우울증 가족의 사회복지 개입 방법은 환자뿐 아니라 그들 가족의 건강한 기능을 회복하는 것을 목표로 접근한다. 우울증이 가족 안의 구성원들에게 미치는 영향을 고려하여 더욱 다각적인 개입이 필요하다. 첫째, 부모의 치료와 자기효능감 회복을 통하여 가족의 기능을 회복하도록 한다. 둘째, 가족 구조를 포함한 가족의 역할을 재조정하고 균형 잡힌 위계 질서를 확립하도록 한다. 셋째, 자녀와 가족 구성원 모두에게 감정적 지지를 제공함으로써 부담을 완화시킨다.

10) 아동 방임 가족 사례

한 가정에서 부모가 경제적·심리적 어려움을 함께 겪고 있어 자녀의 기본적인 의식주 생활과 돌봄을 제공하지 않고 방치하는 상황이다. 아동은 학교에도 자주 결석하고 영양 상태가 나쁘다. 정서적인 지원이 부족하여 학교생활에도 잘 적응하지 못한 채 겉도는 상태이다. 부모는 자녀 양육에 대한 책임과 돌봄을 제대로 이행하지 않고 있으며 이로 인해서 아동은 정서적·신체적 발달에 심각한 지장을 받고 있다.

- 접근 방향

아동 방임에 대한 개입은 아동의 보호와 안전을 최우선으로 실시되며, 부모의 양육 역량을 강화하는 데에도 중점을 두게 된다. 이 경우, 우선적으로 아동을 안전한 환경 속에서 보호가 이루어질 수 있도록 하기 위해 임시 보호 조치를 취하거나 아동 보호 기관과 협력해서 적절한 보호 시설을 마련한다. 아동의 신체적·정서적 상태를 평가하여 긴급 의료 지원이 필요한지를 평가하고 필요시 치료를 제공한다. 또한 방임의 원인이 부모가 가지고 있는 심리적·경제적 문제일 경우, 부모를 대상으로 상담치료 및 교육 프로그램을 제공해서 부모의 양육 역량을 향상시킨다. 또한 부모가 경제적인 어려움을 겪고 있다면, 경제적 지원 서비스를 연결하고 부모가 자립할 수 있도록 돕는다. 양육 기술에 대해서도 교육을 제공하며 부모가 아동의 필요를 먼저 이해하고 충족 방법을 익히도록 한다. 이 밖에도 지역사회 안에서 부모와 자녀에게 지속적인 지원이 가능하도록 여러 사회 자원과 연결한다.

11) 노인 방임 가족 사례

고령의 부모는 신체적·정신적으로 취약한 상태이나 자녀들이 부모의 돌봄을 소홀히 하고 있다. 부모는 일상생활을 스스로 혼자 수행할 수 없는 상황이나 방치되어 있다. 신체적·정신적 건강 상태가 점점 악화되고 있으며 자녀들은 부모 돌봄의 책임을 서로 미루고 경제적 어려움 등으로 돌봄을 제공하지 못하는 상황이다.

- 접근 방향

  노인 방임에 사례에 대한 개입은 노인의 건강과 안전을 최우선으로 이행하며 가족의 돌봄 역량을 강화시키기 위한 외부 자원 연결을 중점적으로 실행한다. 우선적으로 노인의 신체적 상태를 먼저 확인하고 방임으로 인해 발생한 건강 문제를 평가하여 필요하다고 판단되는 의료적 지원을 제공하도록 하고 긴급한 경우에 노인을 보호 시설에 입소시키거나 의료기관과 협력하여 치료를 진행한다.

CHAPTER

13 집단대상 사회복지실천기술

1. 집단 사회복지실천의 이해

1) 정 의

인간은 사회적 동물이라는 언명처럼 인간은 태어나면서 집단에 소속되며 집단을 통하여 성장과 발달을 경험한다. 집단 사회복지실천기술은 의도적인 집단의 경험을 통해서 개인의 욕구를 충족시키고 사회심리적 기능을 향상시키며 개인이나 집단의 당면 문제를 해결할 수 있도록 도와주는 사회복지실천 방법 중의 하나이다.

주지하는 대로 사회복지실천의 가장 기본적인 단위는 개인이지만 집단을 매개로 한 사회복지실천 역시 사회사업 방법론의 하나로서 개별사회사업과 구별되어 집단사회사업으로 사용되다가 최근에는 주로 집단 사회복지실천이라는 명칭으로 사용되기 시작했다. 여기서 집단 사회복지란 집단대상 사회복지실천 방법 가운데 하나로서, 전문가에 의한 의도적인 집단 과정과 경험을 통해 집단의 특성에 따라 집단원으로 참여한 개인의 사회적 기능 수행을 향상케 하기도 하고 지역사회의 당면 문제들에 대해 보다 효과적으로 대처해 나갈 수 있도록 도움을 주는 것이라고 정의할 수 있다(김춘환 외, 2023).

집단 사회복지실천에 대한 개념적 정의는 시대적 흐름에 따라 변화하고 다양한 활용에 따라 다른데, 집단을 매개로 하고 집단의 고유한 특징을 문제 해결 및 과업 달성에 활용한다는 면에서는 공통된 개념을 가지고 있다.

2) 목 표

집단 사회복지실천은 개인의 문제나 욕구를 해결하기 위해 집단이라는 매개체를 활용하는 사회복지실천 방법이다. 집단 구성원들이 집단을 통해 상호작용하고 느낌을 공유하며, 서로의 경험과 지식을 통해 성장하고 변화를 이끌어 낼 수 있도록 돕는 것을 목표로 한다. 집단 사회복지실천의 목표를 다시 정리하자면 개인의 성장, 집단의 공동체 의식 함양, 사회적 문제 해결의 세 가지로 나눌 수 있다.

- 개인의 성장 : 개인의 성장 측면에서는 자기 이해, 자존감 향상, 문제 해결 능력 증진, 대인관계 기술 향상 등을 목표로 한다.
- 집단의 공동체 의식 함양 : 집단의 공동체 의식 함양 측면에서는 공동체 의식, 책임감, 연대 의식 등을 강화하여 적극적 사회 참여를 유도하는 것을 목표로 한다.
- 사회적 문제 해결 : 사회 문제 해결 측면에서는 집단 구성원들이 공동으로 문제를 해결하고, 사회 변화를 위한 활동에 참여하도록 돕는 것을 목표로 한다.

3) 집단 사회복지실천에서 집단의 특성

개인대상 사회복지실천은 사회복지사와 클라이언트 간 1대1 만남과 상담을 통해 개별 사회복지를 추구한다. 그러나 집단 사회복지실천은 사회복지사와 같은 전문가의 의도적인 개입을 통해 개인이 아닌 집단의 특별한 목적을 달성하게 하는 행위이다. 집단 사회복지실천은 집단 자체의 활용 가치가 크기 때문에 사회복지 현장은 물론 심리치료의 다양한 영역에서 활용되고 있다. 즉, 사회복지기관, 상담기관, 병원과 같은 임상현장에 적용하는 집단에서부터 지역복지실천 현장에서 주로 진행되는 과입집난활동에 이르기까지 다양한 형태로 폭넓게 적용되고 있다.

집단 사회복지실천에서 집단의 의미는 개인의 병리를 예방·치료하고 정상적인 성장 및 발달을 촉진하기 위한 맥락, 도구, 매체 혹은 수단, 방법으로 활용된다. 집단은 집단이라는 역동적 실체로서 상호 접촉하고 서로 배려하며 의미 있는 공통성을 가진다고 의식하는 개인의 복합체로 규정할 수 있다. 정의에서 알 수 있듯이 집단 사회복지실천의 고유한 특징은 집단 경험에 있고 집단 구성원은 타인과의 관계 및 상호작용을 통해 영향을 주고받으며 성장하고 변화한다.

집단 사회복지실천에서 집단의 특성을 요약하면 다음과 같다(서혜석 외, 2019).

- 두 사람 이상
- 상호 동일시하는 집단 의식
- 동일한 목표 의식 공유
- 욕구에 대한 상호 의존적인 만족
- 집단 구성원 간 상호작용
- 통일된 방식으로 행동할 수 있는 능력

이러한 집단의 특성으로 볼 때 집단은 유사한 문제나 공통된 목표를 공유하면서 상호작용하는 인간집합체라고 정의할 수 있다. 집단 사회복지실천에서 집단 구성원 간의 상호작용과 의사소통은 매우 중요하다. 집단 구성원들은 서로의 생각과 감정을 나누고, 공감하며, 서로를 지지하는 과정을 통해 성장하고 변화를 경험한다. 또한 집단 구성원 간의 상호작용은 집단의 목표를 달성하는 데 중요한 역할을 한다. 집단 구성원들은 서로의 경험과 지식을 공유하고, 아이디어를 제시하며, 함께 문제를 해결해 나가는 과정을 통해 성장하고 변화를 이끌어 낼 수 있다. 집단 내 효과적인 의사소통은 집단 구성원들의 상호 이해를 높이고, 집단 목표 달성을 위한 협력을 증진시킨다(조현춘 외, 2010).

2. 집단 사회복지실천의 이론적 배경

집단 사회복지실천은 다양한 이론적 배경을 기반으로 한다. 주요 이론으로는 사회학적 관점, 심리학적 관점, 사회심리학적 관점을 들 수 있다.

사회학적 관점에서는 집단이 개인에게 미치는 사회적 영향, 집단 내 상호작용의 역동성, 사회적 규범과 문화가 집단 행동에 미치는 영향 등을 강조한다. 특히 집단이 개인의 사회화 과정에 미치는 영향과 집단 내 권력 관계, 집단 갈등 해결 등을 연구한다.

심리학적 관점에서는 집단 구성원의 개인적인 성장과 발달, 개인의 욕구 충족, 집단 내 의사소통, 집단 역동성 등을 중시한다. 특히 개인의 심리적 안정, 정신건강, 자기 성장, 인간관계 개선 등을 집단을 통해 이루어 낼 수 있다는 데 주목한다.

사회심리학적 관점에서는 집단 내 상호작용과 의사소통, 집단 규범, 집단 동기 부여, 집단 갈등, 집단 응집력 등을 연구한다. 특히 집단 구성원들이 서로 어떻게 영향을 주고받는지, 집단 내에서 어떻게 상호작용하며, 집단목표를 달성하기 위해 어떻게 협력하는지 등을 연구한다.

3. 집단 사회복지실천 모델

집단 사회복지는 다양한 실천현장에서 각기 다른 목적으로 수행되기 때문에 그 접근 방법도 다양하다. 여기서는 집단의 사회적 기능과 개입의 초점에 따라 사회적 목표 모델, 치료모델, 상호작용모델로 구분하였다.

1) 사회적 목표 모델

사회적 목표 모델은 집단 사회복지사업 초창기부터 유래해 온 전통적인 모델로서 그 역사적인 기원은 인보관, 청년 봉사 조직의 집단 사회사업에서 찾을 수 있다(이영실 외, 2023). 이 모델에 근간한 집단 사회사업의 목적은 첫째, 구성원에게 민주적인 가치관, 사회적 양식, 공동의 선언을 위한 사회적 행동을 지양하도록 영향을 주는 것, 둘째, 구성원의 사회화를 도모하거나 개인의 건전한 성장 발달 학습을 강화하는 것으로, 학교의 보이스카우트나 지역사회 당면 문제를 해결하기 위한 주민 조직 등이 있다.

2) 치료모델

치료모델은 집단 사회사업이 개인의 사회적 기능을 강화하는 주요한 전문적 실천 방법이 될 수 있도록 기여한 모델로 주로 병원, 가족치료기관, 사회복지관에서 활용될 수 있다. 이 모델의 목적은 집단을 활용하여 개인의 심리적, 사회적, 문화적 적응 문제를 해결하는 데 있다(장성화 외, 2022). 따라서 주로 다루는 문제는 부적응적 일탈 행위와 같은 사회적 기능 수행에 관한 것이다. 이때 집단은 개인의 문제해결이라는 목적을 달성하기 위한 수단이자 효과적인 치료의 매개물로 간주된다. 사회복지사는 변화 매개자로서 전문적인 지식과 능력을 가지고 집단 구성, 구성원 선발, 집단 크기 결정, 문제 진단과 치료 과정을 이끌어 간다.

3) 상호작용모델

상호작용모델은 개인과 사회 간의 유기적이고 체계적인 관계를 전제로 한다. 집단은 사회복지사와 집단 구성원을 포함한 하나의 사회적 체계로 개념화되며 유기체로서 이해된다. 이 모델이 추구하는 목적은 개인과 사회가 각기 상호 접근하려는 노력과 참여를 통해서 상호 자기충족의 상황을 조성해 가는 것이다. 이때 집단은 개인 기능과 사회 기능이 조화를 이루고 서로 도움을 주는 관계임을 일깨워 주는 도구인 것이다.

4. 집단 사회복지실천 유형

집단 사회복지실천 대상은 고통받는 개인뿐 아니라 건강한 개인도 포함한다. 집단의 유형은 통일된 의견이 있는 것이 아니나 대개 집단의 목적에 따른 집단 유형 구분으로 치료집단, 과업집단, 자조집단으로 나누기도 한다(노안영, 2008). 이 장에서는 치료집단, 지지집단, 교육집단, 성장집단, 자조집단, 과업집단 등 여섯 가지 유형으로 구분하여 설명하고자 한다.

1) 치료집단

치료집단은 정신적, 개인적인 문제를 가진 구성원으로 하여금 사회 정서적 적응 욕구에 대한 만족을 증가시키려는 목적을 가지고 있다. 집단 구성원은 치료의 목적을 달성하기 위해 높은 수준의 자기 노출이 요구되고 의사소통이 공개적으로 이루어진다. 사회복지사는 구성원들이 적극적으로 상호작용할 수 있도록 격려한다. 구성원들의 역할은 상호작용의 결과로서 결정될 수 있다. 구조화된 일정한 형식이 존재하면서도 상황에 따라 유연한 과정을 거치게 된다. 결국 치료집단은 구성원이 자신의 행동을 바꾸고 개인적인 문제를 완화하거나 그에 대처하고 사회적 또는 건강상의 외상 이후에 그들 스스로 원상으로 복귀시킬 수 있도록 돕는 집단이다. 이러한 집단을 이끌 사회복지사는 인간 행동에 대한 인지적 지식과 더불어 상담의 기초가 되는 여러 가지 이론들을 숙지하고 있어야 한다. 왜냐하면 치료집단에서 사회복지사의 역할은 집단의 리더일 뿐 아니라 집단원의 태도와 행동을 변화시키는 안내자의 역할을 하여야 하기 때문이다.

2) 지지집단

지지집단은 집단원 간의 상호원조를 통해서 과거의 트라우마나 잘못된 습관, 행동 등을 교정하고 장차 일어날 사건에 좀 더 효과적으로 대응하기 위한 대처기술을 향상시키며 미래에 대한 희망을 고취시킴으로써 구성원이 삶의 위기에 대처할 수 있도록 돕는 집단을 말한다. 자조집단과 다른 점은 사회복지사가 중심이 되어 집단을 이끌게 된다는 점이다. 지지집단은 세월호 사건이나 이태원 참사의 유가족들처럼 사회적 어려움이나 비극에 관한 문제로 구성되는 경우가 많다. 집단원들은 자신의 경험을 같이 나눔으로써 각자의 경험을 객관화시킬 수 있다. 집단 구성원들은 자신들에게 일어난 비극적 사건의 원인을 자신 탓으로 돌리거나 죄의식에서 벗어날 수 있는 계기를 마련한다. 성폭행 피해자 모임도 이러한 지지집단에서 다룰 수 있는 주제이다.

3) 교육집단

교육집단은 구성원의 정보 또는 기술을 습득하는 데 목표를 둔다. 집단의 목적이 집단 성원들의 지식과 정보 및 기술 향상이기에 직접적인 학습활동을 통해 기술을 가르치고 정보를 제공하며 지식을 습득할 수 있도록 돕는다. 집단을 이끄는 지도자가 정보를 제공하는 형태이기 때문에 자기 개방 정도는 비교적 낮다. 주로 자신이 되려는 무엇과 관련된 학습, 즉 청소년 성교육집단, 위탁 가정의 부모가 되려는 집단, 입양에 관심을 두고 입양 관련 지식을 획득하려는 집단, 특정 약물이나 질병에 대해 정보를 얻고자 하는 집단, 부모 역할 훈련 집단 등을 들 수 있다.

4) 성장집단

성장집단은 사회 정서적인 건강증진을 강조하는 집단을 말한다. 행동, 감정, 사고를 긍정적으로 변화시켜 나가는 기회를 구성원에게 제공하여 구성원의 능력과 자의식을 높이는 것이다. 일례로 부부 대상 참만남 집단, 청소년 대상 가치 명료화 집단들이 있다. 성장집단은 사회에서 효과적으로 기능하도록 사회기술과 사회적으로 용인되는 행동을 학습하는 데 목적이 있기 때문에 사회화 집단이라고 분류하는 학자도 있다(이장호, 2005). 퇴원한 정신질환자를 위한 사교 집단이라든가 비행 청소년을 대상으로 하는 비행 완화 활동 집단 등도 있다. 성장집단은 집단 토론 형식보다는 게임, 역할 연습과 같은 프로그램에 참여하면서 대인관계 기술을 향상시키는 것을 강조한다.

5) 자조집단

자조집단(self help group)은 마약이나 암 또는 비만과 같은 공동 관심사나 공통 문제를 갖고 자발적으로 구성된 집단으로, 공동 관심사나 문제에 대한 경험을 나누면서 관심사와 관련된 욕구를 충족시키거나 문제 상황에 대한 대처 능력을 향상시키도록 노력하는 상호 원조 집단이다. 이러한 집단은 대개 마약 중독, 공격적 행동, 정신질환 장애, 자녀의 죽음, 도박, 체중 조절, 성적 지향성의 문제, 에이즈 등과 같은 공유된 문제에 대한 상호 지지가 필요한 사람으로 구성된다. 자조집단은 집단 구성원의 주도하에 이끌어 가고 사회복지사의 역할은 적극적이지 않고 제한적이다. 사회복지사는 물질적인 제공이나 다른 체계와의 연결을 도모하거나 정보, 지식, 자원을 알려주는 자문 역할을 하고 자조집단이 스스로 활동할 수 있도록 도움을 주는 정도다. 따라서 전문가의 도움보다는 집단 구성원의 경험에 기초하여 도움을 주고받는다. 자조집단이 강조하는 것은 대인간 지지 그리고 개개인이 다시 그들의 삶을 책임질 수 있는 환경을 만들어 주는 것이다. 구성원 간의 도움을 주고받으면서 스스로에 대해 긍정적으로 느끼고 자신의 삶에 대해 적극적으로 대처하고 통제할 수 있게 된다.

6) 과업집단

과업집단은 문제에 대한 해결책을 찾고 새로운 아이디어를 만들어 내며 결정을 내리기 위해 조직된다. 과업집단은 주로 클라이언트나 조직, 공동체의 욕구를 충족시키는 것을 목적으로 삼고 있다. 따라서 과업집단의 목표를 명확히 세우는 것이 중요하다. 집단 구성원은 목표 달성에 관심이 있고 목표와 관련된 정보와 힘이 있어야 한다.
집단 안에서 의사소통은 특정 과업에 관한 논의에 집중되고 역할이 각 집단 구성원에게 할당된다. 과업집단의 전체적인 과정에는 일정한 규칙이 존재한다. 자기공개성이 낮고 진행과정은 은밀할 수도 있지만 사안에 따라서는 대중 공개적일 수도 있다.

5. 집단 사회복지실천에 있어 사회복지사의 역할

집단 사회복지실천에서 사회복지사는 집단의 목표를 달성하고, 구성원들의 성장을 촉진하는 중요한 역할을 한다. 사회복지사는 구성원들과의 상호작용을 통해 집단의 분위기를 조성하고 활동을 이끌며, 구성원들의 참여를 독려해야 한다.

1) 사회복지사의 역할

사회복지사는 집단의 목적을 달성하기 위해 필요한 활동을 체계적인 프로그램 형식으로 계획한다. 구성원 간에 자기를 소개하는 단순한 프로그램에서 특수한 정서 문제에 깊이 개입하는 전문적이고 치료적인 프로그램까지 다양하게 할 수 있다. 그리고 프로그램의 내용은 집단의 목적을 성취하는 도구로 활용된다. 예를 들어, 약물남용 청소년의 문제 행동을 감소시키기 위해 약물의 유해성에 관한 교육, 행동치료, 진로탐색 등과 같은 프로그램을 계획할 수 있다. 프로그램의 내용을 결정하기 전에 연령, 성별, 기능, 문화수준, 흥미, 관심도 등 집단 구성원의 특성 및 욕구가 파악되어야 된다. 집단의 프로그램 활동이 요구되는 기술과 능력의 정도, 활동을 자극하는 경쟁 정도, 활동에 의해 요구되는 신체적 활동의 정도와 활동 수행 중에 이루어지는 구성원 간의 상호작용 정도, 그리고 활동에 따른 규칙의 정도, 벌칙과 보상 등의 요인을 고려하여 프로그램을 계획한다.

2) 집단 프로그램 계획 과정

- 집단 목표 설정 및 활동 계획 수립 : 집단의 목표를 명확히 설정하고 이를 달성하기 위한 활동 계획을 수립한다.
- 집단 규칙 및 규범 확립 : 집단 내 상호작용을 원활하게 하기 위한 규칙과 규범을 설정하고 구성원들이 이를 준수하도록 안내한다.
- 집단 활동 진행 및 촉진 : 집단 활동을 진행하고 구성원들이 활발하게 참여하도록 촉진한다.
- 집단 구성원 간의 상호작용 촉진 : 구성원들이 서로 소통하고 공감하며 협력할 수 있도록 돕는다.
- 집단 갈등 해결 및 조정 : 집단 내 갈등이 발생할 경우 구성원들이 갈등을 해결하고, 조정할 수 있도록 돕는다.
- 집단 평가 및 종결 : 집단 활동의 성과를 평가하고 집단 활동을 마무리한다.

3) 집단 문제 해결과 갈등 관리

집단 사회복지실천에서 집단 문제 해결과 갈등 관리는 중요한 과제이다. 집단 구성원들은 다양한 배경과 가치관을 가지고 있기 때문에 의견 충돌이나 갈등이 발생할 수 있다. 사회복지사는 집단 문제 해결과 갈등 관리를 위해 다음과 같은 전략을 활용할 수 있다.

- **문제 상황 정의 및 분석** : 집단 문제 상황을 명확하게 정의하고, 문제의 원인을 분석한다.
- **해결 방안 모색** : 집단 구성원들과 함께 문제 해결을 위한 다양한 방안을 모색한다.
- **합의 도출** : 집단 구성원들의 의견을 수렴하여 문제 해결 방안에 대한 합의를 도출한다.
- **행동 계획 수립** : 합의된 문제 해결 방안을 바탕으로 구체적인 행동 계획을 수립한다.
- **평가 및 피드백** : 문제 해결 과정을 평가하고, 필요에 따라 계획을 수정한다.

갈등 관리를 위해서는 집단 구성원들이 서로의 입장을 존중하고, 대화와 협력을 통해 갈등을 해결할 수 있도록 돕는 것이 중요하다.

6. 집단 사회복지실천의 주요 기술

사회복지실천에서 집단이 왜 효과적인가? 집단은 어떻게 집단원들을 긍정적으로 변화하게 하는가? 본 절에서는 여러 가지 집단 사회복지실천 유형 중 치료집단이나 지지집단과 같이 사회복지사의 역할이 집단의 지도자로 강조되는 유형의 집단을 어떻게 구성하고 이끌어 갈 것인가에 대해 집중적으로 논하고자 한다.

치료집단이나 지지집단에서 집단 사회복지실천이 보편적으로 유용하게 활용되는 이유는 집단 자체가 갖는 고유한 장점, 즉 긍정적 변화 요인에 있다. 사회복지사는 이러한 집단의 장점, 치료적인 요인이 집단 내에서 발생하도록 촉진함으로써 긍정적인 변화와 연결되도록 도와야 한다. 주지하는 대로 치료집단이나 지지집단과 같은 집단 사회복지실천의 목적은 클라이언트의 증상 완화와 개개인의 변화이다. 변화를 이끌어 내기 위한 필수적 전제조건은 집단을 이끌어 가는 사회복지사가 집단에 참여한 클라이언트들에게 긍정적인 변화를 반드시 가져올 수 있다는 확신을 다양한 방법을 통해 불어넣어 주는 것이다.

집단 사회복지실천에 임하는 사회복지사는 집단에서 가장 중요한 것이 대인관계 상호작용임을 명심해야 한다. 집단 사회복지실천이 효과를 보려면 먼저 클라이언트들이 서로 자유롭게 상호작용할 수 있는 장을 만들어 주고 그들이 자발적으로 상호작용을 하며 무엇이 잘못되었는지를 파악하고 이해하도록 도와주어야 한다. 그러다 보면 궁극적으로는 각자의 부적응적 양상을 변화시킬 수 있는 그런 힘을 갖게 되는 것이다. 상호작용 과정에 초점을 조화시키는 것, 이것이 집단을 가장 효과적으로 만드는 하나의 방편이다. 치료집단이나 지지집단에서 다루는 문제는 오랜 시간을 요구하는 치료라기보다 단기 혹은 인지행동적 증상 중심 등과 같은 분명한 지향성을 가지고 명확하고 제한된 목표를 수립하여 효율, 간결, 신뢰성을 추구하는 문제 해결 과정임을 기억하자.

집단에 참여한 클라이언트에게 사회복지사가 꼭 전달해야 하는 내용은 다음과 같다. 사회복지사는 집단에 임하기에 앞서 본인 스스로가 집단의 효과에 대한 확신을 가지고 있어야 한다. 그 확신을 바탕으로 집단을 효과적으로 이끌어 가는 가장 중요한 치료적 요인, 즉 클라이언트들에게 도움이 되거나 또 변화를 촉진하는 치료적 요인들을 체계적으로 정리하여 제시할 수 있다면 집단에 참여하는 클라이언트들의 기대치를 높이며 그들의 인지나 행동의 변화에 큰 도움을 줄 수 있다.

다음은 집단의 이론과 실제에 초석을 놓았다고 평가받는 얄롬의 이론을 바탕으로 집단의 치료적 효과와 요인들을 풀어 정리한 것이다(Yalom, 2001). 사회복지사가 이 같은 내용을 숙지하고 집단원들에게 잘 전달할 수 있다면 집단의 성취 효과는 배가될 것이다.

1) 희망 심어주기

사회복지사가 취해야 할 첫 번째 태도는 희망 심어주기이다. 집단을 이끄는 사회복지사는 집단에 참여한 집단원들에게 분명히 긍정적인 방향으로 변화할 수 있다는 강력한 희망을 상담의 첫 시간부터 심어주어야 한다. 사회복지사는 집단에 참여한 클라이언트로 하여금 집단에 대한 희망을 갖게 하여 계속해서 집단에 참여하고자 하는 열망을 불러일으켜야 한다. 계속해서 집단에 참여하여야만 다른 치료적 요인들이 효과를 나타낼 수 있기 때문이다.

사회복지사가 집단원들에게 희망을 심어주기 위해서 반드시 필요한 것은 신뢰이다. 사회복지사와 클라이언트 간의 신뢰는 그 자체로 치료 효과를 기대할 수 있다. 신뢰를 바탕으로 하여야 사회복지사의 희망 심어주기 전략도 효과를 나타낼 수 있으며 집단원들에게 집단의 효용성에 대한 믿음과 확신을 줄 수 있다. 믿음과 확신은 일종의 플라시보 효과와 같아서 집단원이 집단에 신뢰와 확신을 가지면 가질수록 치료 효과는 크게 나타나게 된다. 사회복지사의 태도를 통해 전달되는 신뢰감 조성의 효능은 집단원들의 치료 효과를 배가시키는 데 일조할 것이다.

그렇다면 집단에 참여한 집단원들에게 어떻게 해야 희망을 심어줄 수 있을까? 사회복지사는 희망 심어주기라는 프로젝트를 달성시키기 위해 치밀한 계획을 세워야 한다. 먼저 집단이 시작되기 전, 즉 집단 형성 전의 오리엔테이션에서 집단의 인도자는 집단에 참여하는 사람들의 집단에 대한 긍정적 기대를 강화시키고, 부정적인 선입견을 제거하며 집단의 치료 효과를 분명하고 강력하게 설명함으로써 앞으로 전개될 집단에 대한 기대효과를 심어주어야 한다. 즉, 집단을 통해 궁극적으로 집단원들이 도달하고자 하는 목표에 이를 수 있다는 것과 집단이라는 형식이 주는, 다시 말하면 나와는 다른 집단원들이 집단과정에서 변화되는 것을 목도함으로써 자신도 변화할 수 있다는 희망과 기대를 가질 수 있다는 것을 첫 회기 이전에 주입시켜야 한다.

집단원들은 대개 자신을 둘러싼 사회적 환경과 상호작용하는 사람들 사이의 관계적 측면에서 부적응 상태를 경험하거나 아니면 그 정도가 심하여 자신을 둘러싼 환경과 인간관계가 붕괴 일보 직전인 모습을 지니고 집단에 참여한다. 집단은 적응과 붕괴의 연속선상에서 각기 다른 지점에 위치한 개인들로 구성되어 있기 때문에, 집단의 구성원들은 종종 비슷한 문제를 지녔지만 집단의 회기가 거듭할수록 나타나는 치료의 효과로 인해 회복된 다른 사람들을 주목하게 된다. 따라서 회기가 진행되어 가는 가운데 상담의 효과가 나타나고, 집단원 중의 누군가가 점차 회복되어 가는 과정을 목도함으로써 다른 클라이언트들의 기대와 희망의 정도가 증가하게 된다.

이러한 집단의 역동은 시나브로 집단원 모두에게 강력한 영향을 끼치게 된다. 집단 사회복지사는 자신과 집단의 효력을 신뢰하는 것을 배워야 한다. 사회복지사의 확신은 집단원들에게 큰 영향을 끼치기 때문에 사회복지사의 확신과 집단에 대한 낙관적인 태도를 집단원들에게 반드시 제시해 주어야 한다.

2) 보편성

보편성이란 지금 현재 내가 고민하고 변화가 필요하다고 여기는 모든 문제는 나 혼자만 가지고 있는 문제가 아니라 많은 사람들이 나와 똑같은 문제를 가지고 있다는 것을 알게 함으로써 치료의 효과를 가져오는 것이다. 정서적인 갈등을 겪는 사람들은 유독 자신만이 비참하고 끔찍하거나 용납될 수 없는 문제 생각, 극심한 스트레스의 경험과 그로 인한 자살 충동 공상을 가지고 있다는 것을 불안해한다. 그래서 치료에 참가한다 할지라도 자발성이 현저하게 떨어지기 마련이다. 극도의 사회적 고립감과 신체적 고통으로 인해 자신만 씁쓸하고 힘들다고 하는 느낌을 스스로에게 부여하고 있는 경우가 많다.

대인관계의 어려움은 친밀한 관계 형성을 불가능하게 하여 일상생활에서 클라이언트들은 타인과 유사한 느낌과 경험을 배우지도 못했고 그들 자신을 털어놓는 기회를 이용하지 못함으로써 타인에게 검증되고 수용되는 기회를 놓친다. 따라서 집단 모임의 초기 단계에서 남들도 자신과 크게 다르지 않다는 보편성을 보여주는 것은 클라이언트들에게 매우 위안이 된다. 다른 집단원들이 자기와 유사한 걱정을 털어놓는 것을 듣고 난 후 클라이언트들은 세상과 더 가까워지는 기분을 느끼게 되고, 그 과정을 자신이 공동체 속에 인간적으로 받아들여지는 그런 경험이라고 묘사하기도 한다.

타인의 경험으로부터 완전히 동떨어진 인간 행동이나 사고는 없다. 인간이 가지고 있는 문제들은 복잡해 보인다. 그러나 그 문제들 가운데에는 공통된 특징이 분명히 있고 집단원들은 그러한 유사성을 깨닫게 됨으로써 큰 안도감을 갖게 된다.

3) 정보 전달

사실 그대로의 정보를 전달하고 그 정보에 근거하여 행동을 판단함으로써 사회적 적응을 위한 치료 효과를 가져올 수 있다. 사회복지사가 제시해 주는 정신건강 관련 교수적 강의도 도움이 되지만 집단에서 가장 중요한 것은 자신들의 경험을 토로하고 그것을 검토하는 것이다. 사회복지사가 주는 명확한 교수적 강의와는 달리 집단원들에게서 나오는 직접적인 충고는 모든 치료집단에서 예외 없이 나타나는데, 이러한 역동적인 상호작용은 집단 초기 활동부터 나타나고 매우 규칙적으로 일어나기 때문에 집단이 얼마나 오래 지속되었는지를 추정하는 데 사용할 수 있다.

집단치료에서 초기에는 충고를 서로 해주는 것이 흔한 일이다. 여기서 사회복지사가 분명하게 인지해야 할 사실은 어떤 문제에 대하여 구체적으로 충고해 주는 것이 집단원에게 직접적으로 도움이 되는 일은 많지 않다는 것이다. 즉, 충고를 받아들이고 그 충고에 따라 행동을 변화시키는 일은 흔치 않다. 그러나 충고는 분명한 한 가지 목적을 가진다. 충고의 내용보다는 그 과정이 유익한데, 그것은 충고 행위가 집단원에 대한 상호 관심이나 배려에서 나온 것이라는 감추어진 가치를 지니고 있기 때문이다.

4) 이타주의와 모방

다른 집단원들의 변화를 돕기 위해 서로가 노력하고 함께 공감함으로써 남을 위한 마음, 즉 이타주의를 배우게 된다. 집단에서 나오는 이타주의는 집단원들이 서로에게 주는 행동을 통해서 받는 것이다. 관심과 통찰을 상호 간 주거니 받거니 하다 보면 준다는 행위 자체가 무언가를 새로운 관점으로 보게 한다. 집단원 대부분은 자기는 '남들에게 줄 만한 가치 있는 것을 가지고 있지 않다'는 느낌을 가지고 있다. 집단원은 오랫동안 자기 스스로를 남에게 부담주는 사람으로 생각해 왔기 때문에 오히려 사회복지사는 집단원에게 자신이 남들에게 중요한 존재일 수도 있다는 사실을 발견하도록 하고 그의 자아 존중감을 북돋워 주는 것이 중요하다. 따라서 집단상담 과정에서 함께 참여하는 참가자들은 서로에게 엄청난 도움이 된다. 서로에게 지지, 위로, 조언, 통찰을 제공하고 서로 비슷한 문제를 공유한다. 흔히 집단원들은 인도자보다 다른 집단원의 관찰을 더 기꺼이 받아들이는 경향이 있다. 집단원들은 서로 상호작용을 통해 행동과 언어습관 등을 모방하게 된다. 모방은 대개 자신보다 능숙하고 효과적인 행동과 판단을 하는 집단원을 모델링함으로써 스스로의 변화를 촉진하는 계기가 된다. 집단에 참여하면서 사회화 기술이 발달하게 되는 것이다.

5) 초기 가족의 교정적 재현

집단에 참여하는 사람들은 외상 후 스트레스 증후군이나 의학적 혹은 환경적 스트레스로 고생하는 사람을 제외하고는 대부분 가장 중요한 집단인 그들의 가족과 만족스럽지 못한 경험을 가지고 있는 경우가 대부분이다. 그래서 초기 가족의 교정적 치료라는 것은 잘못 맺어왔던 사람들과의 관계 속에서 내가 가지고 있던 그릇된 신념을 바꾸어 가는 것이다. 예를 들면, 사람은 태어나서 부모나 형제와 같은 가까운 집단들을 통해 세상을 경험하게 되는데, 부모나 형제간의 관계가 매끄럽지 못할 경우 소극적이거나 세상을 불신하고 의심 많은 사람으로 자라게 된다.

집단을 통해서 이런 초기 가족의 잘못된 관계를 수정할 수 있게 된다. 즉, 집단원들은 집단이 마치 가족처럼 여겨지면서 교정적으로 재현되는 것을 경험하게 된다. 어릴 적 부모 관계가 유기적이지 못하고 방치되었거나 학대받았을 경우 사람을 믿지 못하고 정서적으로 장애를 가지고 있게 된다. 집단에 참여하면서 초년기의 가족 내 갈등들이 다시 살아나지만 이런 갈등들은 불신과 좌절이 아니라 인정과 신뢰 가운데 교정적으로 다시 살아나 사회복지사와 집단원들이 함께 그 문제들을 다루어 나가면서 잘못된 정서체험을 교정하게 된다. 또한 다른 집단원들이 내놓는 가족 간의 문제들을 함께 고민하면서 자신을 괴롭히던 정서적 문제를 해결하기도 하고 새로운 해결책을 모색하기도 하는 등 감정적 정화 작업이 자연스레 일어나게 된다.

6) 집단 응집력

집단을 이끌어 갈 사회복지사가 가장 중요하게 생각해야 할 개념은 집단 응집력에 관한 것이다. 집단 응집력이란 구성원들이 집단에서 자신의 가치를 인정받고 무조건적 수용과 지지를 받게 되면서 느끼는 편안함과 따뜻함, 소속감이 집단을 가치 있게 여기도록 만드는 상호작용을 의미한다. 따라서 집단 응집력은 클라이언트가 사회복지사와의 관계뿐 아니라 집단의 다른 클라이언트들과의 관계, 그리고 집단 전체에 대한 클라이언트의 관계를 포함한다. 사회복지사와 클라이언트들의 만족감이 높으면 집단원들이 집단에 남아 있게 되는데, 이처럼 집단 구성원들로 하여금 이 집단에 계속 속하고 싶다는 느낌을 주는 집단의 매력을 집단 응집력이라고 한다. 집단 응집력은 우리 의식, 연대감, 집단성 등의 감정을 고양시키고 집단의 출석, 참여, 상호 지지 비율을 더 높일 수 있다.

개인의 응집력은 상호 의존적이고, 집단 응집력은 집단에 대해 각 집단원들이 느끼는 매력의 수준에 합하여 계산된다. 유의해야 할 것은 집단원들은 일관되게 집단의 매력을 느끼는 것이 아니라 각각 다르게 느끼고 또 응집력은 한번 이루어지면 영원히 지속되는 불변의 것이 아니라 집단이 진행되는 동안 유동적으로 크게 변하기도 한다는 점이다.

집단의 초기에는 집단 구성원 간 탐색과 갈등이 일어난다. 갈등의 시기를 지나 집단은 점진적으로 응집성 있는 단위로 진전되는데, 집단 내 공동 목표와 일치된 집단행동, 협동, 상호 지지, 동료 간의 친밀감과 신뢰 형성과 같은 것들이 생겨난다. 이 단계에서는 상호 신뢰, 그리고 자기 개방이 증가한다. 어떤 클라이언트는 집단에 참여한 진짜 이유를 밝히기도 하고, 출석이 양호해지며, 결석하는 클라이언트에 대해서는 상당한 관심을 보이게 된다. 집단의 주 관심사는 친교와 친밀감으로 변해가며 집단 응집력을 만들어 간다(김청자 외, 2009).

집단 응집력은 그 자체로서 꼭 필요한 치료적인 힘일 뿐만 아니라 다른 치료적 요인들이 최상의 기능을 하도록 하기 위한 필수적인 선행 조건이라고 할 수 있다. 중요한 것은 자신의 내면세계를 타인과 정서적으로 공유하고 그들에게 수용되는 것이다. 즉, 타인에게 수용되는 것은 기본적으로 자신이 사람들이 매우 싫어할 만하거나 받아들여질 수 없다거나 사랑스럽지 못하다고 여겼던 자신의 믿음에 대해 반문하게 만드는 것이다. 집단은 개인의 과거 인생 경험이나 범죄, 사회적 실패 등에 대해서 개의치 않고 수용해 줄 것이다. 따라서 집단의 성립 초기에 판단 없는 수용과 포용이라는 기준이 확립되어 있다면 집단 응집력에 커다란 도움을 줄 수 있다.

집단원이 집단에 참여하는 시기 동안 치료적인 변화들이 지속되면 집단원들의 집단 응집력이 향상, 통합되는데, 그것은 집단원들이 집단을 실망시키고자 하는 마음이 없기 때문이다. 한 집단에서 집단원 자격을 얻고 집단에서 수용되고 인정받는 것은 개인의 발달 과정에서 지극히 중요하다고 할 수 있다. 한 개인의 자아 존중감, 또는 행복감에 있어서 어떤 사회 집단에 속하거나 받아들여지는 것보다 더 중요한 것은 없으며 거기에서 제외되는 것보다 더 비참한 것은 없다(최영민, 2023). 이러한 경향은 청소년기에 주로 나타나는데, 대부분 대인관계 문제를 겪고 있는 사람들은 어떤 집단에 통합되고 가치를 인정받아 본 적이 없는 빈약한 과거의 경험을 가지고 있기 때문에 이런 이들에게는 성공적인 집단의 경험 자체가 치유에 도움이 된다.

집단상담의 집단원들은 여러 가지 방식으로 서로에게 상당히 중요한 의미를 가지게 되는데, 집단상담에서 가장 중요하게 강조되어야 할 점은 바로 집단 응집력이 집단에 참여한 클라이언트의 관점에서 보았을 때 아주 중요한 치료적 가치가 있다는 것이다. 사회복지사는 이 점을 간과해서는 안 된다. 또한 집단에 참가한 집단원이 지각하는 치료 효과는 집단에 대한 매력과 전적으로 상관관계를 이룸을 명심해야 한다.

높은 집단 응집력을 보이는 집단은 그렇지 못한 집단보다 전반적으로 좋은 치료 결과를 나타내고, 긍정적인 변화의 결과를 보여주는 집단원들은 다른 집단원들과 더욱 서로에게 만족스러운 관계를 맺게 된다. 즉, 높은 응집력을 지닌 집단은 자기 개방을 더 잘하고 집단원의 긍정적인 치료 결과는 집단의 지지 및 수용과 밀접하게 관련되어 있다. 또한 집단 응집력은 보다 좋은 출석률, 집단원들의 더 많은 참여, 집단원의 상호영향력 등에 적지 않은 결과를 가져온다.

7) 사회복지사와 클라이언트와의 관계

집단상담을 체계화한 얄롬은 집단을 운영함에 있어 집단원에게 가장 큰 변화를 가져오는 힘은 지적인 통찰도 아니고 해석이나 카타르시스에 있는 것도 아니며 오히려 사회복지사와 집단을 구성하는 집단원들이 서로 진정으로 깊게 만나는 관계 속에 있다는 것을 강조한다(Yalom, 2001). 집단 사회복지실천을 진행하는 사회복지사는 클라이언트와 진정성 있는 만남을 가지기 위해 끊임없이 노력해야 한다.

7. 집단 사회복지실천의 윤리와 가치

집단 사회복지실천 윤리는 집단 구성원들의 권익을 보호하고 사회복지사의 책임감을 강조한다. 집단 사회복지실천의 주요 윤리적 가치는 다음과 같다.

- 자율성 : 집단 구성원들의 자율적인 의사결정을 존중한다.
- 비밀 보장 : 집단 구성원들의 개인 정보와 비밀을 보호한다.
- 비차별 : 집단 구성원들을 차별하지 않고 모든 구성원들에게 동등한 기회를 제공한다.
- 책임감 : 집단 지도자는 집단 구성원들의 안전과 권익을 보호할 책임을 갖는다.
- 전문성 : 집단 지도자는 전문적인 지식과 기술을 갖추고, 윤리적인 기준에 따라 집단을 지도한다.

CHAPTER

14 지역대상 사회복지실천기술

서양의 전통은 인간을 둘로 나눌 수 없는 존재, 홀로 존재하는 의미의 개인(individual)으로 규정한다. 그러나 동양의 전통은 사람을 인간(人間)이라고 규정함으로써 사람은 홀로 존재하는 존재가 아님을 인식하고 있다. 따라서 인간은 홀로 존재하지 않고 더불어 존재하며, 더불어 존재하기 위해서는 반드시 존재의 공간이 있어야 한다. 인간은 누구나 공간 안에 존재하는 공간적 존재이다. 그래서 인간의 현상이나 문제를 접해야 하는 사회복지실천에서는 사람이 존재하는 공간에 주목하게 된다.

인간이 거주하는 공간으로서의 지역사회는 거주민들의 삶에 직접적인 영향을 미치는 지역환경적 터전을 제공하며 주민들의 욕구나 문제를 해결해 나갈 수 있는 자원을 포함하고 있다. 그러므로 주거공간이든 일터공간이든 일상생활 공간인 지역사회는 매우 중요한 개인의 환경 요소다. 따라서 지역사회를 기반으로 한 사회복지실천에서는 클라이언트의 환경으로서의 지역사회에 대한 이해가 우선되어야 하며 사회복지사에게는 기관이나 단체가 속한 지역사회에 대한 이해가 필수적으로 요구된다.

사회복지실천을 위해 지역사회를 사정할 때는 지역사회 자체가 어떠한지, 즉 지역사회 의사결정 구조 및 권력 구조, 지역사회 내 자원 분포, 지역사회의 경제, 교육, 문화 등 부문별 기능 등을 살펴보아야 할 것이다. 무엇보다 지역사회를 사정할 때 놓치지 말아야 할 것은 지역사회 여러 요소가 클라이언트와 클라이언트의 문제에 어떤 영향을 미쳤는지, 현재 상호 간에 어떠한 관계를 이루고 있는지를 사정하는 것이다(유동철, 2023).

최근 들어서는 사례관리와 재가복지 서비스의 확대로 인하여 지역사회에서의 삶과 지역의 자원을 효율적으로 동원하고 활용하기 위한 접근도 이루어지고 있다. 또한 지역 구성원들의 개별적인 욕구 충족이나 생활의 변화와 함께 지역 자체의 건전성과 책임성을 확보하기 위한 노력이 다양한 분야에서 활발히 이루어지고 있다.

사회복지실천에서 지역사회에 주목하는 이유는 지역사회 자체를 변화의 대상으로 삼기 때문이다. 그 목적을 달성하기 위해 사회복지사는 지역에 거주하는 주민과의 개별적인 관계 형성을 통해서 개인적 차원에서의 문제와 지역 차원에서의 문제와의 연관성을 파악하고 지역의 지도자나 자원봉사자, 기부자 단체 등을 발굴하고 연계 또는 상호 협력 체계를 구성해 나가야 한다. 이런 과정을 통해 지역의 현안을 타결해 나가면서 지역자치의 건전성과 주민들의 문제 해결 능력을 향상시켜 나갈 수 있다. 더 나아가서 주민들 스스로 자신의 지역을 돌보고 발전시켜 나가는 자치능력을 키워나가도록 도와줄 수 있다(김창엽, 2024).

1. 지역대상 사회복지실천 개념

1) 지역사회 이해하기

지역사회를 대상으로 한 사회복지실천의 첫걸음은 바로 지역사회에 대한 정확한 이해이다.

변화대상으로서의 사회복지실천에서 지역사회에 주목하는 이유는 상술했듯이 지역사회 자체를 변화의 대상으로 삼기 때문이다. 이러한 접근법은 사회복지실천에서 통합방법론 대두 이전부터 시도되었던 실천방법론이기도 하다. 그

것은 구체적으로 사회문제의 개입 수준에 있어 개인을 대상으로 하는 개별사회사업과 집단을 대상으로 하는 집단사회사업, 그리고 지역사회를 대상으로 하는 지역사회 조직 등이다. 하지만 통합방법론이 대두된 이후에도 지역사회를 대상으로 한 사회복지실천은 여전히 유효한 것으로 보고되고 있다.

지역사회는 오래전부터 지역사회 구성원을 위해 상부상조 기능, 경제적 기능, 사회화 기능, 사회통제 기능, 사회참여 또는 사회통합 기능의 다섯 가지 기능을 하는 것으로 여겨져 왔다(설진화, 2013).

상부상조 기능은 지역사회가 지역사회 구성원이 겪게 되는 여러 사회문제에 대해 자발적으로 해결하는 것을 말한다. 경제적 기능은 지역사회 내 생산과 분배 그리고 소비 기능이 존재함을 말한다. 사회화 기능은 지역사회가 지역사회 구성원으로 살아가는 데 필요한 관례와 규칙 등을 습득하도록 돕는 것을 말한다. 사회통제 기능은 지역사회가 자체의 기능 수행과 정체성 유지를 위해 스스로 구성원을 통제하는 기능을 수행하는 것을 말한다. 지역사회 관련 법규 등은 이러한 역할을 하게 된다. 사회참여 또는 사회통합 기능은 지역사회가 지역사회 구성원의 자발적 참여를 독려하고 지역사회 구성원 간에 사회통합을 도모하며 촉진하는 기능을 자발적으로 수행하는 것을 말한다.

이상과 같은 지역사회의 다섯 가지 기능은 지역사회가 건강한 상태일 때 나타나는 순기능이다. 그런데 현대 도시 사회에서 지역사회의 순기능을 발견하기란 쉽지 않다. 사실상 많은 지역사회는 공동체의 모습을 상실한 채 많은 역기능을 나타내고 있다. 그런 역기능으로는 범죄나 빈곤, 부적절한 주거공급, 실업률의 증가 등을 들 수 있다.

이러한 지역사회 역기능이 해결되었을 때 지역사회는 그 구성원의 삶의 질 향상을 위해 건강 환경으로 자리 잡을 수 있다. 지역사회를 변화대상으로 삼고자 하는 것은 환경문제, 특정 지역사회만의 독특한 경제적 상황, 주거문제 등 사회문제의 원인이 지역사회에서 비롯되는 경우가 많기 때문이다. 또한 문제해결 접근법에 있어 지역사회 단위일 때 효과적이거나 효율적이기 때문이다.

따라서 사회복지사는 지역사회의 특성, 문제, 자원, 역사, 문화 등을 파악하여 현실적인 개입 전략을 수립해야 한다. 지역사회를 이해하기 위해서는 다음과 같은 요소들을 면밀히 살펴봐야 한다.

- **인구통계학적 특성** : 연령, 성별, 국가별, 소득 수준, 교육 수준 등을 분석하여 지역사회 구성원의 다양성을 파악한다.
- **지리적 특성** : 지역의 규모, 도시 또는 농촌 지역, 주변 환경, 접근성 등을 고려하여 지역사회의 물리적 환경을 이해한다.
- **사회경제적 특성** : 지역의 경제 활동, 산업 구조, 실업률, 빈곤율, 주택 문제 등을 파악하여 사회경제적 현황을 분석한다.
- **문화적 특성** : 지역의 전통, 가치관, 관습, 언어, 종교 등을 이해하여 지역사회 구성원의 문화적 특성을 파악한다.
- **정치적 특성** : 지역의 정치적 구조, 정당, 시민 참여, 정책 결정 과정 등을 이해하여 지역사회의 정치적 환경을 파악한다.

지역사회에 대한 다각적인 이해는 사회복지사가 지역 주민들의 욕구를 정확히 파악하고 효과적인 서비스를 제공하는 데 필수적인 요소이다. 지역사회를 이해하는 과정은 사회복지사가 주민들과 긴밀한 관계를 형성하고 신뢰를 쌓는 데에도 도움이 된다.

2) 지역사회와 친해지기

지역사회를 잘 이해하기 위해서 제일 우선적으로 취할 태도는 지역사회와 친해지기이다. 사회복지사는 특정 기관이나 단체에 소속되어 일하지만 그 기관 내에서만 일하는 것이 아니라 기관이 소속된 지역과 지역주민들과 함께 일해 나간다. 그러므로 지역의 특성을 파악하고 지역의 삶을 깊이 이해하는 과정이 필요하다. 그러기 위해서는 먼저 지역에 대한 이해 수단으로 행정기관에서 발행한 통계자료와 지역사회 내 단체나 유관기관 등의 정보를 파악하는 것이 중요하다. 구나 군에서 발행하는 각종 통계자료를 살펴보면 각 지역의 유관단체에서 실시하는 프로그램이나 사업 등을 체계적으로 파악할 수 있다. 이러한 노력을 통해서 지역의 문제, 직면한 어려움, 그리고 잠재적 클라이언트 등을 발굴해 내며 동시에 자원에 대한 목록을 작성해 나갈 수 있다.

또한 특정한 문제나 현상에 대해서는 주민을 대상으로 한 면담이나 설문조사를 실시할 수 있고 문제를 해결하기 위해서 노력해 온 당사자들과의 심층 면담을 할 수 있다. 그럼으로써 지역에 대한 전반적인 분석과 함께 특정 인구집단이나 문제를 집중적으로 분석해 나간다. 예를 들면, 빈곤 세대 밀집 지역에서의 장애인의 삶을 이해하기 위해서는 빈곤 세대 밀집 지역의 전반적인 특성을 파악한 후 그곳에서의 장애인의 삶에 대해서 심층적으로 분석해 나갈 수 있다. 그러기 위해서는 동사무소를 통해서 장애인 거주자에 대한 통계 자료, 수급 현황, 등록장애인의 수, 이들의 장애등급과 서비스 현황을 파악하고 필요하다면 표집을 통해서 이들에 대한 개별 면담을 해나가며 그들의 삶의 여건과 어려움, 요구되는 프로그램이나 서비스를 파악할 수 있다. 더 나아가서 동 지역의 경로당이나 놀이터 상가 등을 방문해서 지역의 특성을 파악하고 잠재적 클라이언트를 찾아내며 지역주민과 함께 대화를 나누어 보고 이들의 말에 귀 기울이는 자세가 요구된다. 그래서 지역에 대한 이해와 주민들과의 인사하기와 친해지기를 통해서 친밀감이 형성되면 주민의 문제 해결이나 자원 동원 연계, 지역민들의 협조 구하기 등이 좀 더 쉽게 이루어질 수 있다. 이러한 방법 중 하나로 지역에 오랫동안 거주한 주민을 찾아가서 인사하고 안부를 물으며 이들과의 관계를 통한 정보수집도 큰 역할을 한다(유동철 외, 2023).

지역사회 조직 사업의 첫 단계는 발로 뛰고 여러 사람과 인사하기와 관계 맺기로부터 시작된다. 또한 지역주민들의 삶에 대한 이해를 위해서 어려움을 겪고 있는 클라이언트를 직접 찾아가서 가정방문도 하고 이들의 삶의 여건을 조사해 보는 것이 도움이 된다.

3) 지역사회 자원 파악하기

지역사회에는 다양한 사회복지 기관, 정부 기관, 민간 기업, 자원봉사 단체 등 다양한 자원들이 존재한다. 사회복지사는 이러한 자원들을 파악하고 활용하여 지역사회 문제 해결에 필요한 서비스를 제공할 수 있다. 지역사회 자원 파악은 다음과 같은 단계로 이루어질 수 있다.

- **자원 목록 작성** : 지역사회 내 다양한 기관 및 단체들을 조사하고, 제공하는 서비스와 프로그램, 연락처, 이용 기준 등을 목록화한다.
- **자원 네트워크 구축** : 다양한 기관 및 단체들과 연락을 취하고 협력 관계를 구축하여 정보 공유 및 연계 서비스 제공 체계를 마련한다.
- **자원 활용 방안 모색** : 파악된 자원들을 효과적으로 활용하여 지역사회 문제 해결에 필요한 서비스를 제공할 수 있는 방안을 모색한다.

사회복지사는 이와 같은 프로세스를 통하여 파악된 자원 네트워크를 구축하고 지속적으로 소통하며 자원 활용을 위한 협력 체계를 강화해야 한다. 지역에서 파악된 문제나 서비스를 제공하기 위해서는 한 기관에서 해결할 수 있는 부분도 있지만 지역의 다른 기관과 연계 및 협조를 요구하는 일이 많다. 더군다나 지역사회 기관 전체가 공동으로 대처함으로써 문제해결이 더 쉬워질 수 있고 자원의 낭비도 막을 수 있다. 또한 한 기관이 과도한 에너지를 투입하는 것에서 오는 피로와 자원의 고갈을 막고 좀 더 많은 자원을 활용함으로써 문제해결이 더 쉬워지기도 한다.

기관 간의 협조를 성공적으로 이루기 위한 조건을 첨언하자면 다음과 같다.

- 협력 활동에 대한 참여는 자발적으로 하도록 한다. 자발성 없이 강제성을 띠면 협력의 성과를 기대하기 어려우며 형식적으로 흐르게 된다.
- 기관마다 그 기관이 기반하고 있는 철학과 사명이 다르므로 협력에 대한 공동의 목표를 도출해 내야 한다.

- 협력이 지속적으로 이루어지기 위해서는 중요한 결정이 민주적으로 이루어져야 하고 특정한 기관이나 전문가 집단이 협력에 참여하는 타 집단이나 전문가 집단을 지배하지 않도록 해야 한다.
- 기관들은 각자 다른 기관의 목적, 가치, 운영 방식, 기관에 의해 서비스를 받는 클라이언트를 이해해야 하며 협력 활동에서 타 기관이 기여하는 부분에 대해 인정하고 신뢰해야 한다.
- 각 기관들은 협력 활동에서 각 기관의 역할, 권리, 책임 등에 대해 반드시 명기하여 각자의 역할과 책임 소재를 분명히 하며 특별한 이슈를 다루는 데 구체적인 도움이 될 수 있도록 실용적인 정보를 문서화한다.
- 기관 간의 개방적인 의사소통이 이루어지도록 해야 하며 공식적인 차원과 비공식적인 차원에서 의사소통의 통로를 갖추어 두는 것이 좋다.
- 협력 활동을 위하여 기관은 공식적으로 행정적인 지원을 하여 직원에게 관련 교육과 훈련 기회를 부여하거나 연계 활동을 위해 외부 회의에 소요되는 시간 등을 인정한다.
- 공동 교육 및 훈련의 기회를 통하여 전문 분야 간의 상호 이해와 의사소통 기술을 촉진시킨다.
- 협력 활동에 의해 영향을 받는 지역사회 각 분야의 대표자들을 모두 포함하도록 한다. 예를 들면, 지역 축제를 하기 위해서는 지역 내에 존재하는 많은 단체들이 함께 모여서 공동으로 자원을 동원하고 필요한 사업이나 프로그램을 분담해서 실시하게 된다. 이러한 자원 동원에는 지역의 청소년, 청년회에서부터 주민센터 또는 주민자치회, 지역의 초·중·고등학교, 지역사회 내 사회복지관이나 사회복지 유관단체 등과 함께 일해 나가면 된다.

기관 간의 연계와 협력이 이루어지는 과정은 힘들고 지난한 과정이 될 수 있지만 함께 일하게 되면 지역의 참여와 관심이 높아지고 결과적으로 지역자치의 문제 해결 능력과 상호 구조 체계가 더 활발하게 이루어질 수 있다.

2. 지역대상 사회복지실천 영역

지역대상 사회복지실천 영역은 크게 지역사회 보호, 지역사회 조직화, 자원 개발 및 자원 동원, 서비스 전달체계 촉진 활동의 네 가지로 나눌 수 있다.

1) 지역사회 보호

지역사회 보호는 지역사회 조직화와 함께 지역사회복지의 실천에 오랜 전통을 지닌 실천 영역이다. 역사적으로 보면 지역사회 보호는 영국의 대처리즘하에 개발된 실천 방법으로 그 이후 세계적으로 확산되어 실천되고 있다. 지역사회 보호란 5세 이하의 아동, 65세 이상의 노인, 거동이 불편한 장애인 등 사회적 보호가 필요한 사람을 자신의 가정이나 지역사회에서 보호하는 것을 말한다(김준환 외, 2023).

따라서 지역사회 보호 실천에서는 자원봉사 인력 구성이 매우 중요하며 제공되는 보호 내용 또한 간병과 같은 일상생활에 대한 원조가 주를 이룬다. 지역사회 보호 실천은 현재 재가복지 봉사센터를 통해 이루어지고 있다.

2) 지역사회 조직화

지역사회 조직화 실천의 목표는 옹호실천에 있다(이영실 외, 2022). 옹호실천이란 지역사회 주민이나 사회문제 당사자를 중심으로 연대를 도모함으로써 집단의 힘을 결집하여 사회적 문제를 해결하고자 하는 실천이다. 지역사회 공공성을 강화하고자 할 때 먼저 지역사회 이슈를 제기하고 지역사회 구성원과 의사소통을 하는 방법을 선택하게 된다. 문제해결을 위한 법률에 근거하여 실천의 정당성을 확보하기도 한다. 지역사회 조직화 실천은 지역사회 내의 의사결정 구조와 권력구조를 사정하여 활동하는 기술을 요구하기도 한다. 이런 측면에서 본다면 지역사회 조직화 실천은 매우 거시적인 접근으로 이해될 수 있다.

3) 자원 개발 및 자원 동원

지역사회를 기반으로 한 실천에서 가장 중요한 것은 자원 개발 및 자원 동원 영역이다. 이 활동은 지역사회 내의 다양한 사회 서비스 조직의 자원 관리 맥락에서 이해관계가 모두에게 있는 실천 영역이다. 지역사회 자원 개발 및 자원 동원에서 제일 먼저 인식해야 할 것은 지역사회 내 자원의 한정성을 이해해야 한다는 것이다. 그렇기 때문에 제한된 자원을 놓고 사회복지 조직 간의 경쟁도 존재할 수 있으며 자원 배분의 불균형성도 존재할 수 있다. 따라서 자원을 개발하고 동원하기 위한 실천에서는 이러한 점을 인식하여 지역사회 내 협력을 도모하는 노력 또한 병행되어야 할 것이다.

지역사회 자원의 종류로는 주로 후원금이나 지방자치단체 보조금 또는 이용자의 요금을 포함하는 재정자원과 사회복지 종사 인력을 포함하여 자원봉사자 그리고 기타 타 분야의 전문인력을 일컫는 인적자원, 사회 관계에 내재된 자원을 사용하는 사회관계자원, 역사나 문화적 가치를 지닌 문화자원 등을 들 수 있다. 특히 각 지역사회는 오랜 시간에 걸쳐 형성된 독특한 문화를 지니고 있다. 호혜적인 문화를 지닌 곳도 있고 문화적 가치가 높은 전통문화를 소유한 곳도 있다. 그러므로 사회복지사는 자신의 지역사회 자원을 파악하고 그것을 개발하려는 노력을 해야 한다.

4) 서비스 전달체계 촉진 활동

지역사회복지실천의 고유 영역 중 하나는 다양한 사회복지 조직이 존재하는 지역사회 내에서 이러한 기관 간의 협력을 도모하고 사회 서비스 제공의 중복을 피하기 위한 조정 활동을 한다는 것이다. 이를 위해 기관 간의 네트워킹 기술과 정보의 공유가 필히 갖추어져야 한다. 이러한 활동을 위해 지역사회복지협의체나 사회복지협회가 존재하기도 한다. 중요한 것은 이러한 지역사회 내의 협력과 옹호실천을 꾀하고 서비스 간 조정 활동, 그리고 여러 다양한 네트워킹 활동은 모두 지역사회 내의 서비스 전달체계의 효과적 운영을 위한 촉진 활동이라는 것이다.

3. 지역대상 사회복지실천 개입 계획 수립 및 실행

지역사회복지실천은 지역 주민의 욕구와 문제를 중심으로, 지역 주민, 기관, 자원 등 다양한 주체들이 함께 참여하여 문제를 해결하고 삶의 질을 향상시키는 사회복지실천 전략이다. 지역사회복지실천은 개인의 문제를 개인의 책임으로만 돌리는 것이 아니라, 사회적 환경 및 구조적 문제를 해결함으로써 개인의 삶을 변화시키는 데 중점을 둔다(설진화, 2013).

지역사회복지실천의 중요성은 다음과 같다.

- 지역 주민의 참여와 자발성을 높여 지역사회 문제 해결에 대한 주인의식을 고취한다.
- 지역 특성에 맞는 맞춤형 서비스 제공을 통해 지역 주민의 욕구 충족도를 높인다.
- 지역 자원을 효율적으로 활용하여 지속 가능한 사회복지 서비스 체계 구축에 기여한다.
- 지역사회의 공동체 의식을 강화하고 사회적 통합을 증진시킨다.

1) 지역사회 문제 진단과 분석

지역사회 문제를 해결하기 위해서는 문제의 원인과 특성을 정확하게 진단하고 분석하는 과정이 중요하다. 사회복지사는 다양한 자료 수집 및 분석 방법을 활용하여 문제의 심각성, 원인, 영향, 해결 방안 등을 체계적으로 파악해야 한다.

지역사회 문제 진단 및 분석은 다음과 같은 단계로 진행될 수 있다.

- 문제 정의 : 지역사회에서 발생하는 문제를 명확하게 정의하고 문제의 범위, 대상, 특성 등을 구체적으로 파악한다.
- 자료 수집 : 통계자료, 문헌 자료, 면접, 설문조사, 관찰 등 다양한 방법을 통해 문제와 관련된 자료를 수집하고 분석한다.
- 문제 분석 : 수집된 자료를 분석하여 문제의 원인, 특성, 영향, 관련 요인 등을 파악하고 문제 해결을 위한 방향을 설정한다.
- 문제 해결 방안 모색 : 문제 분석 결과를 토대로 문제 해결을 위한 다양한 방안을 모색하고 현실적인 실행 가능성을 검토한다.

지역사회 문제 진단 및 분석은 사회복지사의 전문적인 지식과 경험을 바탕으로 이루어져야 한다. 문제 분석 과정에서 다양한 관점을 고려하고 주민들의 의견을 적극적으로 반영하여 문제 해결을 위한 최적의 방안을 찾아야 한다.

2) 개입 계획 수립

문제 진단 및 분석 결과를 바탕으로 문제 해결을 위한 구체적인 개입 계획을 수립하고 실행하는 단계이다. 사회복지사는 문제 해결을 위한 목표를 설정하고, 목표 달성을 위한 전략, 방법, 활동, 예산, 평가 계획 등을 체계적으로 수립해야 한다.

개입 계획 수립 및 실행은 다음과 같은 단계로 진행된다.

- **목표 설정** : 문제 해결을 위한 구체적인 목표를 설정하고 목표 달성을 위한 기준, 측정 방법, 기간 등을 명확히 한다.
- **전략 및 방법 개발** : 목표 달성을 위한 다양한 전략과 방법을 개발하고 현실적인 실행 가능성을 검토한다.
- **활동 계획 수립** : 목표 달성을 위한 구체적인 활동 계획을 수립하고 각 활동의 내용, 담당자, 일정, 예산 등을 명확하게 한다.
- **예산 확보** : 활동 계획 수립에 필요한 예산을 확보하고 예산 사용 계획을 수립한다.
- **평가 계획 수립** : 개입 결과를 평가하고 개선하기 위한 평가 계획을 수립하고 평가 지표, 방법, 시기 등을 명확하게 한다.
- **계획 실행** : 수립된 계획에 따라 활동을 실행하고 진행 상황을 지속적으로 모니터링한다.

개입 계획은 유연하고 현실적인 방식으로 수립되어야 하며, 진행 과정에서 문제점이 발생할 경우 계획을 수정하고 보완할 수 있어야 한다. 또한 주민들의 참여와 피드백을 적극적으로 반영하여 계획의 효율성을 높여야 한다.

3) 지역사회 조직화와 옹호실천

지역사회 문제 해결을 위해서는 사회복지사의 전문적인 역량뿐만 아니라 지역 주민들의 자발적인 참여와 협력, 그리고 지역사회의 힘을 결집하는 것이 중요하다. 사회복지사는 지역사회 조직화를 통해 주민들의 목소리를 대변하고 지역사회의 공동 목표를 달성하기 위한 활동을 지원해야 한다. 지역사회 조직화는 다음과 같은 단계로 진행된다.

- **주민 조직 형성** : 공동의 목표를 가진 주민들이 자발적으로 모여 조직을 형성하고 조직의 목표, 활동 방향, 운영 방식 등을 정한다.
- **조직 역량 강화** : 조직 구성원들의 역량을 강화하기 위해 교육, 훈련, 워크

숍 등을 제공하고 자율적인 의사결정 과정을 지원한다.

- **자원 동원 및 활용** : 조직 활동에 필요한 자원을 동원하고 효과적으로 활용하기 위한 방안을 모색한다.
- **정책 옹호 활동** : 주민들의 권익을 보호하고 지역사회 발전을 위한 정책 변화를 이끌어 내기 위해 정책 옹호 활동을 수행한다. 옹호란 사회복지사가 주민들을 옹호하는 사람으로서 그들을 위해 직접적으로 의사를 대변하거나 지지해 주면서 그들의 권익을 보호하는 활동을 수행하는 것을 말한다.
- **지역사회 연대 강화** : 다른 지역사회 조직, 기관, 단체들과 연대를 강화하여 공동 목표 달성을 위한 협력을 증진한다.

지역사회 조직화는 장기적인 관점에서 지속 가능한 변화를 이끌어 낼 수 있는 중요한 전략이다. 사회복지사는 주민들의 잠재력을 발굴하고, 지역사회의 자원을 활용하여 지속 가능한 발전을 위한 기반을 마련해야 한다.

집단 옹호 활동에 개입하는 사회복지사는 다음과 같은 사항에 유의할 필요가 있다.

- 성공적인 옹호 활동은 신중한 분석과 계획의 기초가 된다. 무엇을 문제로 볼 것인지와 문제에 대한 면밀한 연구가 있어야 하며 변화되어야 할 대상과 왜 변화되어야 하는지 그리고 그 변화를 위해서 어떤 노력이 필요한지에 대해서 잘 알아야 한다.
- 행동을 취하기 전에 목적 달성에 필요한 시간, 에너지, 자금 등에 대해서 조사하고, 만일 자원이 충분치 못하면 목표를 낮추거나 목표를 달성할 수 있는 수준이 될 때까지 기다린다.
- 반대 세력이 변화에 저항하는 이유를 알기 위해서 상대방의 입장이 되어 보는 자세도 필요하며 저항을 성공적으로 극복하기 위해서는 그들을 이해하여야 한다.

- 옹호 활동에는 권력 사용이 포함된다. 권력이란 다른 사람을 자기가 원하는 방법으로 행동하게끔 만드는 방법이다. 특정한 목적을 위해 사용될 수 있는 권력은 다양한데 옹호 활동을 하는 집단의 조직과 구성원이 가지고 있는 권력에 대한 분석이 필요하다. 사회복지사가 소유하는 권력은 지식과 전문성에서 비롯되는 것으로 집단 옹호가 필요한 집단의 상황과 문제에 대한 상세한 정보가 강력한 영향력을 행사할 수 있게 한다.
- 오늘날 많은 사람들이 언론 매체를 통해서 정보를 획득하므로 텔레비전, 신문, 인터넷 등을 잘 활용하도록 한다.

4. 지역대상 사회복지실천 문제 해결 방안

1) 문제 해결 기술

지역사회에서 활동을 하다 보면 특정 개인이나 집단을 대변해서 그들을 위한 정책이나 법의 개정 및 제정을 위해서 노력하는 일들이 필요하게 된다. 이러한 일들을 옹호 활동이라 할 수 있는데, 옹호 활동이 필요한 상황은 어떤 서비스가 필요할 때, 서비스 전달 방식에 문제가 있어 개선이 요구될 때, 또는 차별을 받을 때 등이 있다. 더 나아가서 클라이언트 스스로가 효과적으로 문제 해결책을 찾아 나가지 못할 경우, 또 많은 사람의 욕구가 해결되지 못하거나 특수한 욕구를 충족시킬 필요가 있을 경우이다. 이런 경우 특정한 문제를 해결하기 위한 옹호 활동은 기관, 지역사회, 행정조직 또는 법적인 변화를 유도하는 것으로 갈등과 대립 또는 저항이 발생할 수 있다. 이러한 과정은 정치적인 영향력을 행사하고 기존의 권력이나 특정 세력이 압력을 행사하여 변화를 유도하는 집단행동 과정으로 이어지기도 한다.

이때 사회복지사가 사용할 수 있는 충분한 지식과 기술을 갖추는 것은 매우 중요하다. 사회복지사가 지역사회 문제 해결에 적극적으로 참여할 때 그가 사용할 수 있는 기술은 다음과 같다.

- **클라이언트 집단을 조절** : 공통적인 문제가 있는 성원을 구성하여 행동을 취하도록 한다. 옹호자들은 클라이언트 집단을 대신하기보다는 함께 일해야 하며 불이익을 당하는 개인이나 집단의 참여가 절대적으로 중요하다. 또한 지역 정치가나 정당의 지구당은 유권자를 의식하기 때문에 클라이언트 집단과 가족들이 투표권자로서의 힘을 발휘할 수 있다.
- **관련 기관 간의 협의체 구성** : 개별기관이 필요한 변화에 성공적으로 영향을 미치지 못할 때 공동의 문제에 대해서 기관 간의 위원회를 형성할 수 있다. 결정권자는 많은 기관이 공통된 관심을 표명할 때 더 영향을 받으며 여러 조직과 연합할 때 반대 의견에 더 효과적으로 대응할 수 있다.
- **정부 관료나 입법자들과 접촉하기** : 사회복지사는 시의 조례나 법안의 개정을 위해서 입법자나 공공관료와 직접 접촉할 수 있으며 입법자가 어떤 안건을 판단하기 위해서 정보가 필요할 때 위원회에 참석하여 정보를 제공할 수 있다.
- **법적인 행동** : 클라이언트의 권리가 침해당했을 때 기관 차원에서 해결이 잘 되지 않는 경우 법적인 소송을 제기하는 것이 대안이 될 수 있다.
- **전문가 증언 제공하기** : 사회복지사는 연구, 조사, 문헌 등을 통하여 얻은 정보를 바탕으로 공청회에서 적절한 질문 및 답변을 하거나 입법자들을 만나서 클라이언트의 문제나 욕구에 대해 증언함으로써 공공정책을 개선하는 데 영향을 미친다.

2) 주민 참여 및 협력 증진

지역사회 문제 해결을 위해서는 주민들의 참여와 협력이 필수적이다. 사회복지사는 주민들의 자발적인 참여를 유도하고 협력적인 관계를 구축하여 지역사회 발전에 함께 참여할 수 있도록 지원해야 한다. 주민 참여 및 협력 증진을 위한 전략은 다음과 같다.

- **주민 의견 수렴** : 설문조사, 공청회, 면접 등 다양한 방법을 통해 주민들의 의견을 수렴하고 지역사회 문제에 대한 인식을 공유한다.
- **주민 자조 활동 지원** : 주민들이 스스로 문제를 해결하고 지역사회 발전에 참여할 수 있도록 자조 활동을 지원하고 역량 강화 프로그램을 제공한다.
- **지역 주민 조직 활성화** : 주민들이 자발적으로 모여 공동의 목표를 달성하기 위한 지역 주민 조직을 활성화하고 지속적인 활동을 지원한다.
- **지역사회 네트워크 구축** : 지역 주민, 기관, 단체 등 다양한 이해관계자들을 연결하여 정보 공유, 협력, 연대를 위한 네트워크를 구축한다.
- **주민 주도형 사업 개발** : 주민들의 요구를 반영하여 주민들이 직접 참여하고 주도하는 사업을 개발하고 지원한다.

주민 참여를 증진하기 위해서는 사회복지사는 주민들의 목소리에 귀 기울이고 존중하는 태도를 유지해야 한다. 또한 주민들이 편안하게 참여할 수 있는 환경을 조성하고, 참여 과정에서 발생하는 어려움을 해결하기 위해 노력해야 한다.

3) 자원봉사자

사회복지의 꽃은 자원봉사자라는 말이 있다. 자원봉사자는 사회복지 분야에서 빼놓을 수 없는 가장 중요한 자원 중의 하나이다. 우리나라는 2005년 국민의 자원봉사활동을 촉진하고 자원봉사자의 사기를 진작하기 위해 12월 5일을 자원봉사자의 날로 정하고 법정 기념일로 선포했다. 우리나라 국민들은 자원봉사자의 날 제정 이전에도 어려움에 빠진 이웃들을 적극적으로 도와왔다. 봉사활동을 통해 삶의 보람과 기쁨을 찾고 국가의 일에 기꺼이 참여하는 모습을 보여주었던 것이다. 이처럼 사회의 여러 분야에서 꼭 필요한 자원이 자원봉사자이다.

자원봉사자는 사회복지에 대한 관심을 유도하고, 이들의 자발적인 참여를 통해서 복지에 대한 이해가 넓어지며 더불어 함께 살아가는 지역과 공동체를 만들어 나가는 데도 크게 기여하게 된다. 또한 자원봉사자와 클라이언트의 관계는 클라이언트들의 인간관계를 넓히며 봉사자들의 삶에도 많은 영향을 끼치고 있다. 그리고 봉사자들이 조직에 참여하고 합류함으로써 조직의 경직성과 폐쇄성은 감소하고 신선한 자극이 되어 조직의 투명성과 효율성을 제고하는 요인이 되기도 한다.

4) 모금 활동

모금은 모든 사회복지단체가 안고 있는 현안이며 가장 어려운 일 중의 하나이다. 이제는 모금 방법이 다양해져서 개인기부자, 대중모금, 기업 후원금, 재단의 지원금 등 다양한 방법이 활용되고 있다. 모금 방법도 좀 더 대중화되고 편리해져서 캠페인이나 모금 행사, 모바일 모금 등 그 방식이 다양해지고 있다. 그럼에도 불구하고, 일회성이 아닌 지속적인 기부를 위해서 기부 문화의 정착과 기부에 대한 사회적 인식이 변화되어야 하며 효과적인 전략들도 개발될 필요가 있다. 주지하다시피 기부는 한 사람이 100만 원을 내는 것보다 100명이 만 원을 꾸준히 내는 것이 더 중요하다. 기부의 액수보다 기부를 통한 관심과 사랑 나눔이 중요하다는 의미이다.

많은 사람들의 자발적인 기부를 이끌어 내기 위해서는 기부 문화를 정착시키기 위한 사회적 노력이 요구된다. 기부한 자원들이 바르고 투명하게 쓰이고 관리됨으로써 사회적 인정을 받고 신뢰받을 수 있도록 노력하는 것이 무엇보다 중요하다. 그러기 위해서는 기부자에 대한 지속적인 관리와 함께 기부한 자원의 사용처와 내용을 알려주고 지속적인 관계를 유지해 나가야 할 것이다.

또한 요즘에는 착한 소비에 대한 관심과 함께 소비를 하면서도 그 이익금의 일부가 공익을 위해서 사용될 수 있도록 하는 소비와의 연계도 활발하게 나타나고 있다. 이처럼 일상생활을 통한 기부 활동 등에 대한 꾸준한 관심이 필요하다.

5) 지역 내 지지체계 개발

지역사회 내에 거주하는 주민들은 지역이라는 공간을 넘어서서 개인적으로 많은 자원을 동원할 수 있고 여러 가지 자원과 연결되어 있는 경우가 많다. 어려운 일을 당하면 도와줄 친척이나 친구가 있는 경우, 이들의 개인적 지역사회는 공간이나 기능적 지역사회를 넘어서 자신의 문제나 욕구를 해결해 나갈 수 있는 충분한 자원을 확보하고 있는 경우라 할 수 있다. 다르게 말하면 사회관계망이나 생태도가 풍부하고 넓다는 의미이다.

그러나 지역사회에 거주하는 독거노인이나 장애 가족의 경우, 자신에게 필요한 지역사회 내 지지체계와 자원을 확보하지 못하여 고립되어 있거나 사회적으로 소외되어 있는 사람들이 많다. 이들은 자연적인 지지체계인 가족과 이웃 등이 없기 때문에 이들이 지역사회에서 소외당하지 않고 인간적인 삶을 영위하기 위해서는 공식적인 지지체계를 구성해서 연결시켜 주는 일이 요구된다. 이러한 방법으로는 봉사단체와 연계하여 마을벗 서비스, 가정방문 서비스 또는 전화 서비스와 병원 동행 서비스를 제공할 수 있도록 연결시킬 수 있다. 그리고 고립되어 있고 지역사회에 참여하지 않는 사람들을 지역복지관이나 프로그램에 참여시켜 동아리나 친목회 또는 운동클럽 등을 조직해 줌으로써 상호작용을 촉진시키고 상호구조 체계를 강화시켜 나갈 수 있다(이영실 외, 2022).

또한 이러한 사업의 일환으로 멘토와 멘티 연계 활동이나 지역의 기관과 개인들을 연계해서 주기적인 만남을 주선하고 연결시킬 수 있다. 나아가서 어려움에 처한 사람들 간의 상호 부조 체계를 만들 수도 있다. 예를 들면, 지체장애인의 휠체어를 청각장애인이 밀어주는 등의 상호 연계를 통해서 함께 더불어 살아가는 공동체를 형성해 나갈 수 있는 것이다. 또한 비교적 연소한 노인이 고령의 노인을 케어하는 시스템을 통해서 서로의 처지를 더 잘 이해하고 함께 공동의 관심사를 나누고 도와나가는 지지체계를 형성할 수도 있다.

5. 지속 가능한 실천을 위한 평가와 피드백

지역사회복지실천은 개인의 욕구 충족과 사회적 통합을 목표로, 지역 주민들의 삶의 질 향상을 위한 다양한 활동을 수행하는 중요한 사회적 활동이다. 특히 현대사회는 개인주의 심화, 사회적 불평등 심화, 초고령화 사회 진입 등 다양한 사회문제를 겪고 있으며, 이러한 문제들은 개인의 노력만으로 해결하기 어렵다. 따라서 지역사회복지실천은 지역 주민들의 자발적인 참여를 이끌어 내어 공동체 의식을 함양하고, 다양한 사회 문제 해결을 위한 협력을 증진시키는 데 중요한 역할을 한다(최선화, 2007).

지역사회복지실천은 지역 특성에 맞는 맞춤형 서비스 제공을 통해 지역 주민들의 욕구를 충족시키고, 사회적 취약 계층에 대한 지원을 강화하여 사회적 불평등을 완화하는 데 기여한다. 또한 지역 주민들의 사회 참여를 활성화하여 공동체 의식을 함양하고 지역사회 발전에 대한 주인의식을 고취시킨다. 이는 지역 주민들의 삶의 질 향상과 지속 가능한 사회 발전에 필수적인 요소이다.

따라서 지역사회를 대상으로 한 사회복지실천은 지속적인 평가와 피드백을 통해 개선되어야 한다. 사회복지사는 개입 계획의 효과성, 효율성, 적절성 등을 평가하고, 평가 결과를 바탕으로 개입 계획을 수정하고 보완하여 지속 가능한 실천을 이어 나가야 한다. 지속 가능한 실천을 위한 평가와 피드백은 다음과 같은 단계로 진행된다.

- **평가 계획 수립** : 개입 계획의 목표, 활동, 결과 등을 평가하기 위한 지표, 방법, 시기 등을 명확하게 정의한다.
- **자료 수집 및 분석** : 평가 계획에 따라 자료를 수집하고, 수집된 자료를 분석하여 개입 결과를 평가한다.
- **평가 결과 분석** : 평가 결과를 분석하여 개입 계획의 효과성, 효율성, 적절성 등을 평가하고 개선점을 도출한다.
- **피드백 제공** : 평가 결과를 바탕으로 주민, 기관, 단체 등 이해관계자들에게 피드백을 제공하고 개선 방안을 모색한다.
- **개입 계획 수정 및 보완** : 평가 결과를 반영하여 개입 계획을 수정하고 보완하여 지속 가능한 실천을 위한 기반을 마련한다.

평가는 개입 계획의 성공적인 실행을 위한 필수적인 과정이다. 사회복지사는 평가를 통해 개입 계획의 효과성을 확인하고, 개선을 통해 더 나은 서비스를 제공할 수 있도록 해야 한다. 또한 평가 과정에서 주민들의 의견을 적극적으로 반영하여 주민중심의 서비스를 제공해야 한다.

CHAPTER

15 사회복지실천 평가 및 기록

1. 사회복지실천 평가

1) 평가의 개념 및 의의

평가는 사회복지실천에 있어서 서비스 및 자원의 개입 효과를 측정하고 분석하는 과정이다. 이것은 클라이언트가 가지고 있던 본래의 문제 해결 과정에서 개입이 효과적으로 작용했는지, 목표를 달성했는지를 판단하기 위한 도구이다.

평가의 의의를 살펴보면, 첫째, 사회복지 서비스 개입이 클라이언트가 가지고 있는 문제의 해결에 얼마나 효과적이었는지 파악한다. 둘째, 평가에 대한 결과를 바탕으로 서비스 질 향상을 위한 계획을 수립하고 필요시 개입방법의 수정이 가능하다. 셋째, 평가를 통하여 사회복지사가 직접 제공하는 서비스의 적절성과 공적 자원 사용의 타당성 등을 검증하여 책임성을 확보한다.

2) 평가의 기능 및 중요성

(1) 평가의 기능

첫째, 실천과정 중 의도한 방향으로 개입이 이루어졌는지 검토한다. 이를 통해서 중간 개입방법에 대한 보완과 수정이 이루어진다. 둘째, 평가를 통해서 목표가 달성되었는지 파악한 후 실천 개입이 성공적이었는지 판단한다. 셋째,

평가에 대한 결과는 서비스의 효과성을 확인하고 투입된 비용 대비 효율성 분석에 유용한 자료로 사용된다. 이러한 결과를 통해 자원 낭비 방지와 효과적인 개입 방법을 선별하는 것이 가능하다. 넷째, 평가 결과는 사회복지의 정책개발과 프로그램 개선 시 더욱 중요한 근거 자료로 활용된다.

(2) 평가의 중요성

평가를 통해서 경험적 근거를 바탕으로 의사결정을 신속하고 정확하게 할 수 있으며 평가는 클라이언트에게 적절한 서비스가 제공되도록 보장하고 불필요한 서비스 개입을 막을 수 있다. 또한 평가과정에서 서비스 실천의 투명성 확보로 사회복지사의 윤리적 책임을 이행할 수 있도록 돕는다.

3) 평가의 유형

평가는 각각의 목적과 시점에 따라 여러 유형으로 나뉜다.

(1) 형성평가

개입 과정 중 실시되는 형성평가(formative evaluation)는 실천 활동에 있어서 진행이 잘되고 있는지 점검하고 실천 계획 수정의 목적으로도 활용된다. 예를 들면, 프로그램 중간 단계에서 평가를 통해 클라이언트의 욕구를 충분히 충족하고 있는지 평가하여 조정 필요시 적용할 수 있다.

(2) 총괄평가

총괄평가(summative evaluation)는 프로그램이나 학습이 완료된 후에 그 전체적인 효과성과 목표 달성 여부를 판단하기 위해 실시하는 평가이다(임은영, 2017). 예를 들면, 문제에 대한 개입이 클라이언트의 생활 수준에 적합하게 작용하여 삶의 질 향상에 기여했는지 클라이언트를 만족시켰는지 검토한다.

(3) 과정평가

과정평가(process evaluation)는 개입이 전반적인 과정을 거치면서 성공적이었는지, 아니면 어떤 부분에 문제가 나타났는지를 분석한다. 프로그램의 실행 점검과 운영개선, 질 관리를 위해 실시할 수 있다.

(4) 성과평가

성과평가(outcome evaluation)는 실천 개입에서 나타난 성과를 최종 평가하며 클라이언트가 실질적으로 변화를 일으켰는지 분석한다. 프로그램의 활동이 가져온 단기적 또는 장기적 변화를 측정하며 프로그램이 의도한 목표를 얼마나 달성했는지, 그리고 프로그램의 성과를 입증하여 자원 투입의 정당성을 확보한다(박영상, 2021).

〈표 15-1〉 평가 유형의 비교

평가 유형	장 점	단 점	수행시기
형성평가	프로그램이 진행 중일 때 문제를 발견하고 즉각적으로 수정할 수 있음. 실시간 피드백 제공	중간에 평가를 실시하므로 전체적인 성과를 평가하기 어려울 수 있음. 즉각적인 효과만 반영	프로그램 계획대비 진행 여부와 목표 달성할 수 있도록 조정 필요시(중간 단계)
총괄평가	프로그램이 끝난 후 전반적인 성과를 평가하여 다음 계획에 반영할 수 있음. 장기적인 성과를 측정	프로그램 종료 후 평가를 진행하므로 즉각적인 수정이 불가능함. 진행 중 문제 파악이 어려움	프로그램이 종료 후 전반적인 효과성과 목표 달성 여부 평가하여 개선점 찾음
과정평가	프로그램 진행 과정 중 발생한 문제를 구체적으로 분석하여 개선할 수 있음. 세부 과정 평가 가능	세부적인 과정에만 초점을 맞추기 때문에, 전체 성과에 대한 평가가 부족할 수 있음	프로그램 운영 과정 중 문제점 분석과 목표 달성에 효과적인지 평가(프로그램 중간 또는 초반부 주로 실시)
성과평가	개입이 실제로 어떤 변화를 가져왔는지 최종적으로 평가할 수 있음. 실질적 영향 파악 가능	결과만을 평가하므로, 프로그램 과정에서 발생한 문제는 반영되지 않음. 과정 개선에는 한계가 있음	프로그램 종료 후 참여자의 변화와 성과 평가(장기적인 성과, 변화 측정 시점에서 수행)

출처 : 박지영(2015) 내용 참고하여 재구성.

4) 평가기법

평가를 위한 다양한 기법이 사용되며 상황에 따라 적절한 기법을 선택한다.

(1) 질적 평가

질적 평가(qualitative evaluation)는 주관적 경험과 발생한 현상에 대한 심층적인 이해를 위하여 텍스트, 언어, 관찰된 행동 등을 분석하는 평가 기법이다. 숫자가 아닌 텍스트, 인터뷰, 사례 분석을 통해 현상의 의미를 탐구하고 평가 중 새로운 주제나 관점을 발견하면 유연하게 탐색 방향을 수정할 수 있다(박현아, 2019). 이 방법의 사용은 클라이언트 경험의 주관적 이해에 중점을 두고 이루어진다.

(2) 양적 평가

양적 평가(quantitative evaluation)는 설문 조사, 또는 테스트, 척도지 활용 등의 방법을 통하여 데이터를 수집하고 이를 분석하는 기법이다. 개입의 효과를 수치화하여 표현하게 되므로 효과의 비교 분석이 가능하다. 측정된 데이터를 통해 객관적 결론을 도출하고 동일한 조건에서 반복 측정이 가능하다(Creswell & Plano Clark, 2018).

(3) 혼합 방법 평가

혼합 방법 평가(mixed methods evaluation)는 질적 평가와 양적 평가를 함께 병행하여 사용하는 것으로 개입의 과정 및 결과를 여러 각도에서 평가하는 방법을 말한다. 질적, 양적 데이터 모두를 함께 분석함으로써 보다 심층적인 시각을 제공하며 하나의 방법에서 오는 약점을 다른 방법이 보완할 수 있다.

(4) 자기 보고

자기 보고(self-report)는 클라이언트나 참여자가 자신의 경험, 태도, 행동, 감정 등을 직접 보고하도록 하는 평가 기법이다(이경희, 2020). 응답자가 본인의 관점에서 정보를 제공하게 되므로 주관적 평가가 가능하며 시간과 비용이 적게 들고 쉽게 작성이 가능하다는 편의성을 지닌다.

(5) 사전-사후 검사

사전-사후 검사(pretest-posttest)는 프로그램이나 개입 전후에 동일한 검사를 실시하여 변화나 효과를 측정하는 기법이다(김지현, 2021). 개입 전과 개입 후를 비교하여 프로그램의 효과를 확인하며 두 가지 시점의 결과를 통계적 분석에 활용할 수 있다.

〈표 15-2〉 평가 기법의 비교

평가 기법	장 점	단 점	수행시기
질적 평가 (Qualitative Evaluation)	심층적이고 주관적인 클라이언트의 경험과 변화를 이해할 수 있음. 복잡한 문제를 다룰 때 유리	결과가 주관적일 수 있어 일반화가 어렵고 시간과 비용이 많이 소요됨	개입 중과 개입 후 클라이언트 경험을 심층적으로 분석할 때
양적 평가 (Quantitative Evaluation)	객관적이고 정량화된 데이터를 통해 비교 및 분석이 가능. 결과를 명확하게 보여줌	단순한 수치로만 결과를 도출할 수 있어 복잡한 상황이나 감정적 변화를 설명하는 데 한계가 있음	개입 전, 중간, 후에 걸쳐 데이터를 수집하고 분석할 때
혼합 방법 평가 (Mixed Methods Evaluation)	질적 및 양적 데이터를 모두 수집하여 전반적인 이해를 높일 수 있음. 다각적 분석 가능	두 가지 방법을 모두 사용하므로 시간과 비용이 많이 소요되며 복잡한 분석이 필요함	개입 전, 중간, 후에 질적 및 양적 데이터를 모두 활용할 때
자기보고 (Self-Report)	클라이언트 스스로 변화를 평가하여 주관적 경험을 반영함. 비용이 적게 듦	클라이언트의 주관적 평가에 의존하므로 신뢰성에 한계가 있을 수 있음	개입 중 또는 후에 클라이언트가 자신의 경험과 변화를 직접 평가할 때

사전-사후 검사 (Pretest-Posttest)	개입 전후의 변화를 객관적으로 비교할 수 있어 변화 정도를 명확하게 확인 가능	중간 과정에서 발생한 변화는 반영하지 못하고 단지 개입 전후의 결과만 측정함	개입 전후에 변화를 비교하고 싶을 때

출처 : 박지영(2015) 내용 참고하여 재구성.

5) 실천 평가와 프로그램 평가

(1) 실천 평가

실천 평가(practice evaluation)는 사회복지사와 클라이언트 간의 개별적 개입 과정과 성과를 평가하는 과정이다(Patton, 2015). 즉, 사회복지사가 현장에서 클라이언트에게 제공하는 직접적인 개입을 중심으로 평가가 이루어진다. 예를 들면, 알코올 의존 증상의 클라이언트 상담 전과 후 음주 빈도 평가나 우울증 상담 후의 클라이언트 심리적 상태 변화 평가를 들 수 있다(김수진, 2019).

주요 특징을 살펴보면 다음과 같다.

첫째, 실천 평가는 개별 클라이언트와 그 가족을 대상으로 이루어지는 개입 시점에 초점을 둔다.

둘째, 클라이언트 문제 해결 과정 및 결과를 분석하여 개입 효과를 평가하며, 평가의 결과에 따라 개입 전략을 개선하거나 수정한다.

셋째, 개별 클라이언트 또는 가족과 소규모 집단 등이 평가 대상이 된다.

넷째, 적용 시기는 개입 과정과 개입 종료 후에 효과성과 효율성을 분석한다.

(2) 프로그램 평가

프로그램 평가(program evaluation)는 사회복지 프로그램이나 서비스에 대해 전체적인 효과성 및 운영 과정을 평가하는 과정이며 프로그램의 성과, 효율성, 지속 가능성을 확인하고 개선점을 도출한다(이정서, 2020). 즉, 사회복지 기관 또는 지역사회에서 실행되고 있는 다양한 프로그램들이 목표를 무난히 달성했는지 또는 어떠한 결과가 나타났는지 분석하여 프로그램과 서비스의 전반적인 성과를 분석한다.

주요 특징은 다음과 같다.

첫째, 특정한 지역사회 또는 사회복지 기관에서 실행되고 있는 프로그램을 평가한다.

둘째, 프로그램이 초기에 설정한 목표를 달성했는지, 투입된 자원은 적절히 사용되었는지와 서비스의 효과를 평가하여 추후 개선점을 분석한다.

셋째, 특정 프로그램에 참여한 대상자와 지역사회 및 사회복지 기관 등이 평가 대상이 된다.

넷째, 적용시기는 프로그램 진행 중 이루어지는 형성평가와 프로그램 종료 후 이루어지는 총괄평가 등을 통해서 프로그램 전체 성과를 분석한다.

6) 프로그램 평가의 절차

프로그램 평가는 계획 절차에 따라 프로그램의 체계적인 효과성과 효율성을 검토하는 과정이다. 일반적으로 다음과 같은 절차에 따라 진행된다.

(1) 평가 목적 설정

평가의 첫 번째 단계는 프로그램 평가의 목적 설정이다. 평가가 필요한 이유와 목표를 명확하게 규명한다. 평가의 목적이 프로그램의 성과 측정인지, 자원 개입의 효율성 검토를 위해 이루어지는 것인지에 따라 그 목적이 달라진다. 예를 들면, 프로그램의 목적이 클라이언트 삶의 질 향상인 경우와 투입된 자원의 효율성 검토인 경우, 그리고 프로그램의 목표 달성인 경우로 구분되어 평가의 목적이 설정된다.

(2) 평가 질문 개발

목적을 설정한 이후, 그에 맞는 평가 질문을 작성한다. 평가 질문으로 프로그램의 성공 여부, 과정의 효과성 및 효율성 등을 포함하여 작성한다. 예를 들면, 프로그램 내용에 대한 만족도와 과정에 대한 만족도, 그리고 프로그램을 통해 기대했던 변화가 이루어졌는지를 질문할 수 있으며 이와 더불어 실천과정의 적절성과 실효성, 그리고 전문성 점검을 위한 질문이 포함될 수 있다.

(3) 평가 설계

질적·양적 평가와 혼합 평가 중 평가 방법을 선택하여 평가 계획을 수립하며, 또한 평가 설계에 포함해야 하는 내용에는 평가 대상과 기간, 그리고 평가 수집에 대한 방법 등이 포함되어야 한다.

- **질적 평가** : 직접 대면으로 실시되는 면담이나 관찰 등을 통해 프로그램에 참여하는 대상자의 변화와 경험을 심층적으로 분석한다.
- **양적 평가** : 구조화된 설문지를 활용하거나 테스트를 통해서 조사된 수치의 변화를 측정하여 분석한다.
- **혼합 평가** : 두 가지 방법 모두 사용하는 것을 말하며, 질적 평가와 양적 평가를 혼합 사용한 후 분석한다.

(4) 데이터 수집

설계된 평가 계획에 의거하여 데이터를 수집하는 단계로서, 방법에는 설문조사와 인터뷰, 조사자 관찰과 기록 검토 등이 있다. 데이터 수집에서는 타당성과 신뢰성 확보가 중요하며, 특히 데이터 수집에 대한 동의를 얻는 것과 윤리적 기준의 적용이 중요하다.

(5) 데이터 분석

데이터 분석은 수집된 자료를 분석하는 단계이다. 양적 데이터는 통계 분석을 활용하여 결과 값을 수치화하여 표시하고 질적 데이터는 주제 또는 다양한 패턴으로 분류하여 분석한다. 이러한 분석을 통하여 프로그램의 효과와 설정된 목표의 달성 여부를 확인한다.

(6) 결과 해석 및 보고

분석된 데이터를 바탕으로 평가 결과를 해석한다. 그런 다음 평가 결과를 보다 세분화하여 프로그램의 과정과 성과, 추후 개선점 등에 대해 구체적인 설명을 덧붙여 보고서를 작성한다. 보고서에서는 프로그램의 목표 달성과 성공 여부, 개선에 필요한 정보 등에 대해 자세히 설명하며 긍정적 결과와 함께 부정적 결과에 대한 의견과 개선 사항에 대한 논의점에 대해서도 진술한다.

(7) 결론 및 개선 방안 제시

평가에서 문제점과 효율적이지 못한 부분이 발견되었다면 그 부분을 해결하기 위한 구체적인 계획을 수립한다. 그 후 다음 단계에서 프로그램의 효과적 운영 방법을 수정 또는 보완한다.

(8) 결과 공유 및 피드백 반영

평가 결과에 대하여 프로그램 관련자들과 함께 공유하고 피드백을 받는다. 이 과정에서 받은 피드백 또한 평가 결과에 포함하고 향후 프로그램에 반영하도록 한다.

2. 사회복지실천 기록

1) 기록의 목적

사회복지실천 기록은 클라이언트와 이루어지는 모든 개입과정과 성과를 체계적으로 기록함으로써 서비스 제공의 질을 향상하고 클라이언트 문제 해결과정을 효과적으로 지원하는 것이다. 주요 목적은 다음과 같다.

(1) 서비스의 연속성 확보

기록을 통하여 클라이언트의 변화 과정과 서비스 개입 내용을 정확히 파악할 수 있고 이러한 기록을 바탕으로 서비스 제공에 일관성을 유지할 수 있다.

(2) 책임성 확보

기록은 사회복지사가 제공한 다양한 서비스의 적합성을 보증하는 근거 역할이 되며, 이를 통해서 제공된 서비스가 윤리적 기준에 적합한지 평가받을 수 있다.

(3) 클라이언트 권리 보호

기록은 클라이언트가 가지고 있는 욕구와 문제를 정확하게 반영하고 그에 따른 클라이언트에 대한 개입을 증명함으로써 클라이언트의 개별적 권리를 보호한다.

(4) 추후 평가 및 연구 자료 활용

사회복지실천 기록은 평가 및 연구의 유용한 자료로 사용되며 실천에 필요한 개선점을 파악하기 위한 근거 자료로 활용된다.

2) 기록의 용도

기록은 사회복지실천에서 다양한 용도로 활용된다.

(1) 서비스 제공의 근거

기록은 클라이언트에게 제공하는 서비스의 전 과정과 결과에서 얻은 효과를 명확히 제시하는 근거 자료로 활용된다.

(2) 법적 증거

기록은 또한 법적인 분쟁이 발생하거나 감사 절차가 발생되었을 때 서비스에 대한 적법성을 입증하는 증거로 활용될 수 있다.

(3) 팀 협력 및 연계

기록은 여러 사회복지사가 동일한 한 사람의 클라이언트에게 서비스를 제공할 때 팀원들 간 협력 증진을 꾀하고 서비스 연계를 원활하게 할 수 있도록 한다.

(4) 교육 및 훈련 자료

사회복지실천에서의 기록은 사회복지사가 직접 실시하는 교육과 훈련에서 학습 자료, 또는 사례관리 자료로 활용된다.

3) 기록의 유형

사회복지실천 기록은 유형이 다양하며 각 유형은 기록의 목적과 상황에 따라 선택된다.

(1) 이야기체 기록

이야기체 기록(narrative recording)에서는 클라이언트와의 여러 단계의 실천 과정(개입과정, 상호작용, 문제상황)을 자유로운 서술 형식으로 기록한다. 즉, 마치 이야기를 하듯이 시간의 흐름에 따라 사건과 대화, 개입 내용을 상세히 기술한다(임은영, 2020). 사건의 흐름에 맞추어 순서에 대한 구애를 받지 않고 작성되며 클라이언트와의 상호작용을 포괄적인 방법으로 설명하는 기록이다.

이야기체 기록의 특징은 다음과 같다.

첫째, 정해져 있는 형식 없이 서술체로 자유롭게 기록할 수 있다.

둘째, 문제나 사건을 맥락 속에서 구체적으로 서술할 수 있고 상황에 대해 보다 자세한 설명과 분석을 할 수 있다.

셋째, 클라이언트가 직접 경험을 통한 상황과 감정을 중점으로 기록하며 개입 과정 중에 발생할 수 있는 클라이언트의 반응과 변화에 보다 강조점을 둔다.

(2) 표준화된 기록

표준화된 기록(standardized recording)은 일정한 양식과 항목에 따라 체계적으로 작성하는 기록이다(박현숙, 2019). 주로 일정한 형식에 따라 클라이언트의 정보와 문제 상황, 서비스의 개입과 목표 등을 기재하게 되며 일정한 형식을 갖추어 기록되는 만큼 효율적인 기록과 정보 전달을 목적으로 사용된다.

표준화된 기록의 특징은 다음과 같다.

첫째, 사전에 정해진 양식에 따라 기록되므로 모든 클라이언트에게 동일한 형식과 항목이 적용되어 기록된다.

둘째, 규격화된 양식을 사용함으로써 기록이 빠르고 효율적으로 작성될 수 있으며 신속하게 중요 정보를 파악할 수 있다.

셋째, 여러 클라이언트 사례를 비교하거나 통계적인 분석에 용이하다.

(3) 요약 기록

요약 기록(summary recording)은 클라이언트에 대한 개입과정을 간략하게 요약하여 기록한다. 개입의 주요 사건이나 내용을 빠르게 파악할 수 있도록 핵심적 사항을 기록하는 것으로 필요시 세부 추가 사항을 기록할 수 있다.

요약 기록의 특징을 살펴보면 다음과 같다.

첫째, 필요한 정보만 간결하게 요약하여 기록하므로 개입 내용을 빠르게 이해할 수 있다.

둘째, 개입과정 중 발생한 중요 사건, 또는 변화에 집중하여 기록한다.

셋째, 간단히 요약 기록하므로 시간이 절약된다.

(4) SOAP 기록

SOAP 기록(SOAP recording)은 Subjective(주관적 정보), Objective(객관적 정보), Assessment(사정), Plan(계획)의 네 가지 항목으로 구성된 체계적 기록이다(이정훈, 2021). 주로 의료사회복지나 사례관리에서 사용되는 방식이며 기록의 체계와 일관성이 강조된다.

SOAP 기록의 특징은 다음과 같다.

첫째, SOAP 형식에 대입하여 기록이 작성되므로 개입과정에 대해 단계별로 명확한 파악이 가능하다.

둘째, 클라이언트가 겪었던 주관적인 경험과 객관적 자료, 그리고 사회복지사 평가와 향후 계획까지 다각적 분석이 가능하다.

셋째, 단계별로 구분되어 클라이언트의 상태와 개입 내용 분석을 체계적으로 실시할 수 있다.

(5) 문제중심 기록

문제중심 기록(POR : problem-oriented recording)은 클라이언트가 가지고 있

는 주요 문제를 중심으로 기록한다. 이 기록 방법은 클라이언트가 현재 직면하고 있는 구체적인 문제 파악과 그 문제의 해결을 위해 개입 과정 및 결과를 기록하는 데 초점을 둔다.

문제중심 기록의 특징은 다음과 같다.

첫째, 클라이언트의 문제를 명확하게 정의하고 문제 해결을 위한 목표와 개입 전략을 기록한다.

둘째, 클라이언트가 직면한 문제 및 해결 과정을 구체적으로 세밀하게 기록한다.

셋째, 문제에 보다 집중하여 간결하고 명확하게 기록하므로 문제 해결 과정을 단계별로 추적할 수 있는 장점이 있다.

(6) 과정 기록

과정 기록(process recording)은 사회복지사가 클라이언트와 개입과정에서의 내용을 상세히 기록하는 방식이다. 면담과 개입과정 중의 대화나 상호작용에 대한 내용을 시간에 따라 순서대로 기록하고 특히 개입과정 전체를 분석하고 파악하는 데 중점을 둔다. 예를 들면, 실습 교육에서 사회복지사가 자신의 개입 기술을 검토하고 피드백을 받을 때 사용된다(최민정, 2021).

과정 기록의 특징은 다음과 같다.

첫째, 사회복지사와 클라이언트가 서로 나눈 대화 내용과 상호작용 방법, 클라이언트 반응 등에 대해 매우 구체적인 언어로 상세히 기록한다.

둘째, 개입과정 중 클라이언트가 보인 행동과 반응, 그리고 나타난 감정의 변화를 기록하고, 이를 분석하여 개입의 효과성을 평가한다.

셋째, 과정 기록은 교육의 목적과 사회복지실천 과정에서 발생하는 문제나 성공적인 개입 방법을 분석할 수 있는 도구로 적극 사용된다.

앞서 살펴본 이야기체 기록, 표준화된 기록, 요약 기록, SOAP 기록, 문제중심 기록, 과정 기록에 대하여 기록 방식과 주요 특징, 장점과 단점을 요약하여 비교하면 다음 〈표 15-3〉과 같다.

〈표 15-3〉 기록의 요약 비교

구분	이야기체 기록	표준화된 기록	요약 기록	SOAP 기록	문제중심 기록	과정 기록
기록 방식	서술 형식으로 자유롭게 기록	정해진 양식과 기준에 따른 기록	간결하게 요약된 기록	SOAP 형식에 따른 체계적 기록	클라이언트의 문제에 초점을 맞춘 기록	클라이언트와의 상호작용과 대화를 시간 순서대로 기록
주요 특징	유연한 서술 방식, 상황 설명 가능	일관성 있고 효율적인 기록	간단한 요약, 빠른 이해 가능	주관적/객관적 자료, 평가, 계획을 체계적으로 기록	문제 해결 과정에 집중하고 간결한 기록	대화 내용과 상호작용을 매우 구체적으로 기록
장점	클라이언트의 상황을 맥락적으로 이해 가능	기록 관리와 정보 전달이 용이	시간 절약, 주요 사건 중심으로 기록	기록이 체계적이고 일관되게 작성됨	문제 해결 과정을 명확히 추적 가능	개입과정 분석 및 교육적 활용에 적합
단점	기록이 길어질 수 있고 시간 소요	개별 상황을 유연하게 설명하기 어려움	세부적인 사항을 기록하지 않으면 정보 부족	일부 상황에 적합하지 않을 수 있음	클라이언트의 전체적인 맥락을 설명하기 어려움	기록이 매우 길어질 수 있고 시간 소모가 큼

출처 : 박지영(2017); 이은영(2018) 내용 참고하여 재구성.

4) 실천 단계별 주요 기록 내용

사회복지실천에서 기록은 각 단계별로 작성되며 각 단계에서 중요한 사항을 기록해야 한다.

(1) 준비 단계

클라이언트의 여러 가지 배경 정보와 문제 상황을 신속하게 파악하고 개입 계획을 수립하는 과정에서 기록이 포함되며 클라이언트가 가지고 있는 기본적인 인적 사항과 사전 면담 내용, 문제 및 욕구 상황 등에 대해 기록한다.

(2) 사정 단계

클라이언트로부터 표출된 문제와 욕구를 구체적으로 평가하여 그 내용을 기록한다. 클라이언트의 문제 및 욕구, 자원에 대한 평가, 가족과 사회적 관계 등의 사정 결과를 기록한다.

(3) 계획 단계

클라이언트의 문제 해결을 위해 개입에 대한 구체적인 계획과 목표를 설정하여 기록한다. 이 단계에서는 목표와 예상되는 결과, 그리고 개입 전략에 대한 내용을 명확히 기록하고 이후 개입의 방향을 정한다.

(4) 개입 단계

개입과정에서 클라이언트와 발생한 모든 활동과 반응을 기록한다. 사회복지사의 개입 내용과 클라이언트의 반응, 그리고 개입과정 중 새롭게 발생한 문제나 변화된 내용이 있다면 이를 자세히 기록한다.

(5) 평가 단계

개입 결과에 대해 전반적인 평가를 실시하고 클라이언트 변화 상태를 점검하여 기록한다. 이 단계에서는 계획한 목표를 달성했는지, 개입된 서비스는 효과적이었는지 평가하여 추후 개선해야 할 사항 등에 대한 내용을 포함한다.

(6) 종결 단계

종결 단계에서는 클라이언트와 모든 서비스의 개입이 완료되어 합의에 이르렀을 때 종결 시점에서의 결과와 성과를 점검하여 기록한다. 클라이언트의 목표 달성 여부와 추후 필요한 서비스의 자원 연계방법 등과 목표를 얼마나 달성했는지, 종결 후에도 이어지는 후속 서비스나 자원 연계 등을 기록한다. 또한 종결 후 1년 정도의 사후관리가 실시되며 이를 보고서로 기록한다.

이와 같이 사회복지실천에서는 각 단계마다 실천 내용의 기록이 매우 중요한 역할을 하며 클라이언트와의 효과적인 소통과 개입을 위해 체계적이고 정확한 기록이 이루어져야 한다.

5) 기록의 지침 및 관리

(1) 기록의 지침

기록 지침은 사회복지실천 기록을 작성할 때 따라야 할 원칙과 기준을 의미한다. 이를 통해 기록의 일관성과 신뢰성을 유지하고 클라이언트의 정보가 적절하게 보호되며 실천 과정의 투명성이 보장된다.

① 명확성과 구체성

기록은 누구나 이해가 가능하도록 구체적이고 명확하게 작성되어야 한다. 모호한 표현을 피하고, 최대한 사실에 기반한 객관적인 내용만을 기록한다.

② 사실과 의견 구분

기록에서는 클라이언트와의 상호작용이나 사건을 사실적으로 기록하되, 사회복지사의 주관적인 의견이나 평가와는 명확히 구분해야 한다. 클라이언트의 발언이나 행동은 객관적으로 기술하고, 평가나 해석은 따로 구분하여 기록한다.

③ 윤리적 책임

기록은 클라이언트의 사생활을 존중하고 비밀을 유지해야 하며 법적·윤리적 기준을 준수해야 한다. 기록은 클라이언트에게 잠재적 피해를 주지 않도록 신중하게 작성되어야 함을 원칙으로 한다.

④ 일관성 유지

동일한 클라이언트에 대한 기록은 시간 순서대로 일관되게 작성되어야 하며 각 개입 과정과 결과를 명확히 연결해야 한다.

(2) 기록의 관리

기록의 관리는 클라이언트의 정보가 정확하게 보존되고 필요할 때 적시에 사용할 수 있도록 하는 과정을 포함한다. 기록 관리는 다음과 같은 절차에 의해 이루어진다.

① 기록 보관

작성된 기록은 안전하게 보관되어야 하며 클라이언트의 개인정보가 동의 없이 외부로 유출되는 것을 방지할 수 있도록 보안 시스템을 겸비하여야 한다. 종이 기록은 잠금장치가 있는 장소에 보관하며 전자 기록은 암호화된 데이터베이스를 사용하여 관리한다(이은영, 2018).

② 기록 접근 권한 관리

기록에 접근 가능한 인원을 지극히 소수로 제한하여야 하며 기록을 열람하거나 수정할 수 있는 사람은 사회복지사와 관리 담당자 등으로 한정된다. 기록 열람 시 클라이언트의 동의가 필요하다.

③ 기록 유지 기간

법적 규정에 따라 기록은 일정 기간 동안 보관해야 하며 그 후에는 안전하게 폐기되어야 한다. 각 기록의 유지 기간은 서비스 유형과 법적 요구 사항에 따라 다르다.

④ 기록 수정 및 삭제

잘못된 기록은 적절한 절차에 따라 수정하거나 삭제해야 하며 수정 기록은 변경된 부분과 그 이유가 명확히 기록되어야 한다(박지영, 2017).

참고문헌

구혜영(2010). **사회복지실천기술론**. 서울 : 신정.

국립국어원(2024). 표준국어대사전. https://stdict.korean.go.kr.

권구영(2008). **사회복지실천론**. 서울 : 창지사.

김경희(2009). 에릭슨과 프로이드의 성격발달 이론의 비교 분석. **대한산업경영학회지**, 7(2), 73-88.

김기태・윤철수・김미옥 외(2003). **사회복지실천론**. 서울 : 양서원.

김민정(2019). 빈곤 가구의 경제적 자립을 위한 사회복지 실천 방안. **빈곤문제연구**, 15(3), 33-50.

김수진(2019). 클라이언트 중심 실천 평가의 필요성과 적용 방안. **사회복지연구**, 50(1), 89-112.

김영호(2023). **가족생활주기와 가족복지 실천**. 서울 : 한국사회복지출판사.

______(2023). **고령화 사회에서의 가족과 사회복지**. 서울 : 복지정책연구소.

김융일・조흥식・김연옥(2000). **사회복지실천론**. 서울 : 나남출판사.

김준환・김녹현・승금희・이은영・임원선・전영록・허정철(2023). **사회복지실천기술론**. 서울 : 창지사.

김지현(2021). 사전-사후 검사를 활용한 사회복지 프로그램 평가. **한국사회복지연구**, 52(3), 183-205.

김창엽(2024). **지역사회교육론**. 경기 : 지식터.

김청자・정진선(2009). **상담의 이론과 실제**. 서울 : 동문사.

김충식・나용선・서상범・신상수・최명주(2009). **사회복지실천기술론**. 경기 : 공동체.

김혜란・홍선미・공계순(2006). **사회복지실천기술론**. 경기 : 나남출판.

김혜란・홍선미・공계순・박현선(2022). **사회복지실천기술론**. 서울 : 학지사.

김혜영・석말숙・홍나미・신인순(2023). **사회복지실천기술론**(제2판). 경기 : 공동체.

김홍석(2022). **현대사회에서 가족의 의미**. 서울 : 한국사회복지출판사.

남기민(2004). **현대사회복지학의 이해**. 경기 : 양서원.

남미애・윤숙자(2020). **사회복지실천기술론**. 서울 : 학지사.

남일재・박형준・손정일・신현석・양정하・오종희・오 주・유용식・이상직・이선영・이양훈・조윤득・최 용(2007). **사회복지개론**. 경기 : 현학사.

노안영(2008). **상담심리학의 이론과 실제**. 서울 : 학지사.

도광조(2008). **사회복지개론**. 경기 : 양서원.

박성은(2018). 이혼 갈등과 자녀 양육 문제 해결을 위한 부부 상담. **한국가족상담학회지**, 12(1), 68-81.

박영상(2021). 과정중심 평가의 의미에 관한 논쟁과 시사점 고찰. 한국교원대학교 교육대학원 박사학위논문.

박은경(2022). 현대사회와 가족 변화 : 결혼과 출산에 대한 가치관 변화. 서울 : 한국가족연구원.

박지영(2015). **사회복지 평가의 이해와 적용**. 서울 : 사회복지연구소.

______(2017). **사회복지 기록의 용도와 중요성**. 서울 : 한국사회복지사협회.

박현숙(2019). 클라이언트 보호를 위한 사례 기록의 필요성. **사회복지윤리저널, 38**(2), 103-118.

박현아(2019). 질적 연구와 양적 연구의 혼합 방법론 적용 사례 분석. **사회과학연구, 35**(2), 127-145.

백은령 · 김선아 · 양숙미 · 엄미선 · 윤철수(2009). **사회복지실천론**. 서울 : 대왕사.

버거, P. L., & 루크만, T.(2013). **실재의 사회적 구성** (하홍규 역). 서울 : 문학과지성사. (Original work published 1966).

법제처(2024). 민법. https://law.go.kr.

사회복지학교과목지침서(2002). 한국사회복지교육협의회.

서미경 외(2005). **사회복지실천윤리**. 경기 : 양서원.

서혜석 · 이 난 · 조경덕 · 이정상 · 한경리(2019). **집단상담**. 경기 : 양서원.

서혜석 · 이혜숙 · 한경리 · 박지윤(2024). **사회복지실천기술론**. 경기 : 공동체.

설진화(2013). **사회복지실천기술의 이해**. 경기 : 양서원.

신성자(2007). **사회복지실천기술론**. 경기 : 양서원.

______(2013). **사회복지실천기술론**. 경기 : 양서원.

양옥경(1993). **사회복지실천과 윤리**. 경기 : 한울.

양옥경 · 김정진 · 서미경 · 김미옥 · 김소희(2018). **사회복지실천론**. 경기 : 나남출판.

양정남 · 최선령(2003). **사회복지실천론**. 경기 : 양서원.

엄명용 · 김성천 · 오혜경 · 윤혜미(2016). **사회복지실천의 이해**. 서울 : 학지사.

엄명용 · 노충래 · 김용석(2024). **사회복지실천기술의 이해**. 서울 : 학지사.

유동철 · 홍재봉(2023). **실천가를 위한 지역사회복지론**. 경기 : 양서원.

이경희(2020). 자기보고식 평가도구의 타당성과 신뢰성 검토. **심리평가연구, 29**(1), 75-92.

이무석(2008). **정신분석에로의 초대**. 서울 : 이유.

이수정(2015). 청소년과 부모 간 갈등 해결을 위한 가족상담 기법. **청소년복지학회지, 20**(3), 32-45.

이영실 · 오동록 · 김 병 · 송운용 · 고은주 · 조명희 · 이찬영(2022). **사회복지실천기술론**. 서울 : 창지사.

이영호(2008). **사회복지실천기술론**. 경기 : 공동체.

이은영(2018). 사회복지 실천에서의 기록 관리와 평가. 사회복지학회지.

이장호(2005). **상담심리학**. 서울 : 박영사.

이정서(2020). 사회복지 프로그램 평가의 이론과 실제. **한국사회복지평가학회지, 12**(2), 45-67.
이정수(2020). 치매노인 가족을 위한 사회복지 지원 서비스. **노인복지학회지, 45**(1), 85-98.
이정은(2018). 우울증 환자 돌봄 가족의 스트레스 관리와 사회적 지원 방안. **정신건강복지연구, 15**(1), 89-101.
이정훈(2021). 사회복지 실천 기록과 책임성. **사회복지평가연구, 15**(3), 87-102.
이준우(2004). **사회복지실천론**. 경기 : 인간과복지.
이팔환 외 공역. 미국사회복지사협회 편(2000). **사회복지실천의 토대**. 경기 : 나눔의집.
이현지(2023). **개인주의와 현대 가족관의 변화**. 서울 : 사회학연구.
이효선 · 정푸름(2012). **사회복지실천기술론**. 서울 : 학지사.
임은영(2017). 형성평가, 수행평가, 과정중심 평가에 대한 재고찰. **교육평가연구, 30**(2), 123-145.
______(2020). 사회복지 실천 기록의 중요성과 활용. **사회복지실천연구, 42**(1), 55-72.
장성화 · 김순자 · 윤향숙 · 박지현 · 황윤미(2022). **상담의 이론과 실제**. 서울 : 동문사.
장인협(1993). **사회복지개론**. 서울 : 서울대학교출판부.
전재일 · 이성희 · 김연희(2004). **사회복지실천기술론**. 경기 : 공동체.
전재일 · 이종복 · 조운희 · 이준상 · 이애재 · 이성희(2003). **사회복지실천론**. 경기 : 형설출판사.
정옥분(2023). **발달심리학**. 서울 : 학지사.
정유진 · 최경순(2023). **상담심리학 이론과 실제**. 경기 : 공동체.
조현춘 · 조현재 · 문지혜 · 이근배 · 홍영근(2010). **심리상담과 치료의 이론과 실제**. 경기 : 시그마프레스.
조휘일 외(2005). **사회복지실천론**. 서울 : 학지사.
존 고든, 유영만 · 이수경 공역(2008). **에너지버스**. 서울 : 쌤앤파커스.
최민정(2020). 사회복지 실천에서의 생활력표 활용법. **사회복지연구, 52**(4), 123-137.
______(2021). 사회복지 실천 기록의 연구 활용 방안. **한국사회복지학, 53**(4), 145-162.
최선화(2007). **풀어쓴 사회복지실천기술**. 경기 : 공동체.
______(2009). **풀어쓴 사회복지실천기술**. 경기 : 공동체.
최영민(2024). **쉽게 쓴 정신분석이론**. 서울 : 학지사.
최항순(2007). **지역사회복지론**. 경기 : 대영문화사.
최희철(2021). **사회복지실천기술론**. 경기 : 양서원.
황인옥(2023). **사회복지실천기술론**. 경기 : 공동체.

Biestek, F. P.(1957). *The casework relationship*. Illinois : Royola Univ. Press.
Bowen, M.(1978). *Family Therapy in Clinical Practice*. New York : Jason Aronson.
Brown, J. A.(1992). *Handbook of Social Work Practice*. Springfield Ill. : Charles C. Thomas.

Brown, L., & J. Levitt(1979). A Methodology for Problem : System Identification. *Social Casework, 60.*

Compton, B. R., & Galaway, B.(1994). *Social work processes*(6th ed.). Pacific Grove, CA : Brooks/Cole Publishing Company.

Creswell, J. W., & Plano Clark, V. L.(2018). *Designing and Conducting Mixed Methods Research.* Thousand Oaks, CA : SAGE Publications.

de Shazer, S.(1985). *Keys to Solution in Brief Therapy.* New York : W.W. Norton & Company.

Duvall, Evelyn Millis(1957). *Family Development.* Philadelphia : J. B. Lippincott Company.

Erickson, M. H., Rossi, E. L., & Rossi, S. I.(1976). *Hypnotic Realities : The Induction of Clinical Hypnosis and Forms of Indirect Suggestion.* New York : Irvington Publishers.

Fortune(1994). Field Education. In Feamer(Ed.), *The Foundation of Social Work Knowledge.* NY Columbia Univ. Press.

Haley, J.(1976). *Problem-Solving Therapy.* San Francisco : Jossey-Bass.

Hartman, A., & Laird, J.(1983). *Family-centered social Work practice.* New York : Free.

Hepworth, D. H., & Larsen, J. A.(1993). *Direct Social Work Practice : Theory and Skills.* Pacific Grove, CA : Brooks/Cole Publishing Company.

Irvin, D. Yalom, 최해림·장성숙 공역(2001). **최신 집단정신치료의 이론과 실제.** 하나의학사.

Johnson, L. C.(1995). *Social Work Practice : A Generalist Approach*(5th ed.). Boston : Allyn and Bacon.

Johnson, L. C., & Yanca, S. J.(2002). *Social Work Practice : A Generalist Approach.* Boston : Allyn and Bacon.

Kadushin, A.(1972). *The Social Work Interview : A Guide for Human Service Professionals.* New York : Columbia University Press.

__________(1997). *The Social Work Interview*(4th ed.). New York : Columbia University Press.

McGoldrick, M., Gerson, & Shellenberger. S.(1999). *Genograms : Assessment and intervention*(2nd ed.). New York : W. W. Norton.

McGoldrick, M., Gerson, R., & Petry, S.(2020). *Genograms : Assessment and treatment*(4th ed.). New York : W. W. Norton & Company.

Minuchin, S.(1974). *Families and Family Therapy.* Cambridge, MA : Harvard University Press.

Nichols, Michael P., & Schwartz, Richard C.(2001). *Family Therapy : Concepts and Methods*(6th ed.). Boston : Allyn & Bacon.

Patton, M. Q.(2015). *Qualitative Research & Evaluation Methods : Integrating Theory and Practice.* Thousand Oaks, CA : SAG Publications.

Perlman, H. H.(1978). *Social casework : A problem-solving process.* Chicago : the Univ. of Chicago Press.

Rothman, J.(1995). Approaches to Community Intervention, In Jack Rothman et al.(Eds.), *Strategies of Community Intervention.* Peacock.

Satir, V.(1983). *Conjoint Family Therapy.* Palo Alto, CA : Science and Behavior Books.

Seden, J.(1993). *Counselling Skills in Social Work Practice.* Open University Press.

Sheafer, B., Horejsi. G., & Horejsi, C. 저, 서울대사회복지실천연구회 역(1998). **사회복지실천기법과 지침.** 나남출판.

Sheafor, B. W., Horejsi, C. R. & Horejsi, G. A.(1997). *Techniques and Guidelines for social Work Practice*(4th ed.). New York : Allyn & Bacon.

Shulman, L.(1984). *The Skill of Helping individuals and Groups.* Itasca, IL.

Tracy, E., & Whittaker, J.(1990). The Social Network Map : Assessing Social Support in Clinical Practice. *Families in Society, 71,* 461-470.

Trevithick, P.(2000). *Social Work Skills : A Practice Handbook.* Philadelphia, PA : Open University Press.

White, M., & Epston, D.(1990). *Narrative Means to Therapeutic Ends.* New York : W. W. Norton & Company.

Zastrow, C.(1989). *Introduction to Social Work and Social Welfare : Empowering People.* Chicago : Nelson-Hall.

__________(2001). *The Practice of Social Work : Applications, Principles, and Techniques*(6th ed.). Belmont, CA : Wadsworth/Thomson Learning.

저/자/소/개

■ 양종승
서정대학교 사회복지과 교수

■ 이승연
서정대학교 사회복지과 교수

■ 조 윤
서정대학교 사회복지상담과 교수

■ 차한솔
서정대학교 사회복지과 교수

■ 탁순자
서정대학교 사회복지과 교수

■ 현영렬
서정대학교 평생직업교육 부총장, 사회복지과 교수

사회복지실천기술론

|공저자| 양종승 · 이승연 · 조 윤 · 차한솔 · 탁순자 · 현영렬

|1판 1쇄| 발행 2024년 12월 30일
|1판 2쇄| 발행 2026년 1월 20일

|발행인| 김동훈
|발행처| 공동체

|주소| 경기도 고양시 일산동구 호수로 358-39, 동문타워 1차 905호(백석동)
|전화| 031)814-3000(대표)
|팩스| 031)814-3100
|홈페이지| http://www.compub.co.kr
|전자우편| compub@naver.com
|출판등록| 2005년 10월 6일
|등록번호| 제396-2005-36호

|ISBN| 979-11-6725-857-1
정가 21,000원

저자와 협의하여 인지를 생략합니다.
무단전재와 복제를 금합니다.

MEMO

MEMO